그리스도의 복음에 합당하게

The Life in a Manner Worthy of the Gospel of Christ

그리스도의 복음에 합당하게

– 설교를 위한 빌립보서 원문 연구 –

1쇄 인쇄 2009년 9월 1일
1쇄 발행 2009년 9월 10일
지은이 장흥길
펴낸이 이연옥
펴낸곳 도서출판 한국성서학
서울 종로구 연지동 1-1 여전도회관 1105호
TEL. 02-766-5220, FAX. 02-744-7046
출판등록 제1-1286호(1991.12.21)
총판 도서출판 두란노(TEL. 02-749-1059 / FAX. 02-749-3705)

ISBN 978-89-86015-73-7 93230
값 12,000원

The Life in a Manner Worthy of the Gospel of Christ
A Study on Paul's Letter to the Philippians
by Dr. Hung-Kil Chang

성경 원전 연구 총서 Ⅵ-1

그리스도의 복음에 합당하게

:: 설교를 위한 빌립보서 원문 연구

장흥길 지음

한국성서학연구소

국립중앙도서관 출판시도서목록(CIP)

그리스도의 복음에 합당하게 : 설교를 위한 빌립보서 원문 연구 /
장흥길 지음. -- 서울 : 한국성서학, 2009
p. ; cm. -- (성경 원전 연구 총서 ; 6-1)

참고문헌과 색인수록
ISBN 978-89-86015-73-7 93230: ₩12000

빌립보서[--書]

233.76-KDC4
227.6-DDC21 CIP2009003002

獻辭

부족한 이 책을

성서학 연구를 위해 힘쓰시는

한국성서학연구소 이연옥 이사장님께

존경과 감사의 마음을 담아 드립니다.

머리말

1991년 9월에 설립된 한국성서학연구소는 하나님의 말씀인 성경과 성서학 연구로써 한국과 세계의 교회를 섬기고자 하는 취지 아래, 개혁신학 전통에 입각한 복음주의적이고 교회적인 성경해석과 성서학 정립을 위하여 대한예수교장로회 총회장을 역임하셨던 임옥 목사님을 중심으로 뜻이 맞는 신학자들과 교계 지도자들에 의해 설립되었다. 이러한 설립 이념과 목적 아래 한국성서학연구소는 성서학 정론지로서 『성서마당』 발간, 목회자들의 성경 연구를 돕기 위한 연 2회의 「성서신학마당」 개최, 출판사 운영을 통한 각종 성서학 연구도서 출판, 장학 사업 등의 일에 힘써 왔다.

필자는 지난 2006년 2월에 이러한 전통을 계속하여 이어 가고 있는 한국성서학연구소의 세 번째 소장으로 취임하여 이미 실시되고 있던 사업을 계속하거나 확대 · 개편 · 보완하는 등 업무 추진 향상에 박차를 가하는 한편, 교회를 위한 성경해석의 사례를 연구하고 제시하는 「성서학 학술마당」, 성경의 배경에 대한 연구를 돕는 「성지연구마당」 및 고전 번역, 원래의 성경 본문이 지닌 뜻을 원전 연구를 통해 밝히는 「원전읽기마당」 등 몇 가지 신규 사업을 추가하여 연구소를 혁신하고 새롭게 하는 일에 매진하여 왔다.

그중에 「성서신학마당」과 마찬가지로 성경의 각 권별로 매 학기마다

10회의 강의 형식으로 개설되어 온 「원전읽기마당」은 지난 제1회와 제2회는 히브리대학에서 성서학을 전공한 조성욱 박사의 지도로 구약의 이사야와 신명기의 본문을 발췌하여 읽었고, 제3회에서는 필자의 강의로 신약의 빌립보서 전체 본문을 읽었으며, 제4회에는 아세아연합신학대학교에서 구약학을 가르치고 있는 조휘 교수의 지도로 구약 아모스 읽기가 개설되어 진행되었다.

본서는 지난 2008년 9-11월에 본 연구소 세미나실에서 실시되었던 세 번째 원전 읽기인 빌립보서 원문 연구에 대한 결과물로 강의에서 미처 다루지 못했던 부분을 보완하고 헬라어 단어 찾아보기, 문법 설명 찾아보기 등을 보충하여 책으로 엮은 것이다.

먼저, 본서에서 필자는 빌립보서 원전 연구를 통한 올바른 본문 해석을 위하여 빌립보서의 개론적인 문제, 곧 권별 성경 개론의 일반적인 주제인 저자, 진정성과 통일성, 수신지 상황과 수신인, 저작 장소와 저작 시기, 저술 목적과 저술의 특징, 구조와 개요, 전승, 신학 외에도 최근의 연구 동향을 다루었다. 그러고 나서 필자는 빌립보서 전체 본문을 10개의 단락으로 구분하고, 각 단락을 그 짜임새, 헬라어 본문, 한글 번역 본문 대조, 동사 분해와 용어 해설, 주요 문법 설명, 본문 사역(私譯), 본문 주해의 순으로 다루면서 원전 본문이 지니고 있는 올바른 의미를 밝히고자 하였다.

'본문 단락의 짜임새'에서는 빌립보서 전체에서 본문이 차지하는 자리를 매김하고 그 구조를 살펴보았으며, 헬라어 본문을 뒤이은 '한글 번역 본문 대조'에서는 대표적인 한글 번역인 '개역 개정', '새 번역', '공동번역 개정'의 본문을 한자리에 묶어 독자들이 한글 본문을 쉽게 대조할 수 있게 하였다. 그런 다음, 본문에 나타나는 전체 동사와 주요 용어들을 해설하고, 주요 문법을 설명한 후, 본문의 진의를 최대한으로 살려 본문을 사역하였다. 마지막으로, 이 모든 것을 고려하여 본서를 이용하는 독자들이 빌립보서의 원문을 올바르게 이해하고 해석하는 것을 도울 수 있도록 본문을 주해하였다.

이로써 필자는 원문의 깊은 뜻을 살펴보는 빌립보서 연구와 해석에 '초석(礎石)'을 놓고 그 출발점을 제시하고자 하였다. 또한 약어(略語)표와 참고문헌을 제시하여 독자들이 본서 저작에 사용된 자료가 무엇인지 알고, 필요하면 스스로 연구할 수 있도록 배려하였다. 또한 독자들이 본서를 쉽게 사용할 수 있도록 본서의 말미에 '헬라어 단어 찾아보기'와 '문법 설명 찾아보기'를 첨부하였다. 덧붙여서 필자가 고대 빌립보 유적지를 답사하면서 찍었던 사진을 수록하여 독자들이 본서를 읽으며 빌립보서 원전을 연구할 때 너무 딱딱한 느낌이 들지 않게 할 뿐 아니라 사도 바울이 활동하던 당시를 이해하는 데 도움이 될 수 있도록 하였다.

끝으로, 본서의 출판을 위해 수고한 본 연구소의 전임연구원 장성민 목사와 조용현 목사, 비상임 연구원 홍성민 목사와 '헬라어 단어 찾아보기'와 '문법 설명 찾아보기'의 색인 작업과 전체 교정을 꼼꼼하게 한 라병원 목사, 행정 업무를 섬기는 최혜진 간사에게 감사하며, 또한 본서가 출판되는 마지막 순간까지 애써 주신 생명나무 임수경 실장께도 감사드린다.

무엇보다도 본서가 세상에서 빛을 볼 수 있게 해 주신 하나님께 감사드리며, 모든 영광을 하나님께 돌린다. 아무쪼록 본서가 하나님의 말씀인 빌립보서를 올바르게 이해하고 해석하는 일에 일익을 담당하여 한국교회 강단에서 하나님의 말씀이 선포될 때 깊고 심오한 하나님의 뜻이 더욱 분명하게 운반(運搬)되기를 바란다. 아울러 이 책을 읽는 모든 분들이 예수 그리스도의 심장으로 사모하며 편지를 썼던 바울의 마음을 읽어 내어 그리스도의 날까지 생명의 말씀을 굳게 잡고 푯대를 향하여 나아가는, 예수 그리스도의 마음으로 복음에 합당하게 사는 신실한 그리스도의 제자가 되기를 소망한다.

2009년 여름

광나루 선지동산에서

저자 장 흥 길

목 차

약어표

BAGD	Bauer, Walter. *A Greek-English Lexicon of the New Testament and Other Early Christian Literature.* Chicago: The University of Chicago Press, 1957^1, 1979^2.
BDF	Blass, F., Debrunner, A. & Funk, Robert W. *A Greek Grammar of the New Testament.* Chicago: The University of Chicago Press, 1961.
Burton	Burton, Ernest D. W. *Syntax of the Moods and Tenses in New Testament Greek.* Edinburgh: T. & T. Clark, 1898^1, 1955^3.
Machen	Machen, J. Gresham and McCartney, Dan G. *New Testament Greek for Beginners.* New Jersey: Pearson Education, 2004^2.
Metzger	Metzger, Bruce M. *A Textual Commentary on the Greek New Testament.* New York: United Bible Societies, 1994^2 (= 장동수 역. 『신약 그리스어 본문 주석』. 서울: 대한성서공회 성경원문연구소, 2005).
Moule	Moule, C. F. D. *An Idiom Book of New Testament Greek.* New York: Cambridge University Press, 1994.
NA^{27}	Nestle-Aland. *Novum Testamentum Greace.* Stuttgart: Deutsche Bibelgesellschaft, 1993^{27}.

Schnelle	Schnelle, Udo. *Einleitung in das Neue Testament.* Göttingen: V & R., 2002^{4}.
WBC	Hawthorne, Gerald F. *Philippians.* Word Biblical Com- mentary 43. Waco: Word Books Publisher, 1983(= 채천석 역. 『빌립보서』 WBC 성서주석 43. 서울: 도서출판 솔로몬, 1999).

제1강

빌립보 성도와 함께 바울의 편지 받아 읽기

빌립보서 원문의 진의를 파악하려면, 본문을 연구하기에 앞서 저자, 진정성과 통일성, 수신지 상황과 수신인, 저술 장소와 저술 시기, 빌립보의 바울 대적자와 거짓 교사, 저술의 목적과 저술의 특징, 빌립보서의 개요, 빌립보서의 사본 전승, 빌립보서의 신학, 빌립보서의 최근 연구 동향 등의 개론적인 주제에 대한 이해가 선행되어야 한다. 이런 개론적인 주제들에 대하여 살펴보려 한다면, 미국 휘튼(Wheaton) 대학의 신약학 교수인 호돈(Gerald F. Hawthorne)의 『빌립보서』 주석[1]의 개론적 이해와 독일 할레(Halle) 대학의 신약학 교수인 슈넬레(Udo Schnelle)의 『신약연구개론』[2]에서 다루어진 빌립보서에 대한 개론 서술이 큰 도

1) Gerald F. Hawthorne, *Philippians*, Word Biblical Commentary 43(Waco: Word Books Publisher, 1983)(= 채천석 역, 『빌립보서』 WBC 성경주석 43 [서울: 도서출판 솔로몬, 1999]).

2) Udo Schnelle, *Einleitung in das Neue Testament* (Göttingen: V. & R., 2002^4).

움이 된다. 왜냐하면 이 두 학자의 저술이 비교적 객관적으로, 또 전체적으로 빌립보서의 개론을 제시하기 때문이다. 이들을 주요 자료로 삼고 그 외의 관련 문헌들을 참고하여 빌립보서의 개론적인 주제들을 요약적으로 정리하면 다음과 같다.

I. 저자

1. 대다수 학자의 입장: 사도 바울

대부분의 신약학자들은 사도 바울을 빌립보서의 저자로 추정한다. 그 추정 이유는 주로 다음의 세 가지로 나타난다.

첫째, 바울이 저자라는 사실이 빌립보서 내에서 언급된다(1:1).

둘째, 서신의 문체와 언어, 관용구와 개념이 바울과 일치하며, 거짓 교사에 대한 반대도 바울의 선교 상황에 부합된다.

셋째, 영향사적으로 살펴보면, 1-2세기 당시 기독교 문헌의 저자인 클레멘트, 이그나티우스, 허마, 순교자 저스틴, 사르디스의 멜리토, 안디옥의 데오빌로, 서머나의 폴리캅, 터툴리안이 남긴 기록에서 바울이 빌립보서의 저자로 언급된다.

2. 일부 학자들의 견해

근대적 연구의 초창기에 에반슨(Edward Evanson)은 바울이 저자라는 주장에 대해 의심을 제기하였으며, 바우르(F. C. Baur)와 튀빙엔 학파의 추종자들은 바울이 빌립보서를 쓰지 않았다고 결론을 내렸다. 그러나 이러한 급진적인 견해는 설득력 있는 것이 아니었기에 사라졌다가 최근에 몰톤(A. Q. Morton)과 맥레만(J. McLeman)에 의해 다시 제기되었지만 혹독한 비평을 받았고 수용되지 않았다.

요약컨대, 바울이 빌립보서를 기록했다는 것은 분명한 사실로 수용될 수 있다.

II. 진정성과 통일성

1. 바울 저작에 대한 진정성

가. 다수 학자: 대부분의 학자들은 바울의 진정성을 인정한다.

나. 일부 학자: 바울이 빌립보서 전부를 쓴 것으로 생각하지 않으며, 빌립보서 내에 비(非) 바울적 삽입 부분이 있음을 주장한다.

1) 리들(D. W. Riddle)과 훗손(H. H. Hutson): 빌립보서에 '감독'과 '집사'가 언급된 것을 비 바울적 요소로 여겼다(1:1하).
2) 뮐라우(W. G. Mühlau): 자기 비움에 관한 그리스도의 낮아지심 진술(2:6-7)을 마르시온(Marcion)의 삽입절로 보았다.
3) 로마이어(E. Lohmeyer), 마틴(R. P. Martin) 등: '그리스도 찬가'(2:6-11) 전체를 바울이 쓴 것으로 보지 않고, 바울 이전의 찬양시를 그가 수정해서 겸손과 봉사의 탁월한 본보기로 사용한 것으로 간주한다.
4) 미카엘(J. H. Michael): 디모데를 보냄에 대한 진술(2:19-24)은 정체를 밝힐 수 없는 수신자들에게 보낸 바울의 간략한 글일 것이라는 가능성을 제시한다.

2. 서신의 통일성

가. 17세기(J.-F. Collange)에 처음으로 빌립보서가 두 개 또는 그 이상의 서신이 하나로 편집된 합성 서신이라는 견해가 제기되었다.

1) 두 서신의 합성(J. Gnilka, 1968)

A 서신(1:1-3:1상; 4:2-7, 10-23): 옥중서신

B 서신(3:1하-4:1, 8-9): 투쟁서신

2) 세 서신의 합성

A 서신(4:10-20 또는 4:10-23): 감사의 편지

B 서신(1:1-3:1상; 4:2-7, 21-23)

C 서신(3:1하-4:1, 8-9)

나. 원래 독립적이었던 두세 개의 작은 편지들이 후대에 편집된 것으로 추측하는 입장과 그 제시 근거

슈미트할스(W. Schmithals), 프리드리히(G. Friedrich), 퀘스터(H. Köster)와 같은 학자들은 빌립보서가 여러 개의 서신 단편이 결합되어 이루어졌다고 여기며 이 서신을 분리하고 그 결과에 따라 해석하려는 분리(구분)가설을 주장한다. 이들이 분리가설을 주장하는 근거는 다음의 세 가지이다.

첫째, 거짓 교사에 대한 갑작스런 신랄한 공격(3:2-21, '투쟁서신'), '기뻐하라'는 권면의 반복(3:1; 4:1, 4), 앞부분과 완전히 다른 어조와 내용으로 적대자들에게 경고하는 것은 빌립보서 전체와 어울리지 않는다. 곧 3장 2절-4장 3절은 바울의 옥중 생활을 반영하고 있지 않으며, 1장 28절처럼 유대인이나 이방인 반대자들에 대해 경고하는 것이 아니라 기독교 적대자들에 대해 논쟁하고 있음을 전제로 한다.

둘째, 빌립보 성도에게서 받은 선물에 대한 감사가 편지 말미에 있는

것(4:10–20)과 바울에게 선물이 전달된 때(2:25 이하)가 시간상으로 일치하지 않는다.

셋째, 바울이 빌립보 성도에게 전한 메시지를 다른 교회에도 전하기 위해 여러 작은 편지를 묶어 더 큰 하나의 완결된 형태의 편지로 구성하여 전체 교회를 위한 서신으로 발전시켰을 것이다.

다. 처음부터 현재의 형태로 기록된 바울의 편지로 여기는 입장

앞서 언급된 편집 이론들은 자의적인 병행구를 전제로 할 뿐만 아니라 최소한 서두와 후기의 삭제나 접속문(3:1하)에 대하여 편집자의 작성 등을 전제로 하고 있기 때문에 빌립보서의 통일성을 의심할 만한 타당한 근거가 없음을 강조하면서 델링(G. Delling)과 큄멜(W. G. Kümmel)은 빌립보서가 사도 바울이 처한 당시 상황에 부합된 저술이라는 점을 들어 이 서신이 통일성이 있는 바울의 편지임을 주장한다. 그 근거로는 다음 세 가지가 제시된다.

첫째, 바울은 자신의 고난 극복에 관한 언급을 빌립보 교회에 대한 자신의 목회 방침과 결부시킨다.

둘째, 바울 자신의 개인적 신앙 경험, 곧 하나님에 대한 바울의 내적 자세, 의롭게 됨, 그리스도의 능력에서 나오는 자신의 삶이 묘사되어 있다.

셋째, 바울은 예리한 신학적 논의를 자신의 개인적인 신앙 경험과 관련짓는다.

요약하면, 빌립보서가 합성서신이라는 논거가 확실하지 않고, 사도 바울이 처했던 당시의 상황에 부합된 서신이라면, 빌립보서를 바울 자신에 의한 통일성 있는 상황서신으로 여기는 것이 적절하다.

III. 수신지 상황과 수신인

1. 수신지 : 빌립보 시(市)

가. 마게도냐의 동북부에 위치한 도시로 주전 358/7년 알렉산더 대왕(Megas Alexandros)의 부친 빌립(Phillip) 2세가 건설하여 자신의 이름으로 명명함

나. 주전 168년 로마가 페르시아 전에서 승리한 뒤 마게도냐의 네 속국(μερίδες) 중 가장 먼저 로마의 영토가 됨

다. 주전 42년 로마의 옥타비아누스(Octavianus)와 안토니우스(Antonius) 연합군이 시저(Caesar)를 살해한 브루투스(Brutus)와 캇시우스(Cassius)의 군대와 싸워 이김

라. 주전 31년 악티움(Actium) 해전에서 안토니우스를 물리치고 스스로를 '아우구스투스'(Augustus), 곧 '존엄자'로 부른 옥타비아누스가 주전 30년에 재건하여 로마 군대를 배치하고 퇴역 군인의 이주 도시로 만들어 식민지(κολωνία) 지위를 부여함

※ **식민지 빌립보**(Colonia Iuila Augusta Philippiensis)[3)]

① 이탈리아 내 도시와 동등한 법적 지위(ius Italicum)를 부여받아 로마 속국 중 최대의 특권을 누림

② 재산 소유 및 이전 권리, 민사 소송권 등 자치권(libertas)을 가짐

③ 인두세와 토지세 감면 혜택과 같은 면세권(immunitas)을 받음

---

3) 이에 대하여는 필자의 졸고. "로마의 복사판 도시 빌립보", 목회와 신학 『그말씀』 통권 211호(2007. 1) : 196-207을 참조하라.

마. 주민들의 대부분은 로마인으로 구성되어 있었고, 마게도냐 출신의 그리스인과 약간의 유대인 등 다양한 출신과 종교를 가진 사람들이 거주함: 이 로마의 복사판 도시에서 거주하던 사람들은 로마의 관습과 로마법을 지키면서 로마 시민임을 자랑스럽게 여김

바. 당시 국제 포장도로인 '에그나티아 대로'(Via Egnatia)가 통과하는 교통 요충지로 정치, 경제, 문화, 종교 등의 분야에서 많은 교류가 있었음

2. 수신인: 빌립보 교회

가. 바울이 두 번째 선교여행 중 설립한 교회(주후 49/50년)

나. 유럽에 세워진 최초의 교회(행 16:11-15)

다. 빌립보 시에서 일어난 소동으로 바울이 떠나야 했던 교회(행 16:16-40; 살전 2:2)

라. 바울을 재정적으로 후원한 교회(빌 4:15-16; 행 18:5; 고후 11:8-9)

마. 바울이 예루살렘으로 여행하기 전 세 번째 선교여행 기간 중, 곧 54-55년 가을과 55-56년 봄에 방문한 교회(행 20:1-6)

| 보설 1 | 사도행전 16장 11-40절에 묘사된 빌립보

① 바울이 두 번째 선교여행 시 네압볼리에서 이곳에 이름(11)

② 마게도냐 지역의 중심 도시이자 아우구스투스가 퇴역 군인 가족을 거주시킨 로마의 식민지로 유대인의 회당은 없었음(12)

③ 바울 일행이 수일 동안 체류(12)

④ 바울이 안식일에 기도처를 찾다가 문 밖 강가에 나가 거기 모인 여인들에게 전도(13)

⑤ 하나님을 경외하는 여인(σεβομένη τὸν θεόν) 루디아와 그 집안이 세례를 받고 일행을 머물게 함(14-15): 루디아[4]가 유럽 최초의 기독교인이 됨

⑥ 점치는 귀신 들린 여종이 여러 날 동안 바울 일행(바울, 실라, 디모데, 누가 등)을 따라 다님(17-18)

⑦ 바울이 귀신을 쫓아냄(18)

⑧ 점치는 귀신 들린 여종의 주인들이 바울과 실라를 붙잡아 시장(ἀγορά)의 관리들에게 끌고 감(19)

⑨ 관리들이 상관들(집정관, στρατηγοί) 앞에 데리고 가서 바울과 실라가 성을 요란하게 하여 로마 사람이 받지 못할 풍속을 전한다고 고발함(20-22): "이 사람들은 유대인이다"(20)라는 언급에는 당시 이 도시의 반(反) 유대적 성향이 반영되어 있음

⑩ 상관들이 바울과 실라의 옷을 찢어 벗기고 매질을 한 후 그들을 옥에 가둠(22-23)

⑪ 바울과 실라가 발이 차꼬에 채워진 채로 깊은 옥에 갇힘(24)

⑫ 한밤중에 바울과 실라가 기도하고 하나님을 찬송함(25)

⑬ 갑자기 큰 지진이 나서 옥 터가 움직이고 문이 다 열리며 모든 사람의 매인 것이 벗어짐(26)

⑭ 간수가 자다가 깨어 옥문이 열려 죄수들이 도망한 줄 알고 칼을 빼어 자결하려 함(27)

⑮ 바울이 구원의 길을 묻는 간수에게 주의 말씀을 전함(28-32)

⑯ 간수가 바울과 실라를 데려다가 그 맞은 자리를 씻어 주고 자기

---

4) 바이스는 '루디아'가 루디아 사람에 대한 별칭일 가능성을 제기하고, 바울 일행을 자신의 집에 머물게 한 이 여인이 아마도 유오디아나 순두게일 수 있다고 여겼다(4:2). 이에 대하여 자세하게 살펴보려면 Johannes Weiss, *Earliest Christianity* (New York: Harper, 1959)를 참조하라.

와 온 가족이 세례를 받은 후 음식을 차려 주고 온 집안이 믿음으로 크게 기뻐함(33–34)[5)]

⑰ 다음 날 상관들이 부하를 보내어 일행을 놓아 주라 함(35–36)

⑱ 바울은 자신이 로마인임을 말함(37)

⑲ 상관들이 두려워하여 바울 일행에게 가서 이 도시를 떠나기를 간청함(38–39)

⑳ 바울 일행이 옥에서 나와 루디아의 집으로 가서 형제들을 위로하고 떠남(40)

㉑ 바울 일행은 에그나티아 대로가 통과하는 암비볼리와 아볼로니아를 거쳐 유대인의 회당이 있는 데살로니가로 감(17:1)

| 보설 2 | 바울의 권면을 통해 본 빌립보 교회의 상황

① 대적자들에 의해 어려움을 당한 바울은 동일한 어려움을 겪고 있는 빌립보 교회 성도들에게 두려워하지 말고 하나 될 것을 권면(1:27–30)

② 내부적으로 다툼, 허영, 이기심이 있어 공동체의 연합과 단결을 해치는 사람들에게 한 마음을 품을 것을 권면(2:1–4; 4:2–3 [순두게와 유오디아])

③ 육체를 신뢰하며 자랑함으로써 교회를 위협하는 거짓 교사(개와

---

5) 루디아와 그 가족 외에 사도행전에 언급된 또 다른 빌립보인 회심자들은 간수와 그의 가족들이었다. 간수는 "주 예수를 믿으라"는 메시지에 긍정적으로 반응하여 세례를 받았으며, 친절한 행동으로 믿음을 입증하였다. 아마 이 사람들이 빌립보 교회를 개척한 구성원의 일부였을 것이다. 다른 빌립보 교회의 구성원으로 빌립보서에 이름이 밝혀진 사람은 에바브로디도(2:25), 유오디아와 순두게(4:2), 글레멘드(4:3) 등이 있다. 이들의 이름을 보면, 유럽의 첫 번째 교회가 주로 이방인들로 구성되어 있었다는 것을 알 수 있다. *WBC*, Introduction 36 참조.

행악하는 자, 형식적인 할례를 주장하는 자)를 비난하면서 부활의 권능과 고난에 참여함을 알고 그리스도의 죽으심을 본받아 죽은 자 가운데서 부활에 이를 것 교훈(3:2 이하 단락)

IV. 저술 장소와 시기

빌립보서의 저술 장소와 시기에 결정하려면, 다음의 사항들을 고려해야 한다.

가. 저술 당시 바울이 감옥에 있었음(1:7, 13, 17)
나. 바울이 죽음(1:19-20; 2:17)이나 석방(1:25; 2:24)의 판결을 기다리고 있었음
다. 저작 장소에 '관청'(πραιτώριον, 시위대: 군대의 사령부나 통치자의 거주지, 궁전 경호대, 1:13)과 '가이사의 집 사람들'(οἱ ἐκ τῆς Καίσαρος οἰκίας, 황제 가문의 가솔들, 4:22)이 있었음
라. 바울이 디모데와 함께 있었음(1:1; 2:19-23)
마. 빌립보서 저작 당시 바울의 주변에서 폭넓은 복음 전파 노력이 행해졌음(1:14-17)
바. 바울이 석방 이후에 빌립보 방문을 계획하고 있었음(2:24)
사. 누군가가 서신의 저작 장소와 빌립보를 몇 차례 왕래하는 여행을 하는 등 바울 사도와 공동체 간에 활발한 접촉이 있었음(2:24-26)

1. 로마, 60-62년: 18세기까지 '사실'로 수용

위에 언급된 빌립보서의 저술 장소와 저술 시기 결정을 위한 고려 사

항의 대부분은 바울이 로마의 옥중에서 빌립보서를 기록하였다는 것을 지지한다. 그러나 어떤 학자들(J.-F. Collange 등)은 로마와 빌립보 사이의 거리가 너무 멀어 바울과 빌립보 교회는 이러한 밀접한 관계를 가질 수 없었을 것이라는 점과 바울의 선교 계획이 로마에서 빌립보가 아니라 스페인으로 향하고 있었다는 점을 들어 이 서신이 로마의 옥중에서 작성된 것이 아니라고 주장하였다.

2. 에베소, 54-57년 : 리스코(H. Lisco)

1900년에 리스코는 바울이 빌립보서를 세 번째 선교여행을 하면서 3년 동안(54-57년) 머물렀던 에베소에서 기록하였다고 처음으로 주장하였다. 이러한 주장의 근거로 다음과 같은 사항이 제시되었다.

가. '시위대'는 총독 관청을 나타내는 것일 수 있다.
나. 디모데가 바울과 함께 에베소에 있었다(행 19:22; 빌 1:1).
다. 에베소와 빌립보가 비교적 가까운 거리에 있었다(1주일 길).
라. 바울이 에베소에 머무는 동안 광범위하게 복음 전도 활동을 하였으며(행 19:10, 25, 26; 참조. 빌 1:12-24), 어떤 유대인들은 바울과 그 가르침에 대하여 강하게 반대하였다(행 19:8-9).
마. 바울은 복음을 전파했다는 이유로 투옥되었고(빌 1:12-13, 16), 바울과 에베소의 유대인 간의 불화가 복음 전파로 인한 것이었다는 점은 바울이 유대인들에 대하여 날카롭게 공격(빌 3:2-6)하는 이유가 되었으며, 유대인 대적자들이 바울을 투옥시킨 장본인들이었다는 사실을 유추하게 한다.
바. 빌립보서의 언어, 문체, 개념은 가이사랴나 로마에서 기록된 옥중서신보다 바울의 활발한 선교 활동기에 기록된 고린도서나 갈라

디아서에 더 가깝다.

그러나 이러한 점들은 전적으로 추측에 근거하고 있다는 약점을 가지고 있으며, 일부 서신의 내용은 에베소 교회의 상황과 일치하지 않기 때문에 학자들은 에베소에서 빌립보서가 기록되었다는 견해에 반대한다.

3. 고린도, 약 50년: 외데르(G. L. Oeder), 덕스(S. Dockx)

이는 1731년 외데르에 의해 처음 주장된 견해로 그동안 지지를 받지 못하다가, 최근에 덕스에 의해 다시 주장되었는데, 그 근거는 다음과 같다.

가. 고린도가 총독 주재지였으므로 이곳에 '시위대'(1:13)와 '가이사의 집 사람들'(4:22)이 있었다.

나. 빌립보에서 고린도가 에베소보다 더 가깝다.

다. 빌립보서는 바울이 에베소에 있던 초기에 기록한 고린도전서 이전에 기록되었을 것이다.

라. 빌립보 교인들은 바울에게 정기적으로 선물을 보내고자 하였으나, 그가 데살로니가에서 급히 베뢰아를 거쳐 아덴으로 갔고 고린도에서 겨울을 났기 때문에 빌립보 교회의 선물을 받지 못하였다(4:10).

마. 고린도후서 11장 9절은 에바브로디도가 빌립보 성도들의 선물을 가지고 바울에게 왔다는 점을 암시하고 있다.

바. 바울은 고린도에서 심한 반대를 겪었으며, 위험 시 환상을 통해 하나님의 격려를 받았다(행 18:10).

그러나 이러한 고린도 저작설 역시 사변적이며 추측에 근거하고 있다는 약점을 가지고 있으며, 또 바울의 고린도 투옥 기록을 찾을 수 없다.

4. 가이사랴, 59-61년 : 파울루스(H. E. G. Paulus)

바울이 59-61년 가이사랴에서 빌립보서를 기록하였다는 것은 1779년 파울루스에 의해 처음 주장된 견해로 그 근거는 다음과 같다.

가. 바울은 가이사랴에서 헤롯의 관청에 투옥되었다(행 23:35).
나. 바울의 가이사랴 투옥 기간이 적어도 2년이었으며(행 24:27), 그 동안 빌립보에서 가이사랴까지 수차례 서신이 전달될 수 있었다.
다. 벨릭스 총독이 백부장을 불러 바울에게 어느 정도의 자유를 줄 것을 명하였다(행 24:23).
라. 적대자에 대하여 바울은 자신과 복음을 변호하였다(1:16).
마. 기록 당시 바울은 자신이 석방될 것이며(1:24-26), 빌립보 방문을 확신하였다(2:24).
바. 바울의 신랄한 공격은(3:2-6)은 아마도 유대인들에 대한 것이었는데, 이는 그가 예루살렘과 가이사랴에서 당한 유대인들의 광적이고 무자비한 반대(행 21:37-26:32; 참조 28:19)와 부합된다.
사. 빌립보서에 모금이 언급되지 않음과 바울이 빌립보 교회로부터 선물을 받았다는 사실은 모금이 예루살렘 교회에 전달된 후 상당한 시간이 경과되었음을 암시한다.

요약컨대, 빌립보서 저작 장소의 문제는 확실하게 대답될 수 없다. 만일 바울이 에베소에서 보다 장기간 투옥되어 있었다는 추측이 근거가 없는 것이라면 가이사랴설이 보다 진지하게 고려될 수 있다. 그렇기는 하지만 에베소설이나 고린도설, 가이사랴설이 모두 증거가 희박하고 추측에 근거하고 있는 정황으로 미루어 볼 때 현재까지는 로마설이 가장 높은 개연성을 가지고 있다.

※ 『독일성서공회판 해설 · 관주 성경전서』[6]의 빌립보서 안내

① 빌립보서의 기록 장소로 주로 로마의 감옥으로 생각되어 왔으나 가끔 가이사랴의 감옥으로 추정되기도 하였다.

② 바울이 빌립보서를 저술할 당시에 그는 아직 빌립보에 두 번째 방문하지는 않았다.

③ 빌립보서의 주제는 고린도후서나 로마서에 가깝다.

④ 발신자와 수신자의 잦은 정보 교환을 감안한다면, 지리적으로 빌립보에서 멀지 않은 곳이 저술 장소일 것이다.

⑤ 바울이 고린도후서나 로마서를 쓰기 전 이미 여러 차례 감옥에 갇힌 바 있었으며(고후 6:4-5; 11:23; 롬 16:7), 고린도후서 1장 8-10절의 내용은 그의 에베소 체류 끝 무렵에 일어난 투옥 상태를 암시한다고 여길 수 있기 때문에 빌립보서가 에베소에서 쓰였다고 추정하는 사람들이 많다.

---

6) Stuttgarter Erklärungsbibel(Stuttgart: Deutsche Bibelgesellschaft, 1992), 1513-1514; 『독일성서공회판 해설 · 관주 성경전서』(서울: 대한성서공회, 1997), 465-466을 참조하라.

V. 빌립보의 바울 대적자와 거짓 교사

1. 동료 기독교인의 반대

가. 바울은 이들을 '형제들'로 부름(1:14)
나. 이들은 하나님의 말씀을 말하고 그리스도를 전파함(1:14-17)
다. 그러나 이들은 불순한 동기, 곧 시기심(φθόνος), 경쟁심(ἔρις), 이기적 당파심(ἐριθεία)을 가지고 그리스도를 전함으로써 바울의 고난을 가중시키려 했음(1:15-17)

2. 이들은 누구인가?

가. '신적 인간(divine-man)-신학 추종자'로 보는 입장: 이들은 바울이 겪은 연약함, 투옥, 고통은 그가 사도(또는 신적 인간)가 아니라는 것을 입증하는 증거라고 주장하면서 바울이 그리스도의 승리의 능력에 대해 아무것도 알지 못한다고 말함
나. '유대인 기독교인'으로 여기는 입장: 이들은 그리스도를 믿는 것 외 음식에 대한 유대교의 율법과 할례 의식을 준수할 것을 가르침. 바울은 이들이 다른 복음을 전하며(갈 1:6, 7), 하나님의 은혜를 폐하고(갈 2:21), 사람들을 미혹하며(갈 3:1), 그리스도 예수의 일을 구하지 않는다고 주장함(빌 2:21)

3. '개들', '행악자들', '손할례당'

바울은 이들을 '개들'(κύων), '행악자들'(οἱ κακοὶ ἐργατοί), '손할례당'

(κατατομή)으로 부르고(3:2), 반면에 자신과 함께 한 자들을 영적으로 할례 받은 자, 곧 '할례당'(περιτομή)으로 말한다. 한글 개역 개정역에서는 '손할례당'을 '몸을 상해하는 일'로, '할례당'을 '할례파'로 옮겼는데, 여기서 바울은 이 두 용어(κατατομή περιτομή)를 사용하여 자신들이 깨끗하고 선을 행하는 하나님의 백성이라고 여기지만 복음에 대하여 반대함으로써 도리어 그러한 특징을 반대로 바꾸어 놓은 사람들에 대하여 그것이 영적인 의미가 없는 육적인 의식(儀式)이라고 비난한다.

4. 이들은 영지주의적 반대파인가?

영지주의자들은 신자들이 부활할 필요 없이 지상에서 온전함에 이를 수 있다고 믿고 가르쳤다. 그렇지만 빌립보서에 나타나는 완전함과 현재적 부활을 주장하고 지식의 문제를 논하는 바울의 적대자들을 그의 가르침에 대한 영지주의적 반대자로 단정 지을 수는 없다. 왜냐하면 '온전함'의 개념은 유대교에도 있었기 때문이다. 따라서 '온전함에 이른다는 주장'을 하는 반대자들을 굳이 3장 2-3절에서 이미 언급된 자들과 다르게 볼 필요는 없다. 이들은 할례를 받고 율법을 지킴으로써 의로움과 완전함에 도달할 수 있다고 선포하는 자들이었다.

5. 바울의 입장

바울 자신은 그리스도인의 '시민권'(πολίτευμα)을 지상에서 온전함에 이를 수 있다는 유대교의 시민권과 대조함으로써 논쟁을 끝맺는다(3:20-21).

VI. 저술 목적과 그 특징

1. 다양한 저술 목적

빌립보서에는 바울이 서신을 기록한 목적이 다음과 같이 다양하게 나타난다.

가. 빌립보 성도에 대한 깊은 애정을 표현하기 위해(4:1)

나. 바울이 자신이 현재 처해 있는 상황과 장차 전망에 대한 소식을 전하기 위해(1:12-26; 2:24)

다. 바울이 빌립보 성도들에게 잘못된 교훈에 대해 경계할 것과 또 그들의 문제를 지적하여 그들이 올바른 입장에 설 것을 권면하고, 그들을 보호하기 위해 자신을 본받으라 명령하면서 그 근거를 제시하려 함(3:2-21)

라. 빌립보 성도들에게 장차 당하게 될 고난의 시련에도 복음의 신앙을 굳건히 지키고 그리스도의 뜻에 전적으로 헌신하도록 용기를 불어넣어 주기 위해(1:27-30)

마. 빌립보 성도들에게 에바브로디도에 대해 말하기 위해

바. 바울이 빌립보 교회 안에서 갈등의 소지가 있다는 것을 파악하고 단결하여 하나가 될 것을 권면하기 위해(1:27; 2:2-4; 4:2)

사. 빌립보 성도들이 어떤 상황에 처하든지 기뻐하도록 하기 위해(2:18; 3:1; 4:4)

아. 옥살이하는 자신을 돕는 빌립보 교인들에게 감사하기 위해(4:10-20)

2. 저술의 특징: 개인적인 우정서신

빌립보서는 마치 친구 간에 서로 격의 없이 대화하듯이 그 주제가 아무런 예고 없이 바뀌는 경우도 나타나 잡담과 같이 여겨질 수도 있는 우정서신이다. 따라서 빌립보서는 논리적으로 기록된 서신인 로마서나 갈라디아서와는 상당히 다른 특징을 보여 주는 편지이다.

VII. 빌립보서의 개요

1. **서론**(1:1-11)

1:1-2	서두의 문안 인사
1:3-11	감사와 기도

2. **소식과 교훈**(1:12-2:30)

1:12-26	바울의 옥중 생활에 대한 형편 보고와 고난과 죽음이 성도에게 주는 의미와 교훈
1:27-2:18	그리스도의 복음에 합당한 그리스도와 일치된 삶: 그리스도와 교제하는 삶
2:19-30	디모데를 보냄과 에바브로디도를 보냄에 대한 소식

3. **거짓 교훈에 대한 경계 권면과 믿음에서 난 의를 위한 싸움**(3:1-21)

3:1-11	율법주의 거짓 교사 경계에 대한 권면
3:12-21	푯대를 향해 나아가는 그리스도인의 새로운 삶

4. **권면과 감사**(4:1-23)

4:1-9 주 안에서 하나 됨과 기뻐함으로써 굳센 믿음을 권면

4:10-20 빌립보 성도들의 선물에 대한 감사

4:21-23 서신 결미의 문안 인사와 축복

VIII. 빌립보서의 사본 전승

1. 200년경 체스터 베티 파피루스(Chester Beaty Papyrus) $\mathfrak{P}^{46}$: 빌립보서의 가장 오래된 헬라어 사본으로 일부 본문(1:3-4, 16, 29; 2:13, 28; 3:9; 4:1, 13)을 제외한 전체 본문을 담고 있는 사본
2. 3-4세기 파피루스 사본 $\mathfrak{P}^{16}$: 일부 본문(3:9-17; 4:2-8) 제공
3. 700년경 사본 $\mathfrak{P}^{61}$: 일부 본문(3:5-9, 12-16) 제공
4. 언셜(uncial)체 사본 18개: 가장 오래된 ℵ, B, A 사본(4-5세기)과 여섯 개의 다른 언셜체 사본은 빌립보서 본문 전체를 제공
5. 소문자 사본으로 626개가 있음(1967년 9월 20일 현재)

IX. 빌립보서의 신학

바울은 빌립보 성도들에게 자신과 관련된 그리스도인의 역설적인 삶을 다음과 같이 권면한다.[7]

1. 권면의 출발점: 하나님께 대한 감사와 항상 기뻐함

7) Schnelle, 164-5 참조.

2. 형편: 옥중에서 위태로운 처지, 곧 죽음에 임박해 있었음
3. 확신: 자신이 사나 죽으나 그리스도께 영광
4. 역설: 바울의 고난 속에 나타난 하나님의 신실하심과 은혜
5. 권면: 하나님의 선하심에 응답하는 삶으로서 그리스도와 일치된 삶
6. 그리스도: 구원의 설립자, 보증인, 완성자
7. 그리스도의 본: 겸손과 하나 됨의 모범을 보이신 그리스도
8. 윤리의 근거: 성령 안에서 역사하는 하나님의 능력
9. 바울의 개인 경험: 이신칭의(以信稱義)

X. 빌립보서의 최근 연구 동향

빌립보서에 대한 최근의 연구는 주로 개별적인 본문 단락에 집중되었다. 슈넬레(U. Schnelle)에 의하면 빌립보서 최근 연구 동향[8]은 다음의 다섯 주제들을 중심으로 이루어졌다.

그 첫째는 무엇보다도 '그리스도 찬가'(2:6-11)에 대한 연구이며, 다음으로는 빌립보서의 저술 장소와 함께 통일성 문제가 논의되었다. 저술 장소와 통일성 문제의 두 쟁점에 대하여 합의점은 찾지 못했지만 일부 주석학자들은 에베소를 기록 장소로 여기며 현재의 서신을 여러 개의 서신이 결합되어 구성된 것으로 여기는 반면, 다른 학자들은 로마를 기록 장소로 주장하면서 빌립보서를 통일된 하나의 서신으로 여기는데, 후자의 입장에 대한 지지가 늘어나는 추세이다.

연구의 다른 주제인 빌립보서의 종말론에 대한 연구는 특히 1장 23절과 3장 20-21절 같은 관련 본문과 '그리스도와 함께'(σὺν Χριστῷ) 어

---

8) Schnelle, 165-166 참조.

구(語句)에 집중되었으며,[9] 또한 빌립보서 3장 4하-11절 단락 조사에서 기독교인이 되기 이전의 바울에 관한 관심도 새롭게 제기되고 있다.[10] 특히 니버(K. W. Niebuhr)는 바울의 기독교 신앙에서 그 유대적 배경을 간과하지 말아야 함을 강조한다.[11]

마지막으로 제시된 연구의 주제는 필호퍼(P. Pilhoffer)나 보어만(L. Bormann)에 의해 행해진 빌립보에 대한 문화사, 사회사, 종교사적 연구로[12] 이런 연구, 특히 '시민권(πολίτευμα)'에 대한 연구(빌 3:20-21)에서는 로마 식민지인 빌립보에 사는 시민들이 로마에 거주하는 시민들과 동등한 권리를 가지고 사는 것처럼, 빌립보의 그리스도인들도 하늘의 '시민권'을 가지고 이 땅에 사는 존재임이 강조된다.

위에서 언급한 것처럼, 최근의 빌립보서 연구는 세부 본문 단락들과 개별적인 주제 연구에 집중되었다. 그러나 빌립보서를 전체적으로 이해하고 파악하려면, 이 서신 전체에 대한 포괄적인 역사적이고 신학적 연구도 함께 실행되어야 한다.

---

9) P. Siber, *Mit Christus leben*, AThANT 61(Zürich: Züricher Verlag, 1971), 13-59 참조.

10) M. Hengel, "Der vorchristliche Paulus", in: *Paulus und das antike Judentum*, ed. by M. Hengel & U. Heckel, WUNT 58(Tübingen: J. C. B. Mohr, 1991), 177-291; K. W. Niebuhr, *Heidenapostel aus Israel*, WUNT 62(Tübingen: J. C. B. Mohr, 1992) 참조.

11) K. W. Niebuhr, *Heidenapostel*, 110 참조.

12) P. Pilhofer, *Philippi I: Die erste christliche Gemeinde Europas*, WUNT 87(Tübingen: J. C. B. Mohr, 1995), 122-3; Lucas Bormann, *Philippi, Stadt und Christengemeinde zur Zeit des Paulus*, Novum Testamentum Supplements 78(Leiden: Brill, 1995), 218-9 참조.

01_

빌립보 시를 두른

성벽에 난 두 성문을 직선으로 잇는

동서 직가(直街) 대로(decumanus maximus)로

로마 시대의 국제 포장대로인

'에그나티우스의 길'(Via Egnatia)의 일부

사진 장흥길

제2강

예수 그리스도의 심장으로 사모하며(1:1–11)

– 옥중에 갇힌 바울이 빌립보 성도들에게 편지를 보내며

I. 본문 단락(1 : 1–11)의 개요

제1부 서론(1:1–11) **1. 서두의 문안 인사(1–2절)** **2. 감사의 인사말(3–6절)** **3. 바울의 기도 자세(7–8절)** **4. 바울의 기도 내용(9–11절)**

첫 단락은 빌립보서의 도입 부분으로서 서신의 서두(Prolog)에 위치하고 있는데, 여기서 바울은 편지를 쓰는 자신을 소개하고, 빌립보 교회 성도들을 향한 감사의 인사와 함께 중보기도를 언급한다.

II. 서두의 문안 인사(1-2절)

1. 본문의 짜임새

가. 발신자(superscriptio, 1절): 그리스도 예수의 종 바울과 디모데 (동반 발신자)

나. 수신자(adscriptio, 1절): 빌립보에 사는 모든 성도, 감독들과 집사들[13)]

다. 문안 인사(salutatio, 2절): 하나님 우리 아버지와 주 예수 그리스도에게서 나온 은혜와 평강

서두의 문안 인사는 편지의 '발신인', '수신인', '문안 인사'로 구성되어 있다. 발신인은 자신을 디모데와 함께 '그리스도 예수의 종'으로 소개하는 바울이며, 수신인은 빌립보에 사는 모든 성도와 감독들과 집사들이다. 또 문안 인사에서 바울은 하나님 아버지와 주 예수 그리스도로부터 오는 은혜와 평강을 언급한다.

2. 헬라어 본문

1 <u>Παῦλος καὶ Τιμόθεος</u>* <u>δοῦλοι Χριστοῦ Ἰησοῦ</u> <u>πᾶσιν τοῖς ἁγίοις</u>
<u>ἐν Χριστῷ Ἰησοῦ τοῖς οὖσιν ἐν Φιλίπποις</u> <u>σὺν ἐπισκόποις καὶ</u>

---

13) 이들은 바울의 선교 사역을 후원하기 위한 헌금을 모금하는 모금 책임자일 수 있다.

* 헬라어 본문의 해석의 편의를 위해 관련된 어구를 본문 아래에 밑줄을 그어 표시하였다.

διακόνοις, [2] χάρις ὑμῖν καὶ εἰρήνη ἀπὸ θεοῦ πατρὸς ἡμῶν καὶ κυρίου Ἰησοῦ Χριστοῦ.

3. 한글 번역 본문 대조

가. 개역 개정

[1] 그리스도 예수의 종 바울과 디모데는 그리스도 예수 안에서 빌립보에 사는 모든 성도와 또한 감독들과 집사들에게 편지하노니 [2] 하나님 우리 아버지와 주 예수 그리스도로부터 은혜와 평강이 너희에게 있을지어다

나. 새 번역

[1] 그리스도 예수의 종인 바울과 디모데가 그리스도 예수 안에서 빌립보에 살고 있는 모든 성도들과 감독들과 집사들에게 이 편지를 씁니다 [2] 하나님 우리 아버지와 주 예수그리스도께서 내려주시는 은혜와 평화가 여러분에게 있기를 빕니다

다. 공동번역 개정

[1] 그리스도 예수의 종인 나 바울로와 디모테오는 그리스도 예수를 믿는 필립비의 모든 성도들과 교회 지도자들과 그 보조자들에게 이 편지를 씁니다 [2] 하느님 우리 아버지와 주 예수 그리스도께서 은총과 평화를 여러분에게 내려주시기를 빕니다

4. 동사 분해

1절

οὖσιν (εἰμί [to be, to become])의 현재, 능동태, 분사, 남성, 복수,

여격, '…인'

5. 용어 해설

가. δοῦλοι Χριστοῦ Ἰησου (1절)

빌립보서에서 바울은 고린도전후서나 갈라디아서, 로마서와는 달리 자신의 사도직에 대하여 언급함이 없이 자신과 디모데를 '그리스도 예수의 종'(δοῦλοι Χριστοῦ Ἰησοῦ)으로 소개한다. 이는 서신 전체의 어조(語調)를 나타내는 분명한 표지가 되는데, 이로써 바울은 빌립보 교회를 향하여 결코 자신의 사도적 권위를 주장하지 않음이 드러난다. 바울은 '그리스도 예수의 종'이라는 용어를 '자신의 주인을 섬기는 노예'라는 헬라적인 의미와 함께 '여호와의 종'이라는 구약적인 의미로도 사용하였다. 바울은 이러한 어구(語句)를 통해서 믿음의 아들이요, 선교 동역자인 디모데와 함께 예수 그리스도를 위한 종으로서 자신의 정체성을 분명하게 표현한다.

나. ἐπίσκοπος (2절)

공동 수신인으로 언급된 '감독'(ἐπίσκοπος)은 일반적으로 위에 있는 위치에서 관장하는 책임 맡은 자를 지칭하던 용어였다. 그러나 이 명칭이 에베소서(4:11)에서 제시된 교회 직분 목록('사도, 선지자, 교사, 복음 전도자')에는 나타나지 않기 때문에, 이 용어가 공식적인 교회 직분으로서 빌립보 교회 내의 '감독'을 나타내는 것인지 아니면 일반적이고 포괄적인 의미로 교회를 위해 봉사하는 자들을 지칭하는 것인지에 대해서는 단정적으로 말할 수 없다. 바울이 이들을 '회중'과 구별하기는 하지만 주된 수신자로 밝히지 않은 점이나 또 이 용어를 복수로 사용하는 것을 미루어 볼 때, 이 명칭이 빌립보 교회 안에서 공적인 직분자로서

'감독자'를 의미하지는 않았음을 알 수 있다.[14)]

다. **χάρις ὑμῖν καὶ εἰρήνη ἀπὸ θεοῦ πατρὸς ἡμῶν καὶ κυρίου Ἰησοῦ Χριστοῦ** (2절)

바울은 다른 편지(고린도전·후서, 갈라디아서, 로마서, 빌레몬서)에서처럼 빌립보서에서도 자신의 독특한 인사 양식인 '하나님 우리 아버지와 주 예수 그리스도로부터 오는 은혜와 평강'을 기원한다. 바울은 이 서신 인사 양식을 통해서 실제로 그들에게 인사하는 분은 하나님이시며, 하나님이 은혜와 평강으로 그들에게 문안하신다는 사실을 말한다. 짝을 이루는 용어인 χάρις 와 εἰρήνη는 예수 그리스도를 통해 교회에게 선물된, 한 하나님의 선물을 일컫는 말로서 하나님의 은혜로운 활동으로 말미암아 주어진 하나님의 전인적인 구원, 하나님과 인간의 화해, 곧 가장 깊은 수준의 평화 누림을 의미한다. 이렇게 수신자들에게 구원의 기쁜 소식을 전하기 위해 유대 서신과 그리스 서신의 관습을 모두 고려하는 바울의 서두 문안 인사는 항상 수신자와 특별한 교회 정황과 관련해서 이해되어야 한다.

6. 사본의 다른 읽기 본문 대조

가. **σὺν ἐπισκόποις** 대신 **συνεπισκόποις** (1절)

B^2, D^2, K, $\mathfrak{P}^{vid}$, 075, 33 등의 사본은 1절의 본문 읽기인 **σὺν ἐπισκόποις** (감독과 함께) 대신 συνεπισκόποις ([바울과 디모데의] 동료 감독들에게)로 읽는다. 이러한 읽기는 교리적 관심이나 교회적 관심에서 생겨난 것으로, 적절하지 않은 읽기이다. 이는 접두어 συν-이 무엇

14) 이에 대한 자세한 논의를 살펴보려면 *WBC*, Comment, 7-8을 참조하라.

을 가리키는지 나타나지 않은 불완전한 구문이기 때문이며, 빌립보서 가 전체 빌립보 교회를 위해 기록된 서신이기 때문이다(Metzger, 527).

7. 본문 사역

1 그리스도 예수의 종인 바울과 디모데는 그리스도 예수 안에서 빌립보에 사는 모든 성도들과 아울러 감독들과 집사들에게 (편지합니다)
2 우리의 아버지 하나님과 주 예수 그리스도의 은혜와 평강이 여러분과 함께 하시기를 (바랍니다)

8. 본문 주해

바울은 '① 발신인으로부터 ② 수신인에게 평안이 있을지어다'라는 2분 구도(構圖)의 서두 형식을 지닌 동양적(히브리적) 서신 양식과 '① 발신인이 ② 수신인에게 ③ 문안하노라'라는 3분 구도의 머리말 형식을 가진 헬라적 서신 양식을 적절하게 혼합하여 자신만의 독특한 서신 인사말 양식으로써 서신의 서두로 삼았다.

바울은 디모데와 함께 자신을 '그리스도 예수의 종'으로 소개한다. 이는 그리스도인의 구원을 위해 낮아지신 예수 그리스도의 종 되심을 보여 주는 빌립보서 전체의 분위기와 어울린다. 이런 맥락에서 바울은 빌립보 교회를 향해 자신의 사도적인 권위를 주장하는 대신, 오히려 주인을 섬기는 노예라는 의미를 지닌 헬라어 '종'(δοῦλος) 용어에 구약성경에서 전해 받은 개념인, 하나님의 신실한 일꾼을 나타내는 '여호와의 종'이라는 뜻을 더하여 사용하였다. 이로써 바울은 자신을 구약의 예언자 같이 종의 역할을 담당하는 예수 그리스도를 섬기는 종으로 소개하여 자신의 정체성을 분명하게 드러낸다.

편지의 동반 발신인으로 디모데가 언급되는 것은 바울이 주도적으로 선교 활동을 하였지만, 자신의 선교가 동역자와 함께 선교한 협력 선교임을 보여 준다. 또한 이를 통해 바울은 교회 안에서 동역자들의 관계는 겸손하고 동등한 관계임을 가르치고, 디모데를 잘 알고 있었던 빌립보 교회의 성도들이 디모데를 통해 더욱 친밀성을 느끼게 하려 하였다.

편지의 수인인은 "그리스도 예수 안에서 빌립보에 사는 모든 성도와 감독들과 집사들"(Χριστοῦ Ἰησοῦ πᾶσιν τοῖς ἁγίοις ἐν Χριστῷ Ἰησοῦ τοῖς οὖσιν ἐν Φιλίπποις σὺν ἐπισκόποις καὶ διακόνοις)이다. 바울과 디모데가 그리스도 예수의 종인 것처럼 빌립보의 교인들은 그리스도 예수 안에 있기 때문에 거룩한 성도들이다. 서신은 모든 성도들에게, 곧 전 교회로 향한다. 또한 성도들과 함께 서신을 받는 공동 수신인인, 위에서 살피는 책임을 맡고 있는 '감독'(ἐπίσκοπος)들과 교회 살림을 맡아 봉사하는 '집사'(διάκονος)들은 교회 내에서 봉사를 위해 특별한 책임을 부여 받은 사람들이다. 바울이 '감독' 명칭을 교회 직분 목록(엡 4:11)에 포함시키지 않았고, 여기서 공적인 직분자를 지칭하여 사용하지는 않지만 이러한 직분과 관련된 명칭의 사용은 빌립보 교회 안에서 돕는 일과 지도 기능들이 분담되고 있었음을 알게 한다.

발신인 진술과 수신인 진술에 이어 바울은 빌립보 성도들에게 편지 문안 인사말로서 '하나님 우리 아버지와 주 예수 그리스도로부터 오는 은혜(χάρις)와 평강(εἰρήνη)'을 기원한다.

'은혜와 평강' 양식문은 유대인의 인사인 '평화'(שָׁלוֹם, 삼상 25:6)에 은혜를 비는 인사말을 덧붙여 확대한 것이다. 이때 '평강'은 세속적인 의미의 평화뿐 아니라 예수 그리스도로 말미암은 하나님과의 평강(롬 5:1)과 하나님의 화해 행위로 말미암은 평화(롬 5:10; 고후 5:18; 빌 4:7), 곧 구속(救贖)적인 의미의 평화로 하나님 우리 아버지와 주 예수 그리스도와 함께 하는 가장 깊은 수준의 평화 누림을 의미한다.

Ⅲ. 감사의 인사말(3-6절)

1. 본문의 짜임새: 감사하고 간구하는 이유

가. 빌립보 교회를 위해 하나님께 감사하며 기쁨으로 간구함(3-4절)
나. 감사하고 간구하는 이유(5-6절)
  1) 빌립보 교회는 처음부터 복음 전파에 참여함(5절)
  2) 하나님께서 빌립보 교회를 이들의 목표가 되는 그리스도 예수의 날까지 이끌어 주시리라는 확신(6절)

3-6절은 서신의 두 번째 머리말(Prooemium, 3-11절)의 일부로 빌립보 교회 성도들에 대한 바울의 감사를 표현하는 부분이다. 곧 3-4절은 빌립보 교회를 위하여 항상 기쁨으로 간구하고 있음에 대한 언급이며, 5-6절은 감사하고 간구하는 이유에 대한 기술이다.

2. 헬라어 본문

3 Εὐχαριστῶ τῷ θεῷ μου ἐπὶ πάσῃ τῇ μνείᾳ ὑμῶν 4 πάντοτε ἐν πάσῃ
δεήσει μου ὑπὲρ πάντων ὑμῶν, μετὰ χαρᾶς τὴν δέησιν ποιούμενος, 5 ἐπὶ
τῇ κοινωνίᾳ ὑμῶν εἰς τὸ εὐαγγέλιον ἀπὸ τῆς πρώτης ἡμέρας ἄχρι τοῦ
νῦν, 6 πεποιθὼς αὐτὸ τοῦτο, **ὅτι** ὁ ἐναρξάμενος ἐν ὑμῖν ἔργον ἀγαθὸν
ἐπιτελέσει ἄχρι ἡμέρας Χριστοῦ Ἰησοῦ·

3. 한글 번역 본문 대조

가. 개역 개정

3 내가 너희를 생각할 때마다 나의 하나님께 감사하며 4 간구할 때마
다 너희 무리를 위하여 기쁨으로 항상 간구함은 5 너희가 첫날부터 이
제까지 복음을 위한 일에 참여하고 있기 때문이라 6 너희 안에서 착한
일을 시작하신 이가 그리스도 예수의 날까지 이루실 줄을 우리는 확
신하노라

나. 새 번역

3 나는 여러분을 생각할 때마다, 나의 하나님께 감사를 드립니다. 4 내
가 기도할 때마다, 여러분 모두를 위하여 늘 기쁜 마음으로 간구합니
다. 5 여러분이 첫 날부터 지금까지, 복음을 전하는 일에 동참하고 있
기 때문입니다. 6 선한 일을 여러분 가운데서 시작하신 분께서 그리스
도 예수의 날까지 그 일을 완성하시리라고, 나는 확신합니다.

다. 공동번역 개정

3 나는 여러분을 생각할 때마다 나의 하느님께 감사를 드리며 4 기도
할 때마다 언제나 여러분 모두를 위해서 기쁜 마음으로 간구합니다.
5 여러분이 그리스도를 믿기 시작한 첫날부터 오늘에 이르기까지 그
복음을 전하는 데 협력해 온 것을 나는 하느님께 감사드립니다. 6 여
러분들에게 훌륭한 일을 시작하신 하느님께서는 그 일을 계속하실 것
이며 마침내 그리스도 예수께서 다시 오시는 날 완성하실 것입니다.
이것이 나의 신념입니다.

4. 동사 분해

가. 3절

εὐχαριστῶ (εὐχαριστέω [to give thanks, to be thankful])의 현재, 능동태, 직설법, 1인칭, 단수, '내가 감사한다'

나. 4절

ποιούμενος (ποιέω [to do, to make, to accomplish])의 현재, 중간태, 분사, 남성, 단수, 주격, '행하는', '완수하는'

다. 6절

πεποιθώς (πείθω [to persuade, to conciliate, to convince, to satisfy])의 현재완료, 능동태, 분사, 남성, 단수, 주격, '설득하는', '확신하는'

ἐναρξάμενος (ἐνάρχομαι [to begin, to make a beginning])의 단순과거, 중간태, 분사, 남성, 단수, 주격, '시작한', '착수한'

ἐπιτελέσει (ἐπιτελέω [to complete, to accomplish, to end])의 미래, 능동태, 직설법, 3인칭, 단수, '그가 완성해 나갈 것이다' (아래의 문법 설명, '진행적 미래' 참조)

5. 용어 해설

가. **μνεία** (3절)

'μνεία의 단수 여격, '기억', '언급'. 전치사 ἐπὶ + 여격의 형태로 쓰여서 '(여러분을) 기억할 때마다'라는 뜻이다.

나. **δέησις** (4절)

'요청'(request), '청원'(petition). 이는 일반적 의미의 기도(προσευχή)가 아니라 어떤 필요 때문에 드리는 특별한 청원을 나타내는 단어로 바울이 자신의 편지 서두에서 주로 언급하는 '기도'(προσευχή, 1:9; 롬 1:10 등 참조)와 구별된다.

다. **κοινωνία** (5절)

'교제'(fellowship), '나눔'(sharing), '참여'(participation). 여기서 ὑμῶν과 함께 사용되어 '(복음 전파를 위한) 너희의 참여'라는 뜻이 되었다. 이는 빌립보 교회 성도들이 바울에게 재정적으로 지원하였을 뿐 아니라 그와 심정적으로 공감하고, 육체적인 고난을 함께 겪으며, 그를 위해 적극적으로 활동하는 등의 전반적인 협력을 통하여 복음 전파에 함께 참여하였음을 의미한다.

6. 문법 설명

가. **ἐπὶ τῇ κοινωνίᾳ ὑμῶν** (3절)

이 어구의 번역과 관련하여 제기된 몇 가지 논란이 있다. 그것은 첫째, 여격을 지닌 ἐπί (on/at)를 시간 개념을 수반한 '(간구할 때)마다'로 보아야 하는가, 아니면 이유를 나타내는 '(모든 간구) 때문에'로 보아야 하는가에 대한 논란이며, 둘째, ὑμῶν을 '목적격적 속격'(genitivus objectivus)으로 여겨 '(내가) 너희를 기억함'으로 해석해야 하는가, 아니면 '주격적 속격'(genitivus subjectivus)으로 여겨 '너희가 (나를) 기억함'인가로 해석해야 하는가 하는 문제이다.

서신의 서두에서 여격을 지닌 ἐπί-구문이 고린도전서의 예(1:4)처럼 감사하는 이유를 나타내기도 하지만 일반적으로 바울은 이유를 나타낼 때 περὶ + 속격'이나 'ὑπὲρ + 속격'을 쓰기 때문에, 여기서는 어떤 것 때문에 감사한다기보다는 시간 개념을 수반한 것으로 보고, 또한 구약(시 5:3, 에 9:5, 단 6:10 등)의 예에서 보듯이 경건한 자들이 시간을 정해 기도했다는 점과, μνεία의 동사형이나 명사형은 일반적으로 속격을 목적어로 취한다는 점, 또 바울이 서신의 다른 곳에서 μνεία를 사용할 때 항상 자신이 기억의 주체로 나타난다는 점 등을 고려할 때 '여러분을 기억할 때마다'로 번역하는 것이 적절하다.[15]

나. 진행적 미래 (6절, 1장 18절, Moule, 10과 Burton, § 60 참조)

미래 시제는 주로 미래에 일어날 일회적인 동작을 나타낼 때 사용되며(aorist future), 미래의 반복적인 동작을 나타낼 경우에는 일반적으로 완곡어법(periphrastic tense)이 사용된다. 어떤 행동이 미래에도 지속됨을 나타낼 경우에는 '**진행적 미래**'(progressive future)를 사용하는데, 본문 6절의 ἐπιτελέσει는 '진행적 미래'(빌 1:18 καὶ ἐν τούτῳ χαίρω· ἀλλὰ καὶ χαρήσομαι, '이로써 나는 기뻐하고, 또한 기뻐하리라', 롬 6:2; 계 9:6 참조) 용법으로 사용되었다. 곧 착한 일을 '시작하신' 하나님께서 빌립보 교인들 안에서 '완성하리라'라는, 미래에도 하나님께서 계속적으로 행하실 것이라는 확고한 소망을 나타낸다. 또한 '가지다'(to possess)의 의미로 사용되는 ἔχω를 줄기로 가진 동사들은 미래에서 '지속적인' 의미를 가진다 ('얻다'의 의미로 사용될 경우 '일회적인' 의미만을 가진다). 따라서 '가지다'의 뜻으로 쓰인 ἔχω의 미래 ἕξω는 '나는 가지고 있을 것이다'(I shall be possessing)이며, '얻다'의 뜻으로 쓰인 ἔχω의 미래 σχήσω는 미래의 '일회적인' 동작을 나타내 '나는 얻을 것이다'(I

15) 이에 대한 논의는 *WBC*, Comment, 15-17; Gordon D. Fee, *Paul's Letter to the Philippians*, New International Commentary on the New Testament (Grand Rapids: Eerdmans Publishing Company, 1995), 77-80을 참조하라.

will acquire)라는 의미로 사용된다.

다. 강조를 표현하는 **αὐτὸ τοῦτο**의 용법 (6절, *BDF*, § 290.4 참조)

'(다른 무엇이 아니라) 바로 이것'을 뜻하는 αὐτὸ τοῦτο는 바울이 즐겨 사용하는 강조 용법이다(고후 2:3 등).

7. 사본의 다른 읽기 본문 대조

가. **εὐχαριστῶ τῷ θεῷ μου** (3절)

D*, F, G, b, Ambrosiaster, Cassiodorus^{pt} 등의 사본에서는 본문의 읽기인 εὐχαριστῶ τῷ θεῷ μου 대신 ἐγὼ μὲν εὐχαριστῶ τῷ κυρίῳ ἡμῶν (나는 우리의 **주님**께 감사드립니다)으로 읽는다. 바르트(K. Barth)를 비롯한 몇몇 학자들이 이러한 독법(讀法)을 지지하였지만, 대부분의 사본에서 거의 지지받지 못하였으며, 신학적으로도 수용하기 어렵다. 전체 바울서신을 고려하여 바울이 '주님께'가 아니라 '하나님께' 감사드린다는 것을 감안하면 본문의 읽기가 본래적이다.

나. **Χριστοῦ Ἰησοῦ** (6절)

א, A, F, G 등 많은 사본들은 본문의 읽기인 Χριστοῦ Ἰησοῦ 대신 Ἰησοῦ Χριστοῦ 로 읽는다. 전체 빌립보서에는 '그리스도' 칭호가 다양하게 표현되어, '예수 그리스도'(Ἰησοῦς Χριστός, 1:6, [11, 19]), '주 예수 그리스도'(κύριος Ἰησοῦς Χριστός, 1:2; 2:11; 3:20; 4:23), '그리스도'(Χριστός, 1:10, 13, 15, 17, 18, 20, 21, 23, 27, 29; 2:1, 16, [30]; 3:7, 8, 9, 18), '내 주 그리스도 예수'(Χριστός Ἰησοῦς ὁ κύριος μου, 3:8), '예수'(Ἰησοῦς, 2:10)로 나타난다.

8. 본문 사역

[3] 나는 여러분을 기억할 때마다 나의 하나님께 감사드립니다. [4] 여러
분 모두를 위한 나의 모든 간구 때마다 항상 기쁨으로 간구하면서.
[5] 왜냐하면 첫 날부터 이제까지 여러분이 복음(전파)을 위하여 참여
해왔기 때문입니다. [6] (그리고 다른 무엇이 아니라) 바로 이것, 즉 여
러분 안에서 선한 일을 시작하신 분이 그리스도 예수의 날까지 완성
해 나가실 것을 확신하면서 말입니다.

9. 본문 주해

서신의 서두 단락에서 '나는 감사한다'(εὐχαριστῶ)로 시작하는 '감사 인사말'(Prooemium)은 바울과 빌립보 교회 사이의 우호적이며 친밀한 관계를 보여 준다. 바울은 빌립보 교회를 위해 '기억날 때마다'(ἐπὶ πάσῃ τῇ μνείᾳ ὑμῶν) '나의 하나님께'(τῷ θεῷ μου) 감사한다. 그가 한 개인으로서 하나님 앞에서 빌립보 교회의 성도들에 대해 가지는 자세는 전적인 감사로 바울은 이러한 표현을 통해 빌립보 성도들에 대한 애정을 강하게 나타낸다.

또한 바울은 그들 모두를 위해 '기쁨으로'(μετὰ χαρᾶς) 기도한다. 여기서 처음으로 '기쁨'의 주제가 기도와 더불어 시작된다. 바울이 기쁨을 언급할 때는 평강(εἰρήνη)의 특징인 안정된 상태의 마음을 묘사하는 것으로, 그것은 믿음에 깊이 뿌리를 내린, 살아 계신 하나님을 신뢰함에 그 기반을 두고 있다.

바울이 빌립보 교회에 대해 하나님께 감사하는 이유는 빌립보 교회가 처음부터 복음 전파를 위한 일에 참여(κοινωνία)하였기 때문이며(5절), 또한 바울에게 그리스도 예수께서 그분의 날까지 빌립보 교회를 이끌어

주시리라는 확신이 있었기 때문이다(6절).

재정 지원뿐만 아니라 여러 적극적인 활동들을 통하여 바울과 함께 복음 전파에 참여한 빌립보 교회 성도들이 계속하여 복음을 전파하는 것은 옥에 갇힌 바울에게 진정한 위로가 되었을 것이다. 이제 감사는 확신으로 이어진다. 바울은 빌립보 교회에서 수행되고 있던, 하나님께서 시작하신 '착한 일'(ἔργον ἀγαθόν), 곧 하나님의 창조 활동이 그리스도 예수의 날에 완성될 것이라고 확신하였다. 그러므로 빌립보 교회는 공동체를 믿음으로 부르신 하나님께서 그들을 이끄시고 믿음의 역사를 이루실 것을 확신하면서 그리스도의 날이 올 때까지 복음 전파를 위해 계속해서 일해야 한다.

IV. 바울의 기도 자세(7-8절)

1. 본문의 짜임새 : 기도의 자세

가. 빌립보 교회에 대한 칭찬(7절)

: 바울의 매임, 복음을 변호(ἀπολογία)함, 확정(βεβαίωσις)함에, 곧 바울과 함께 은혜에 참여한 자가 됨

나. 예수 그리스도의 심장으로 빌립보 교회를 사모하며 기도(8절)

빌립보 교회에 대한 감사의 인사말에 이어 7-8절에서 바울은 빌립보 교회 성도들을 위해 기도하는 자신의 기도 자세를 언급한다. 바울은 자신의 매여 있음과 복음 전파에 참여한 빌립보 교회를 칭찬하고, 예수 그리스도의 심장으로 빌립보 교회를 사모하며 기도한다.

2. 헬라어 본문

7 Καθώς ἐστιν δίκαιον ἐμοὶ τοῦτο φρονεῖν ὑπὲρ πάντων ὑμῶν διὰ
τὸ ἔχειν με ἐν τῇ καρδίᾳ ὑμᾶς, ἔν τε τοῖς δεσμοῖς μου καὶ ἐν τῇ
ἀπολογίᾳ καὶ βεβαιώσει τοῦ εὐαγγελίου συγκοινωνούς μου τῆς χάριτος
πάντας ὑμᾶς ὄντας. 8 μάρτυς γάρ μου ὁ θεός ὡς ἐπιποθῶ πάντας ὑμᾶς
ἐν σπλάγχνοις Χριστοῦ Ἰησοῦ.

3. 한글 번역 본문 대조

가. 개역 개정

7 내가 너희 무리를 위하여 이와 같이 생각하는 것이 마땅하니 이는
너희가 내 마음에 있음이며 나의 매임과 복음을 변명함과 확정함에
너희가 다 나와 함께 은혜에 참여한 자가 됨이라 8 내가 예수 그리스
도의 심장으로 너희 무리를 얼마나 사모하는지 하나님이 내 증인이시
니라

나. 새 번역

7 내가 여러분 모두를 이렇게 생각하는 것은, 나로서는 당연한 일입니
다. 내가 여러분을 내 마음에 간직하고 있기 때문입니다. 여러분 모두
는 내가 갇혀 있을 때나, 복음을 변호하고 입증할 때에, 내가 받은 은
혜에 동참한 사람들입니다. 8 내가 그리스도 예수의 심정으로, 여러분
모두를 얼마나 그리워하고 있는지는, 하나님께서 증언하여 주십니다.

다. 공동번역 개정

7 여러분은 내가 갇혀 있을 때나 복음을 수호하고 입증할 때에 나와

함께 은총을 나누어 받으며 고생을 같이 해온 사람들로서 항상 내 마음속에 자리 잡고 있으니 내가 여러분을 그런 생각으로 대하는 것도 당연한 일입니다. 8 내가 그리스도 예수의 지극한 사랑으로 여러분을 그리워하고 있다는 사실은 누구보다도 하느님께서 잘 알고 계십니다.

4. 동사 분해

가. 7절

ἐστιν (εἰμί [to be, to become])의 현재, 능동태, 직설법, 3인칭, 단수, '그(녀)가 …이다'

φρονεῖν (φρονέω [to think, to consider])의 현재, 능동태, 부정사, '생각하는 것'

ἔχειν (ἔχω [to have, to hold])의 현재, 능동태, 부정사, '가지는 것'

ὄντας (εἰμί)의 현재, 능동태, 분사, 남성, 복수, 대격, '… 인'

나. 8절

ἐπιποθῶ (ἐπιποθέω [to long for])의 현재, 능동태, 직설법, 1인칭, 단수, '내가 그리워하다'

5. 용어 해설

가. **φρονεῖν** (7절)

'생각하다'(to think), '마음을 쓰다'(to be concerned for), '느끼다'(to feel). 이 단어는 감정과 생각, 느낌과 의도를 모두 포함하는 '의중'(意中)을 나타내는 말로서, '속마음으로 생각하다'는 뜻으로 사용되었다. 이 용어는 신약성경 전체에서 총 26회 등장하는데, 그 중 바울서신에 23

회나 나타나는, 전형적으로 바울적인 용어이다. 특히 빌립보서에서 10회(1:7; 2:2[2회], 5; 3:15[2회], 19; 4:2, 10[2회]) 사용되었다. 바울은 빌립보 교회 성도들의 육적인 것만이 아니라, 영적인 필요를 느끼면서 동시에 그것이 채워지도록 마음으로 깊이 생각했다.

나. **ἀπολογία** (< **ἀπολογέομαι**, '스스로 변호하다' 7절)

이는 '법적인 고소에 맞대하는 변호'인데, 여기서는 일반적으로 바울이 복음을 변호할 때 기울인 모든 노력을 총칭한다.

다. **βεβαίωσις** (< **βεβαιόω**, '확고하게 하다', '굳세게 하다', 7절)

'확립', '확정', '확인', '확증'(confirmation), '견고하게 설 수 있는 그 무엇' 또는 '안전을 보장하거나 제공하는 것'을 뜻하는 법적인 전문용어이다.

라. **εὐαγγελίον** (복음)

이는 고대 세계에서 다양하게 사용되었다.

1) 로마 제국의 황제 숭배 사상에서 유래한 말로, 황제의 탄생, 즉위, 전승(戰勝)과 같이 로마 제국을 다스리는 황제가 백성에게 구원을 가져다주는 '기쁜 소식'
2) 구약에서도 구원을 주는 좋은 소식(사 52:7-10; 40:9-11)
3) 신약 시대에는 십자가에 달리신 예수의 죽으심과 다시 사심에 관련된 구원의 소식(고전 15:1-5; 롬 1:1-4; 행 2:26)
4) 바울 당시에 '복음 전파'의 뜻으로 사용되기도 함(빌 1:12)
5) 구원을 위해 말씀하고 행하신 예수의 공생애 활동을 총칭하는 1세기 후반의 용어
6) 후에 '복음서'라는 의미(막 1:1)

마. **ἐπιποθέω** (8절)

'열망하다'(to long for), '사모하다'(to yearn after). 이 합성동사의 접두어로 사용된 전치사 ἐπί는 '방향'의 의미를 내포하고 있다. 즉 이는 동작의 대상이나 목적을 향한 노력이라는 개념을 포함하여 이에 대한 열정을 나타낸다.

바. **σπλάγχνον** (> **σπλάγχνίζομαι**, '불쌍히/측은하게 여기다', 8절)

심장, 허파, 간 등의 장기(臟器)를 뜻하는 말로, 집합적으로 인간의 감정이 자리 잡고 있는 곳으로 간주된다. 헬라어에서 '애타는 마음'이나 '애정'(affection), '공감'(compassion)의 감정을 가장 강하게 표현할 때 사용하는 용어이다.

6. 문법 설명

가. 전치사 **ὑπέρ** (7절, 2장 13절, Moule, 63-65와 *BDF*, § 230, 231 참조)

전치사 **ὑπέρ**는 **대격**과 **속격**을 취한다. 신약에서는 히브리서 9장 5절의 D*, E* 사본 읽기인 ὑπὲρ δ' αὐτήν을 제외하고는 장소적인 의미로 사용되지 않는다.

1) **대격과 함께 사용될 경우**: '이상의'(above), '넘어'(beyond)를 뜻하여 항상 은유적인 의미에서 무엇보다 '탁월하거나' 무엇인가를 '능가하는 월등한 상태'를 나타냄으로써 비교의 의미로 사용된다. 예를 들어, 마태복음 10장 24절의 οὐκ ἔστιν μαθητὴς <u>ὑπὲρ</u> τὸν διδάσκαλον, '제자가 선생**보다** 높지 못하다(더 낫지 않다)'의 경우가 그러하다. 그러나 고린도후서 11장 23절의 <u>ὑπέρ</u> ἐγώ, '나는 **더욱 그러하다**'처럼 부사적인 의미로 사용되기도 한다.

2) **속격과 함께 사용될 경우**: 주로 '…을 위하여'(on behalf of, for the sake of), '…에 대하여/관하여'(concerning)의 의미로 사용된다. 신약에서는 대부분 바울이 즐겨 사용하는데, 이 경우 over의 의미에 매우 가깝다. 마가복음 9장 40절의 ὃς γὰρ οὐκ ἔστιν καθ' ἡμῶν, ὑπὲρ ἡμῶν ἐστιν, '우리를 반대하지 않는 자는 우리를 **위하는**(on behalf of의 의미) 자이다', 고린도후서 1장 6절의 ὑπὲρ τῆς ὑμῶν παρακλήσεως καὶ σωτηρίας, '너희의 위로와 구원을 **기대하면서**(with a view to의 의미)', 본문 7절의 τοῦτο φρονεῖν ὑπὲρ πάντων ὑμῶν, '여러분 모두에/를 **대하여/위하여**(concerning의 의미) 이것을 생각하는 것', 2장 13절의 ὑπὲρ τῆς εὐδοκίας, '(그의) 선한 뜻을 위하여'(for the sake of [his] good will) 등을 그 예로 들 수 있다.

7. 본문 사역

7 여러분 모두를 위하여 이와 같이 생각하는 것이 나로서는 마땅합니다. 왜냐하면 내가 마음에 여러분을 품고 있으며, 내가 (여러 번) 매여 있을 때, 또 복음을 변호하고 확고하게 할 때 여러분 모두가 나의 은혜에 동참한 자들이기 때문입니다. 8 (또) 내가 여러분 모두를 그리스도 예수의 심장으로 얼마나 사모하는지 하나님께서 나의 증인이시기 때문입니다.

8. 본문 주해

바울이 빌립보 교회에 대하여 하나님께 감사하는 이유는 빌립보 교회가 바울의 매임과 복음을 변호하고 이를 견고하게 세우는 일에 참여하였기 때문이다(7절). 또 바울의 마음(ἐν τῇ καρδίᾳ)에 빌립보 교인들을 품고 있다는 것은 그들에 대한 사랑이 떠나지 않았음을 의미한다. 바울이 마음을 나타낼 때는 νοῦς와 καρδία를 사용하는데 νοῦς(롬 7:23, 25; 고전 1:10; 롬 14:5)가 이해, 소원, 앎을 담당하는 자리라면, καρδία(고전 4:5; 고후 5:12, 9:7; 살전 2:17)는 사고와 느낌의 중심점으로 인간의 내적, 정신적 삶의 중심이며, 외모와 구별되는 인간 본래의 자아를 가리킨다. 바울은 이와 같이 마음 중심에서 우러나오는 진심 어린 자세로 빌립보 성도들에 대한 자신의 사랑을 나타낸다.

일반적으로 '변명함'(ἀπολογία)은 법적인 고소에 대한 변호를 뜻하며, '확증함'(βεβαίωσις)은 '견고하게 서게 함' 또는 '안전을 보장하거나 제공함'을 뜻하는 법적인 전문용어이다. 그러나 본문에서는 바울이 그동안 복음을 변호하고 전하는 데 기울인 모든 노력들을 가리킨다. 바울은 법정에 서서 복음의 정당성을 알리며, 이러한 바울의 복음 전파 사역에 빌립보 교회가 동참한 모든 것에 대하여 은혜로 인식하면서 하나님께 감사한다.

바울은 이제 빌립보 교회를 위해 간구하는 기도의 자세를 언급한다(8절). 바울은 예수 그리스도의 심장으로 그들을 사모하며 기도하면서 그 사실을 하나님께서 증거하신다고 묘사하였다.

여기서 '사모하다'(ἐπιποθέω)란 그 대상이나 목적을 향한 열정을 포괄하는 용어이다. 바울은 빌립보 교회 성도들에게 그리스도에 대한 확고한 신앙을 세워 주려는 열망을 표현하면서 그리스도 예수께서 그들을 사랑하시듯 자신도 그들을 사랑함을 '그리스도의 심장으로 사모한다'라고 표현하여 그들에 대한 열망을 나타낸다.

'심장'을 가리키는 σπλάγχνον는 심장을 포함한 허파, 간 등의 장기를 뜻하는 말로서 '공감(共感)'을 가장 강하게 표현하는 용어이다. 헬라인들은 이 용어를 감정이 집합적으로 자리 잡고 있는 곳을 나타낼 때 사용하였는데, 바울은 이 용어로써 빌립보 교회 성도들을 향한 자신의 애정이 마음의 가장 깊은 곳에서 우러나오는 것임을 표현하였다.

V. 바울의 기도 내용(9–11절)

1. 본문의 짜임새 : 기도의 내용

가. 사랑을 지식과 모든 총명으로 점점 더 풍성하게 함(9절)
나. 지극히 선한 것을 분별함(10절상)
다. 진실하여 허물없이 그리스도의 날까지 이름(10절하)
라. 예수 그리스도로 말미암아 의의 열매가 가득하여 하나님의 영광과 찬송이 되게 함(11절)

이제 바울은 자신의 편지 머리말의 마지막 부분인 9–11절에서 빌립보 교회의 성도들에게 자신의 기도 내용을 알린다.

2. 헬라어 본문

9 Καὶ τοῦτο προσεύχομαι, ἵνα ἡ ἀγάπη ὑμῶν ἔτι μᾶλλον καὶ μᾶλλον
περισσεύῃ ἐν ἐπιγνώσει καὶ πάσῃ αἰσθήσει 10 εἰς τὸ δοκιμάζειν ὑμᾶς
τὰ διαφέροντα, ἵνα ἦτε εἰλικρινεῖς καὶ ἀπρόσκοποι εἰς ἡμέραν
Χριστοῦ, 11 πεπληρωμένοι καρπὸν δικαιοσύνης τὸν διὰ Ἰησοῦ Χριστοῦ
εἰς δόξαν καὶ ἔπαινον θεοῦ.

3. 한글 번역 본문 대조

가. 개역 개정

[9] 내가 기도하노라 너희 사랑을 지식과 모든 총명으로 점점 더 풍성하
게 하사 [10] 너희로 지극히 선한 것을 분별하며 또 진실하여 허물없이
그리스도의 날까지 이르고 [11] 예수 그리스도로 말미암아 의의 열매가
가득하여 하나님의 영광과 찬송이 되기를 원하노라

나. 새 번역

[9] 내가 기도하는 것은 여러분의 사랑이 지식과 모든 통찰력으로 더욱
더 풍성하게 되어서, [10] 여러분이 가장 좋은 것이 무엇인가를 분별할
줄 알게 되는 것입니다. 그리하여 여러분이 그리스도의 날까지 순결
하고 흠이 없이 지내며, [11] 예수 그리스도께서 주시는 의의 열매로 가
득 차서 하나님께 영광과 찬양을 드리게 되기를, 나는 기도합니다.

다. 공동번역 개정

[9] 내가 여러분을 위해서 기원하는 것은 여러분의 사랑이 참된 지식과
분별력을 갖추어 점점 더 풍성해져서 [10] 가장 옳은 것이 무엇인지를
가릴 수 있게 되었으면 하는 것입니다. 그래서 여러분이 순결하고 나
무랄 데 없는 사람으로서 그리스도의 날을 맞이하게 되고 [11] 또 예수
그리스도를 믿음으로써 올바른 일을 많이 하여 하나님께 영광과 찬양
을 드릴 수 있게 되기를 바랍니다.

4. 동사 분해

가. 9절

προσεύχομαι (προσεύχομαι [to pray])의 현재, 능동태, 직설법, 1인칭, 단수, '내가 기도하다'

περισσεύῃ (περισσεύω [to abound, to be rich])의 현재, 능동태, 가정법, 3인칭, 단수, '그(녀)가 충만해지기를'

나. 10절

δοκιμάζειν (δοκιμάζειν [to prove by testing, to approve, to put to a test])의 현재, 능동태, 부정사, '증명하는 것'

διαφέροντα (διαφέω [to differ])의 현재, 능동태, 분사, 중성, 복수, 대격, '다른', '보다 나은/월등한'

ἦτε (εἰμί [to be, to become])의 현재, 능동태, 가정법, 2인칭, 복수, '너희가 …이기를'

다. 11절

πεπληρωμένοι (πληρόω [to fill, to fulfill])의 현재완료, 수동태, 분사, 남성, 주격, 복수, '가득한'

5. 용어 해설

가. **περισσεύῃ** (9절)

περισσεύω(넘치다, 풍성하다)의 가정법. 여기서는 지속적으로 풍성해지기를 바라는 소망이 담겨 있다.

나. **ἐπιγνώσις** (9절)

'지식'(knowledge), '인식'(recognition). 전치사 ἐπί와 γνῶσις가 합성된 ἐπιγνώσις는 대상을 지향하는 앎을 뜻하는 바울의 애용어로 여기서는 다른 사람이나 세상과 관련하여 실제적인 지침이 되는, 영적인 원리에 대한 명확한 인식을 의미한다.

다. **αἰσθήσις** (9절)

'감각'(sensation), '지각'(perception), '통찰력'(insight), '안목'(discernment). 본래 이 단어는 감지력을 의미하는 것으로 사용되었으나, 내적인 안목이나 실제적인 적용과 관련된 도덕적이고 영적인 안목을 지칭한다. 나아가 본문에서는 매우 난해한 결정을 해야 할 상황에서 적절한 도덕적 판단을 내릴 수 있는 역량을 의미한다.

- 지식(ἐπιγνώσις): 타인이나 세상과 관련하여 지침이 되는 영적 원리에 대한 인식
- 총명(αἰσθήσις): 내적 안목이나 실제적인 적용과 관련하여 판단하는 도덕적이거나 영적인 안목

라. **δοκιμάζειν** (10절)

'시험/조사/검사하다'(put to test), '증명된 것으로 받아들이다'(accept by testing), '인정/시인하다'(approve). 이 단어는 주의 깊은 점검과 시험을 통해서 어떤 것에 대해 좋다고 찬성함을 의미하는데, 여기서 전치사 εἰς 와 함께 사용되어 목적이나(Burton, § 409) 결과를 나타낸다.

마. **διαφέροντα** (10절)

διαφέρω의 분사 '다른', '보다 나은/월등한'. 여기서는 '탁월한 것,' '온당한 것', '가치 있는 것,' '본질적인/중요한 것'을 의미하여 무엇이

중요하며, 보다 근본적인가를 표현한다.

바. **εἰλικρινής** (10절)

'순전한'(pure), '신실한'(sincere). 도덕적인 고결함과 마음, 생각, 행동에 있어서 순전함을 의미한다.

사. **ἀπρόσκοπος** (< **προσκόπτω**, '때리다', '걸려 비틀거리다', 10절)

'비틀거리지 않는', '죄/허물 없는', '상하지 않은', '범죄하게 하지 않는'을 의미하는 이 단어는 여기서는 스스로 실수하지 않음과 동시에 다른 사람을 실수하게 하거나 방해하지 않음을 뜻한다.

6. 문법 설명

가. 두 개의 목적어를 취하는 동사 (11절, *BDF*, § 272 참조)

헬라어에서 몇몇 동사는 두 개의 목적어, 곧 **사람의 대격**과 **사물의 대격을** 취한다. 이들은 각각 문장 안에서 동사와 별도의 관계를 가진다.

1) '가르치다'(to teach), '기억나게 하다'(to remind)라는 뜻을 나타내는 동사는 두 개의 대격을 취하는데, 신약성경에서 그리 자주 나타나지는 않는다. 예를 들어, 요한복음 14장 26절의 ἐκεῖνος <u>ὑμᾶς</u> (ὑμῖν 이 아님) **διδάξει** <u>πάντα</u> καὶ ὑπομνήσει <u>ὑμᾶς</u> (ὑμῖν 이 아님) <u>πάντα</u> ἃ εἶπον ὑμῖν [ἐγώ], '그가 너희에게 모든 것을 가르치고, 내가 너희에게 말한 모든 것을 생각나게 하리라'의 경우가 그러하다. 또한 '요구하다'(to inquire), '요청하다'(to ask)라는 뜻을 가진 동사도 두 개의 대격을 취하는데, αἰτεῖν (to ask for, to demand)은 전치사 παρά 나 ἀπό 와 함께 사용되기도 한다.

2) **두 개의 목적어를 취하는 동사가 수동태로 사용될 경우 본래 능동태에서 사용된 사람의 대격은 주어가 되거나 생략되며, 사물의 대격은 그 동사의 수동태와 함께 그대로 남는다**. 대격과 함께 여격이나 속격을 취하는 동사의 경우도 수동태로 쓰일 때는 대격이 주어가 되거나 생략되고, 속격이나 여격이 그대로 남아 있게 된다.

3) 11절에 나타나는 동사 **πληρόω** (to fill someone with powers, qualities 등)는 **대격**과 함께 **속격**이나 **여격**을 취하는 동사로서 능동태로는 πληρόω τινά (무엇을) τινός (누구에게)의 형태(롬 15:13, ὁ δὲ θεὸς τῆς ἐλπίδος **πληρώσαι** ὑμᾶς πάσης χαρᾶς καὶ εἰρήνης, '소망의 하나님이 너희를 모든 기쁨과 평화로 가득 채우시기를!')나 τινά (무엇을) τινί (누구에게)의 형태로 사용된다. 그러므로 수동태로 사용될 경우 'A로' 채워지다(to become filled with A)를 의미하며, A에 해당되는 것은 능동태에서 함께 쓰였던 여격(눅 2:40, τὸ δὲ παιδίον ηὔξανεν καὶ ἐκραταιοῦτο **πληρούμενον** σοφίᾳ, '그 아이가 지혜로 채워지면서, 자라며 강해졌다')이나 속격(행 13:52, οἵ τε μαθηταὶ **ἐπληροῦντο** χαρᾶς καὶ πνεύματος ἁγίου, '제자들이 기쁨과 성령으로 충만해지고 있었다')이 된다. 그러나 예외적으로 본문 11절에서는 A에 해당하는 것이 여격이나 속격이 아니라 '대격'으로 나타난다. 수동태와 대격이 함께 사용되는 이러한 구조는 파피루스 문헌들에서 '(무엇인가를 지불하거나 옮겨옴으로써) 가득 차게 되다'라는 의미로 사용되었다.

7. 사본의 다른 읽기 본문 대조

가. **καὶ ἔπαινον θεου** (11절)

본문의 읽기인 καὶ ἔπαινον θεοῦ ('하나님의 찬송[이 되어]')는 사본에 따라 매우 다양한 읽기를 보여 준다. D* 사본은 καὶ ἔπαινον Χριστοῦ ('그리스도의 찬송[이 되어]')라고 읽으며, 몇몇 사본들은 같은 절에서 Χριστοῦ 가 중복되는 것을 피하기 위해서 καὶ ἔπαινον Χριστοῦ 를 καὶ ἔπαινον αὐτοῦ ('그의 찬송[이 되어]')로 고쳐 읽기도 한다. 특이한 점은 F, G 등의 사본이 καὶ ἔπαινόν μοι ('나에게 찬송[이 되어]')라고 읽는다는 점인데, 이런 예는 바울서신 전체에서 그 평행 구절을 찾아볼 수 없다. 또한 $\mathfrak{P}^{46}$부터 이미 θεοῦ καὶ ἔπαινον ἐμοί ('나에게 하나님의 찬송[이 되어]')라는 조합 형태가 등장하는 점도 매우 흥미롭다. 시내 사본(ℵ)과 대부분의 알렉산드리아와 서방을 포함하는 본문 유형을 대표하는 사본들(A, B, D^c, I, K, P, Ψ, 33, 81, 614 등)이 본문의 읽기인 καὶ ἔπαινον θεοῦ 를 지지한다(Metzger, 544).

8. 본문 사역

9 그래서 나는 이와 같이 기도합니다. 여러분의 사랑이 지식과 모든 좋은 안목으로 말미암아 점점 더 풍성해져서 10 여러분이 본질적인 (탁월한) 것들을 분별하도록. (또한) 그리스도의 날을 위해 순결하고 흠이 없도록. 11 예수 그리스도로 말미암은 의의 열매로 가득 채워져서 하나님의 영광과 찬송이 되어.

9. 본문 주해

두 개의 목적절과 함께 전체적으로 하나의 문장을 이루고 있는 9-11절은 바울이 빌립보 교회를 위해 드린 기도의 내용이다.

지식과 총명으로 점점 더 풍성하게 되어야 할 사랑은 지속적(현재 시제)이어야 한다. '지식'(ἐπιγνώσις)은 자구(字句)적으로는 어떤 대상을 향한 앎을 의미하지만, 여기서는 좀 더 심화된 지식으로 다른 사람이나 세상과 관련하여 지침이 되는 영적 원리에 대한 명확한 인식과 논리적인 완벽함이 있어야 함을 의미한다. 또한 '총명'(αἴσθησις)은 감각, 통찰력, 지각, 안목 등을 뜻하는 말로서 본래 감지하는 능력을 의미하나, 여기서는 내적인 안목이나 실제적인 적용과 관련된 도덕적이고 영적인 안목을 더하여 세상 문제에 대한 민감한 감수성과 예민함을 갖추어야 함을 뜻한다.

이로써 바울은 빌립보 교회의 성도들에게 단순하게 감정적인 사랑이 풍성해지기를 바라는 것이 아니라 도덕적이고 영적인 원리에 대한 명확한 인식과 영적인 안목을 지닌, 전인(全人)적이고 균형 잡힌 사랑이 점점 더 풍성해지기를 기도한다.

이렇게 풍성해진 사랑은 지극히 선한 것을 분별하고 거짓 없이 진실하게 그리스도의 날까지 자라야 하며, 예수 그리스도를 통한 '의의 열매'(καρπὸν δικαιοσύνης)를 가득 맺어야 한다. 이 의의 열매는 모든 생명과 선함의 원천이신 예수 그리스도를 통하여 받는 것으로, 그렇기 때문에 이는 하나님의 영광과 찬송이 되는 일이다. 바울은 이를 위해 기도하며 서론 부분을 끝맺는다.

02_

팡게온 산을 배경으로 한

로마 시대의 행정 중심지인 포럼과

주후 6세기 바실리카 B 교회

사진 장홍길

제3강

나의 매임으로 말미암아(1:12-26)

- 두려움 없이 더욱 담대하게 전파되는 복음

I. 본문 단락(1 : 12-26)의 개요

제2부 소식과 교훈(1:12-2:30)

I. 바울의 옥중 생활에 대한 형편 보고와 고난 및 죽음이 성도에게 주는 의미와 교훈(1 : 12-26)

1. 복음 전파의 진보(進步)가 된 바울의 갇힘(12-14절)

2. 두 가지 동기(動機)로 전파되는 그리스도(15-18절상)

3. 그리스도 전파와 바울의 개인적 종말론(18절하-26절)

II. 그리스도의 복음에 합당한 그리스도와 일치된 삶
: 그리스도와 교제하는 삶(1 : 27-2 : 18)

III. 디모데를 보냄과 에바브로디도를 보냄에 대한 소식(2 : 19-30)

머리말에서 빌립보 교회 성도들에 대한 감사의 인사와 중보기도를 서술한 바울은 이제 '서신체로 표현된 자기 알림말'(epistolary self commendation) 단락에서 계속해서 자신이 처해 있는 현재 상황을 빌립보 성도들에게 상세하게 알리며, 고난과 죽음이 성도에게 주는 의미와 그 교훈을 진술한다.

II. 복음 전파의 진보(進步)가 된 바울의 갇힘(12-14절)

1. 본문의 짜임새

이 단락은 바울이 자신의 근황을 요약적으로 묘사한 부분이다. 바울은 자신이 비록 옥중에 갇히게 되었지만 이것이 오히려 복음 전파에 진전을 가져왔다고 언급하면서 빌립보 교회의 성도들에게 자신의 수감(收監)이 가져온 놀라운 결과에 대하여 말한다.

가. 바울의 매임이 복음 전파에 진전이 됨(12절)

나. 바울의 매임이 가져온 놀라운 결과(13-14절)

1) 바울이 그리스도 안에서 갇힌 사실이 온 시위대 안과 밖의 모든 사람에게 나타남
2) 형제들이 바울의 매임으로 인하여 주 안에서 신뢰함으로써 하나님의 말씀을 더욱 담대히 전하게 됨

2. 헬라어 본문

12 Γινώσκειν δὲ ὑμᾶς βούλομαι, ἀδελφοί, ὅτι τὰ κατ᾽ ἐμὲ μᾶλλον εἰς

προκοπὴν τοῦ εὐαγγελίου ἐλήλυθεν, [13] ὥστε τοὺς δεσμούς μου φανεροὺς
ἐν Χριστῷ γενέσθαι ἐν ὅλῳ τῷ πραιτωρίῳ καὶ τοῖς λοιποῖς πᾶσιν,
[14] καὶ τοὺς πλείονας τῶν ἀδελφῶν ἐν κυρίῳ πεποιθότας τοῖς δεσμοῖς
μου περισσοτέρως τολμᾶν ἀφόβως τὸν λόγον λαλεῖν.

3. 한글 번역 본문 대조

가. 개역 개정

[12] 형제들아 내가 당한 일이 도리어 복음 전파에 진전이 된 줄을 너희
가 알기를 원하노라 [13] 이러므로 나의 매임이 그리스도 안에서 모든
시위대 안과 그 밖의 모든 사람에게 나타났으니 [14] 형제 중 다수가 나
의 매임으로 말미암아 주 안에서 신뢰함으로 겁 없이 하나님의 말씀
을 더욱 담대히 전하게 되었느니라

나. 새 번역

[12] 형제자매 여러분, 내게 일어난 일이 도리어 복음을 전파하는 데에
도움을 준 사실을, 여러분이 알아주시기를 바랍니다. [13] 내가 그리스
도 안에서 감옥에 갇혔다는 사실이 온 친위대와 그 밖의 모든 사람에
게 알려졌습니다. [14] 주님 안에 있는 형제자매 가운데서 많은 사람이,
내가 갇혀 있음으로 말미암아 더 확신을 얻어서, 하나님의 말씀을 겁
없이 더욱 담대하게 전하게 되었습니다.

다. 공동번역 개정

[12] 형제 여러분, 내가 당하고 있는 일이 복음을 전파하는 일에 오히려
도움이 되었다는 사실을 알아주시기 바랍니다. [13] 내가 그리스도를 위
해서 갇혀 있다는 사실이 온 경비대와 그 밖의 모든 사람들에게 알려

지게 되었습니다. [14] 그래서 내가 갇힌 일 때문에 많은 교우들이 주님을 더욱 확고히 믿게 되었고 이제는 조금도 두려움 없이 용감하게 하느님의 말씀을 전하게 되었습니다.

4. 동사 분해

가. 12절

γινώσκειν (γινώσκω [to come to know, to realize])의 현재, 능동태, 부정사, '아는 것'

βούλομαι (βούλομαι [to want, to wish, to desire])의 현재, 중간태, 직설법, 1인칭, 단수, '내가 원하다'

ἐλήλυθεν (ἔρχομαι [to come, to go])의 현재완료, 능동태, 직설법, 3인칭, 단수, '그(녀)가 왔다'

나. 13절

γενέσθαι (γίνομαι [to become, to be])의 단순과거, 중간태, 부정사, '되는 것'

다. 14절

πεποιθότας (πείθω [to convince, to persuade])의 현재완료, 능동태, 분사, 남성, 복수, 대격, '확신한'

τολμᾶν (τολμάω [to dare])의 현재, 능동태, 부정사, '담대하게/감히 …하는 것'

λαλεῖν (λαλέω [to speak, to sound])의 현재, 능동태, 부정사, '말하는 것'

5. 용어 해설

가. τὰ κατ' ἐμέ (12절)

'나에게 따른 것들'(the things according to me). '나에게 일어난 일들' 또는 '나와 관련된 일들'(the things regarding me)이라는 뜻이다.

나. προκοπή (12절)

'개척하다', '길을 열어가다', '진행시키다'(make progress)는 뜻을 가진 προκόπτω 의 명사형으로 일의 진행, 진전, 진척 등을 의미한다.

다. δεσμός (13절)

δέω, δεσμεύω 의 명사형으로 '올가미', '착고', '속박', '감금', '투옥', '감옥'을 의미한다.

라. πραιτώριον (13절)

이 단어는 황제의 근위를 맡던 로마의 '**근위병**'(praetorian guard)이나 황제의 명을 받들어 섬기던 군대 '**시위대**' 또는 근위병들이 사용하는 **지휘 본부**(praetorium, 개역에서는 '**관정**' 또는 '**관저**'로 번역)를 가리키는 용어이다. 이는 빌립보뿐 아니라 예루살렘에도 있었고, 로마 제국 도처에 있었다. 따라서 이 용어는 빌립보서의 저작 장소를 어디로 여기는가에 따라 다르게 생각될 수 있다. 만약 빌립보서의 저작 장소가 에베소라면, 이는 로마의 아시아 주 총독 관저를 가리킬 것이다. 그러나 거기가 로마라면, 이는 시위대 병영을 가리킬 것이다. 여기서는 죄수를 경비하기 위해 선발된 로마의 근위병 내지는 친위대를 지칭한다. 예수께서 심문을 받았던 '브라이도리온'(마 27:27; 막 15:16; 요 18:23; 19:9; 행 23:35)은 로마 제국의 유대 총독 본디오 빌라도의 집무처, 곧 근위병들이 경비하던 총독 관저가 있는 지휘 본부를 뜻한다.

마. **πεποιθότας** (14절)

πείθω (대격과 함께 '확신하게 하다', '설득하다', 여격과 함께 '신뢰하다', '의지하다', '믿다', '복종하다')의 분사로 여기서는 여격과 함께 쓰여서 '신뢰하다', '믿다'는 뜻으로 사용되었다.

6. 문법 설명

가. 탈격으로 사용된 여격 (14절, Moule, 43-46 참조)

헬라어의 여격과 속격의 기능은 라틴어에서 '탈격'(ablative case)의 기능과 아주 유사하다. 라틴어에서는 수단, 행위자, 동반, 방법, 장소, 시간 등을 의미하는 단어의 탈격을 이용하여 때때로 동사를 수식하거나 한정하기 때문에 '탈격'을 '부사격'(adverbial case)이라고 부르기도 한다. 그것처럼 헬라어에서도 여격을 사용하여 그와 비슷한 효과를 낸다. 그 주요한 용법은 다음과 같다.

1) **시간의 여격**(dativus temporalis): 이는 주로 동시적이거나 일회적인 시간을 나타낼 때 사용된다. 누가복음 8장 29절의 <u>πολλοῖς… χρόνοις</u> συνηρπάκει αὐτόν은 '<u>여러 번</u> (악령이) 그를 붙잡았다'고 번역할 수 있다. 그러나 누가복음 8장 27절의 <u>χρόνῳ ἱκανῷ</u> οὐκ ἐνεδύσατο ἱμάτιον (<u>오랫동안</u> 옷을 입지 않았다)처럼 반복적이거나 지속적인 시간을 의미하기도 한다.

2) **비유적인 장소의 여격**(dativus locativus): '관점의 여격'이라고도 하며, 은유적인 의미에서 (관심이 집중되고 있는) '장소'를 의미한다. 따

라서 베드로전서 4장 1절의 ὁ παθὼν σαρκί 는 '**육체에**(마음이나 정신이 아니라, 육체) 고난을 당한 자'를 뜻하며, 로마서 14장 1절의 τὸν δὲ ἀσθενοῦντα τῇ πίστει 는 '**믿음에서**(믿음이라는 부분에서) 연약한 자'를 뜻한다.

3) **수단의 여격**(dativus instrumentalis): 이 경우의 여격은 영어의 by나 with와 같은 뜻을 나타내는데, 행위의 주체가 아니라 '행위의 수단'(by means of)을 의미한다. 그러므로 로마서 14장 15절의 μὴ τῷ βρώματί σου ἐκεῖνον ἀπόλλυε ὑπὲρ οὗ Χριστὸς ἀπέθανεν 는 '그리스도께서 그를 위하여 죽은 자(형제)를 너의 **음식으로(써)** 망하게 하지 말라'라는 뜻이다.

4) **정도의 여격**: 여격으로써 정도를 나타낸다. 로마서 5장 17절의 πολλῷ μᾶλλον 는 '얼마나 더', '더욱'의 의미로 사용되었다.

5) **독립적 여격**(dativus absolutus): 라틴어의 탈격처럼 사용되는 헬라어의 여격 중에 라틴어의 '탈격 독립 구문'(ablative absolute)이나 헬라어의 '속격 독립 구문'(genitivus absolutus)과 마찬가지로 주술부(主述部)로부터 이탈되어 독립적으로 사용되는 여격이 있다. 그러므로 마태복음 14장 6절의 γενεσίοις δὲ γενομένοις τοῦ Ἡρῴδου 는 '헤롯의 생일이 **되자**'(When Herod's birthday celebrations had come)라는 뜻이다. 마가복음 9장 28절에 대한 𝔓[45]사본의 읽기는 확실치 않으며(𝔓[45]: εἰσελθόντι αὐτῷ, '그가 들어가매', 대부분의 다른 사본에는 속격 독립 구문으로 되어 있음), 신약성경에는 더 이상 이와 같은 예가 나타나지 않는다. 또한 앞에서 예로 제시한 마태복음의 본문 역시 단순히 시간의 여격으로 이해될 수도 있다.

6) 위와 같은 구분에 정확하게 부합되지 않는 여격도 상당수 있어서 번역할 때 논란이 되기도 한다. 이러한 여격 중에 갈라디아서 6장 12절의 ἵνα τῷ σταυρῷ τοῦ Χριστοῦ μὴ διώκωνται(그리스도의 **십자가로 인한** 박해를 피하기 위해서)와 같이 '원인'을 나타내는 '이유의 여격'(dativus causae)도 있다. 본문 14절의 πεποιθότας τοῖς δεσμοῖς μου ('나의 매임으로 말미암아 확신을 가지고')도 앞에 언급한 유형에 속하지 않은 여격의 용례를 보여 준다. 이 문장은 '나의 매임에 대한 증언으로 말미암아 고무되어 그 결과 더 확신을 가지고'로 번역할 수 있다.

나. **πολύς**, **πολλή**, **πολύ** 의 의미(14절, Moule, 108 참조)

'많은'(many, much, great)을 뜻는 πολύς가 다른 형용사와 마찬가지로 **대명사**로 사용되는데, 이 경우 그 의미가 분명하게 나타나지 않을 수도 있다. 즉 οἱ πολλοί는 문맥에 따라 소수(the few)와 대조되는 '다수'(the majority)를 의미하는지 아니면 단순히 '많은 수'(the many, 비교급[πλείων, πλεῖον]의 복수인 οἱ πλείονες와도 비교해 보라)를 의미하는지는 항상 논란이 되었다. 그렇지만 본문 14절의 τοὺς πλείονας τῶν ἀδελφῶν ἐν κυρίῳ는 비교급의 복수를 나타내 '형제들 중 대다수'를 의미한다. 또한 τῶν ἀδελφῶν ἐν κυρίῳ 은 '주 안에 있는 형제들'(τῶν ἀδελφῶν τῶν ἐν τῷ κυρίῳ)에 대하여 문법적으로 보다 느슨한 표현이므로 '주 안에 있는 형제들 중 대다수'라는 뜻을 나타낸다. 이의 최상급은 πλεῖστος이다.

7. 사본의 다른 읽기 본문 대조

가. **τὸν λόγον λαλεῖν** (14절)

א, A, B, D*, Ψ, 33, 81 등의 사본은 본문의 읽기인 τὸν λόγον λαλεῖν

('그 말씀을 전하는 것')을 τὸν λόγον τοῦ θεοῦ λαλεῖν('하나님의 말씀을 전하는 것')으로 읽으며, F, G 등의 사본은 τὸν λόγον κυρίου λαλεῖν('주님의 말씀을 전하는 것')으로 읽는다. 외적인 증거들이 보여 주는 중요성과 다양성을 고려한다면, 대부분의 사본이 지지하는 τὸν λόγον τοῦ θεοῦ λαλεῖν 읽기가 원문에 가장 가깝다. 그러나 τὸν λόγον을 수식하는 속격의 위치와 어휘들이 서로 다르게 나타나고 필사자들이 수식어를 가지고 있지 않았던 τὸν λόγον의 의미를 명확하게 하려는 의도로 속격을 삽입했을 가능성이 크므로 본문의 읽기가 원래의 읽기일 것이다(Metzger, 545).

8. 본문 사역

[12] 형제자매 여러분! 그러나 내가 여러분이 알기를 원하는 것은 '나에게 일어난 일들'(나의 형편)이 오히려 복음의 진보를 향해 나아갔고,
[13] 그 결과 나의 매임이 그리스도 안에서 온 근위대와 그 밖의 모든 사람들에게 알려지게 되었고, [14] 또한 주님 안에 있는 형제들 중 대다수가 나의 매임으로 말미암아 점점 더 확신을 가지고 두려움 없이 더욱 담대하게 그 말씀을 전하게 되었다는 것입니다.

9. 본문 주해

이 단락에서 바울은 '자신이 당한 일'(자신과 관계된 일)이 오히려 복음 전파에 진전을 가져왔다는 것을 밝히면서 그 일이 가져온 놀라운 결과에 대하여 설명한다.

바울이 여기서 자신의 상황을 구체적으로 언급하지는 않았지만 그는 '나의 일'(τὰ κατ' ἐμέ)을 통해 도리어(μᾶλλον) 복음(εὐαγγέλιον)이

퍼져 나가게(εἰς προκοπήν) 되었다고 진술한다. 그는 사도로서 자신의 모든 삶의 초점을 복음 전파에 맞추었고, 또한 빌립보 교회 성도들에게 이 모든 소식을 알려 그들이 이 진술의 뜻을 이해하고 그들도 자신처럼 어떠한 상황에 처하든지 주님을 신뢰하면서 복음 전파를 위한 일에 더욱 정진하기를 소망하였다.

바울이 그리스도 안에 매여 있음(δεσμούς)이 온 근위대와 그밖의 모든 사람들에게 알려지게 되었다(ἐν ὅλῳ τῷ πραιτωρίῳ καὶ τοῖς λοιποῖς πᾶσιν)는 것은 바울이 감옥에 갇힌 덕에 기독교가 오히려 많은 사람의 주목을 받게 되었음을 의미한다. 많은 반대자들이 바울의 복음 전파를 막으려 그를 가두었지만 오히려 그 때문에 복음에 무관심했던 사람에게까지 복음의 소식이 드러나게 되고(φανέρωσις), 더욱 널리 퍼져 나가게 되었다. 또한 바울의 매임은 다른 믿는 형제들에게(τῶν ἀδελφῶν) 오히려 주 안에서 더욱 신뢰(πεποιθότας)하는 계기를 제공하여 그들이 복음에 대해서 힘을 얻고 겁 없이(ἀφόβως) 담대하게 하나님의 말씀을 전하게 되었다.

바울은 이와 같이 자신의 매임을 긍정적으로 해석하여 빌립보 교회의 성도들을 격려할 뿐 아니라 그들이 더욱 복음 전파를 위해 힘있게, 또 담대하게 전진할 것을 당부한다.

III. 두 가지 동기(動機)로 전파되는 그리스도(15-18절상)

1. 본문의 짜임새

바울은 복음 전파와 관련하여 '착한 뜻'과 '투기(이기심)와 분쟁'이라는 두 가지 다른 동기로 복음을 전하는 자들이 있음을 지적한다. 이들은 바울에 대해 서로 다른 태도를 가지고 있었지만, 어떻든지 바울은 그리스도가 전파됨으로 인해 기뻐한다.

가. 투기와 분쟁(15절)이나 다툼(17절)으로 그리스도가 전파됨
나. 착한 뜻으로 그리스도가 전파됨(16절)
다. 아무튼 전해지는 것은 그리스도(18절)

2. 헬라어 본문

15 τινὲς μὲν καὶ διὰ φθόνον καὶ ἔριν, τινὲς δὲ καὶ δι᾽ εὐδοκίαν τὸν
Χριστὸν κηρύσσουσιν· 16 οἱ μὲν ἐξ ἀγάπης, εἰδότες ὅτι εἰς ἀπολογίαν
τοῦ εὐαγγελίου κεῖμαι, 17 οἱ δὲ ἐξ ἐριθείας τὸν Χριστὸν καταγγέλλουσιν,
οὐχ ἁγνῶς, οἰόμενοι θλῖψιν ἐγείρειν τοῖς δεσμοῖς μου. 18 Τί γάρ; πλὴν
ὅτι παντὶ τρόπῳ, εἴτε προφάσει εἴτε ἀληθείᾳ, Χριστὸς καταγγέλλεται,
καὶ ἐν τούτῳ χαίρω.

3. 한글 번역 본문 대조

가. 개역 개정

15 어떤 이들은 투기와 분쟁으로, 어떤 이들은 착한 뜻으로 그리스도
를 전파하나니 16 이들은 내가 복음을 변증하기 위하여 세우심을 받
은 줄 알고 사랑으로 하나 17 그들은 나의 매임에 괴로움을 더하게 할
줄로 생각하여 순수하지 못하게 다툼으로 그리스도를 전파하느니라
18 그러면 무엇이냐 겉치레로 하나 참으로 하나 무슨 방도로 하든지
전파되는 것은 그리스도니 이로써 나는 기뻐하고 (또한 기뻐하리라)

나. 새 번역

15 어떤 사람들은 시기하고 다투면서 그리스도를 전하고, 어떤 사람들
은 좋은 뜻으로 전합니다. 16 좋은 뜻으로 전하는 사람들은 내가 복음
을 변호하기 위하여 세우심을 받았다는 것을 알고서 사랑으로 그리스
도를 전하지만, 17 시기하고 다투면서 하는 사람들은 경쟁심으로 곧
불순한 동기에서 그리스도를 전합니다. 그들은 나의 감옥 생활에 괴
로움을 더하게 하려는 생각을 품고 있습니다. 18 그렇지만 어떻습니
까? 거짓된 마음으로 하든지 참된 마음으로 하든지, 어떤 식으로 하
든지 결국 그리스도가 전해지는 것입니다. 나는 그것을 기뻐합니다.

다. 공동번역 개정

15 어떤 사람들은 사실 시기와 경쟁심으로 그리스도를 전하지만 선의
를 가지고 그리스도를 전하는 사람들도 있습니다. 16 선의로 전하는
사람들은 내가 복음을 수호하는 사명을 받은 사람이라는 것을 알고
사랑하는 마음으로 전하지만 17 이기적인 동기에서 전하는 자들은 성
실한 마음으로 하는 것이 아니라 내가 감옥에 있는 동안 나를 괴롭힐
생각으로 하는 것입니다. 18 그러나 그것이 무슨 상관이 있겠습니까?
가식으로 하든지 진실로 하든지 결국 그리스도가 전파되는 것이니 나
에게는 기쁜 일입니다.

4. 동사 분해

가. 15절

κηρύσσουσιν (κηρύσσω [to proclaim, to preach])의 현재, 능동태, 직설법, 3인칭, 복수, '그(녀)들이 전(전파, 선포)한다'

나. 16절

εἰδότες (οἶδα [to know, to stand in a close relation to])의 현재완료, 능동태, 분사, 남성, 복수, 주격, '알고 있는'

κεῖμαι (κεῖμαι [to lie, to be laid])의 현재, 중간태, 직설법, 1인칭, 단수, '내가 놓여 있다'

다. 17절

καταγγέλλουσιν (καταγγέλλω[to proclaim])의 현재, 능동태, 직설법, 3인칭, 복수, '그(녀)들이 전(선포)한다'

οἰόμενοι (οἴομαι [to suppose, to expect, to think])의 현재, 중간태, 분사, 남성, 복수, 주격, '생각(기대)하는'

ἐγείρειν (ἐγείρω [to raise up])의 현재, 능동태, 부정사, '야기하는 것'

라. 18절

καταγγέλλεται (καταγγέλλω [to proclaim])의 현재, 수동태, 직설법, 3인칭, 단수, '그(녀)가 전파된다'

χαίρω (χαίρω [to rejoice])의 현재, 능동태, 직설법, 1인칭, 단수, '내가 기뻐한다'

5. 용어 해설

가. **εὐδοκία** (15절)

이 단어는 선한 동기와 어떤 행동이 유발되는 '선한 소망', '선한 뜻/의도'(goodwill)를 지칭한다.

나. ἐριθεία (17절)

'이기심'(selfishness). 이는 본래 '일용직 노동자'와 관련되어 있던 용어로 특히 곡식을 베고 곡식 단을 묶거나 그런 일을 하는 사람들을 지칭하기 위해 사용되었다. 당시 고용된 일꾼들이 자신의 노동이 남을 위한 것이 아니라 오로지 돈을 벌고자 하는 자신의 관심사만을 위한 사람이라는 이유로 가끔 멸시를 받았다. 그 때문에 이는 점차 '삯꾼'을 뜻하게 되었고, 특히 부정한 수단으로 정치적인 지위를 추구하는 것을 의미하게 되었다. 그 후 연회(宴會)에서 말다툼을 하거나, 지위를 얻기 위해 음모를 꾸미거나, 자리나 권력을 얻기 위해 협잡하는 것을 의미하다가, 결국 봉사 개념은 사라지고 단지 이득과 권력만을 향한 이기적인 야망을 뜻하는 말로 그 의미가 전이(轉移)되었다.

- 투기(φθόνος): 시기
- 분쟁(ἔρις): 경쟁심
- 다툼(ἐριθεία): 경쟁적 이기심

다. ἁγνῶς (< ἁγνός, 17절)

'순결하게'(purely), '성실하게'(sincerely). 여기서는 '순수한 동기로써'(with pure motives)의 의미를 나타낸다.

라. καταγγέλλω (17, 18절)

전치사 κατά 와 ἀγγέλλω 가 합성된 동사로 '권위를 가지고 선포하다'(to proclaim with authority)를 나타내는데, 여기서는 강조 용법으로 '온전히 드러내다'를 의미한다.

마. πλήν (18절)

바울에게서 πλήν 은 논의를 마무리하고 본질적인 것이 무엇인지 강조할 때 '…밖에'나 '…외에'(except that)의 의미로 사용되었는데, '다만' 이나 '오직'(only, in any case)의 의미와 유사하게 쓰였다. 마태복음이나 누가복음에서는 '그러나' 또는 '도리어'(nevertheless, however)의 의미로 사용되었다.

바. **προφάσει** (18절)

'겉치레'(pretense), '핑계'(pretext). 일이 완성된 표면적인 이유나 원인을 지칭하는 이 단어는 일반적으로 진실한 이유에 배치되는 그릇된 동기나 이유를 뜻한다. 본문에서는 πρόφασις 의 여격으로 사용되어 개인적이고 이기적인 목적을 은폐하기 위해 그리스도의 이름을 악용하는 **방식**을 나타낸다. 이런 경우 여격은 '방식의 여격'(dativus modii)이다.

사. **τρόπῳ** (τρόπος의 여격 < τρέπω, 18절)

이는 '태도', '양상'(manner), '방식'(way), '생활 방식'(way of life)을 나타내는 용어로 여기서는 '방식'을 의미한다.

6. 문법 설명

가. **전치사 εἰς의 용법** (18절, Moule, 67-70)

εἰς의 의미와 관련하여 일반적으로 다음과 같은 용례에 유의해야 한다.

1) 어원적으로 보면, εἰς는 ἐν의 변형으로 보이며, 본래는 ἐνς로 쓰이다가 ν가 탈락하면서 ἐς 또는 εἰς의 형태를 취하게 되었다. 따라서 εἰς와 ἐν은 긴밀하게 관련되어 있다.

2) 전치사 ἐν이 '일회적인' 의미를 지니고 있다면, εἰς는 이에 상응하

는 '반복적인' 의미를 가지고 있다. 즉 ἐν 이 '안에'(in)를 뜻한다면 εἰς 는 '안으로'(into)를 의미한다.

3) εἰς 와 πρός 의 의미 차이를 다음과 같이 간략하게 나타낼 수 있다. Εἰς 가 '들어감'(entry)의 의미를 내포하는 경향이 있다면, πρός 는 '무엇을 향해 가까이 가다'(to go up to)라는 뜻만을 가지는 경향이 있다. 또 πρός 가 대체적으로 사람을 목적어로 취하는 반면, εἰς 는 주로 사물을 목적어로 취한다. 이러한 구분된 의미를 잘 보여 주는 예는 고린도후서 1장 15-16절의 ἐβουλόμην πρότερον <u>πρὸς</u> ὑμᾶς ἐλθεῖν, … καὶ δι' ὑμῶν διελθεῖν <u>εἰς</u> Μακεδονίαν καὶ πάλιν ἀπὸ Μακεδονίας ἐλθεῖν πρὸς ὑμᾶς καὶ ὑφ' ὑμῶν προπεμφθῆναι <u>εἰς</u> τὴν 'Ιουδαίαν (너희**에게** 먼저 이르러서 … 너희를 지나 마게도냐**로** 간 후 다시 마게도냐로부터 너희에게 가서, 너희의 도움으로 유대**로** 가려고 계획하고 있었다)에서 찾아볼 수 있다. 그러나 신약성경에는 두 전치사 모두 사람과 사물을 목적으로 취하는 경우도 나타난다. 이러한 기본 개념에 기초해서 εἰς 는 대략 다음과 같은 의미로 사용된다.

가) into**의 의미**: **장소**적 의미(마 2:11, ἐλθόντες <u>εἰς</u> τήν οἰκίαν, 집**으로** 들어간 후에)나 **은유**적 의미로 사용된다(롬 1:17, <u>εἰς</u> πίστιν, 믿음**에** 이르도록).

나) **함축적인 의미**: 이 경우는 '동작과 머무름'의 의미를 동시에 가지는데, 곧 '일회적인 동작'을 나타냄과 동시에 '지속적인 동작'을 나타낸다. 이것 역시 **장소**적인 의미로 사용되거나(막 1:9, ἐβαπτίσθη εἰς τὸν 'Ιορδάνην, 요단강**으로** '와서 거기에서' 세례를 받았다), **은유**적인 의미로 사용되었다(눅 1:20, <u>εἰς</u> τὸν καιρὸν αὐτῶν, 적절한 시간**에**).

또한 파피루스 문헌에서는 εἰς 와 ἐν 이 자유롭게 교호적으로 사용되었지만 신약성경에서는 εἰς 가 드물게 ἐν 과 유사한 의미로 사용되었는데, 요한복음 1장 18절의 εἰς τὸν κόλπον τοῦ πατρός ('아버지 품 속에 있는')를 ἐν τῷ κ.τ.λ (… 안에)와 다른 의미로 해석해서는 안 된다. 그 반면, 누가복음에서는 εἰς 와 ἐν 이 혼용되며, 요한계시록은 구별하여 사용한다.

다) **여격에 상응하는 의미**: 마가복음 13장 10절의 εἰς πάντα τὰ ἔθνη πρῶτον δεῖ κηρυχθῆναι τὸ εὐαγγέλιον (복음이 먼저 모든 민족**에게** 전파되어야 한다)이나, 베드로전서 1장 25절의 τὸ ῥῆμα τὸ εὐαγγελισθὲν εἰς ὑμᾶς (너희**에게** 전해진 말씀)처럼 단순히 여격에 해당하는 의미를 가지기도 한다.

라) **셈어 관용구의 영향을 받은 용법**: 마가복음 4장 34절의 ὕπαγε εἰς εἰρήνην 은 '평화를 향하여 들어가는 것'이라기보다는 '**평안히** 떠나는 것'을 의미한다.

마) '**~을 기대하는, 결과적으로 ~이 되는**'**의 의미**: εἰς 는 **목적**이나 **결과**를 나타내는 의미로 사용되기도 한다. 예를 들어, 마태복음 8장 34절의 εἰς ὑπάντησιν τῷ Ἰησοῦ 는 '예수를 만나기 **위해서**'라는 뜻이다. 본문 18절의 εἰς σωτηρίαν 도 **결과**를 나타내는 의미로 사용되어 '그 **결과** 결국 구원이 되는'을 의미한다.

7. 본문 사역

[15] (한편) 어떤 이들은 시기심이나 경쟁심으로, (다른 한편) 어떤 이들
은 선한 의도로 그리스도를 전하고 있습니다. [16] (한편) 사랑으로 (선
포)하는 자들은 내가 복음을 변호하기 위하여 세우심을 입은 것을 알
고 (그리스도를 선포하지만), [17] (다른 한편) 경쟁적 이기심으로 (선

포)하는 자들은 나의 매임에 괴로움을 야기할/더할 것으로 생각하여 순진하지 않게 그리스도를 전하고 있습니다. 그러나 무엇입니까? 겉치레로 하거나, 진실함으로 하거나 무슨 방식으로 하든지 간에 다만 그리스도가 전파되고 있어, 나는 이로 인해 기뻐합니다.

8. 본문 주해

이 단락에서 바울은 앞의 단락과는 사뭇 다른 분위기에서 서로 다른 동기를 가지고 복음을 전하는 두 부류의 사람들을 언급한다. 한 부류는 사랑에서 나온 '착한 뜻'(εὐδοκία)을 가지고 복음을 전하는 사람들이고, 다른 한 부류는 시기(φθόνος)나 경쟁심(ἔρις)을 가지고 바울에게 괴로움을 더하려는 무리들이다. 더욱이 바울에게 괴로움을 더하려는 무리들은 예수를 믿지 않는 사람들이 아니라 다름 아닌 그리스도를 전파하는 사람들이었다.

여기서 '착한 뜻'(εὐδοκία)은 선한 동기나 선한 행동을 유발하는 소망을 지칭하는 말로서, 착한 뜻으로 복음을 전하는 자들은 바울이 복음을 변증(변호)하기 위해서 세우심을 받은 것을 알고 있었기 때문에 '사랑에서 우러나오는 마음으로'(ἐξ ἀγάπης) 복음을 전하였다. 여기서 사랑은 진정한 섬김과 그리스도인의 행함을 가능하게 하는 덕(갈 5:13; 고전 16:14)으로 형제들 일부가 착한 뜻을 품고 바울을 향한 사랑의 마음으로 섬기며 그리스도를 전했다는 것을 나타낸다.

그러나 다른 이들은 경쟁적 이기심인 '다툼으로'(ἐξ ἐριθείας) 그리스도를 전하였다. 이들은 아마 개인적인 원한과 경쟁심으로 바울에게 대항하던 무리들이었을 것이다. 원래 다툼은 자신의 관심사만을 위하여 일하기 때문에 멸시를 받곤 하던 사람들을 가리키는 말이었는데, 바울은 이렇게 다툼으로 그리스도를 전하는 자들이 복음 전파의 참된 가치를 알지 못하고 자신들의 목적과 유익을 위해서 복음을 전한다고 비판하였다.

이어지는 18절에서 바울은 복음이 전파되는 상황에 대하여 평가한다. '착한 뜻'으로 복음을 전파하는 자들은 '진실함으로'(ἀληθείᾳ) 복음을 전한다. 그러나 '다툼(이기심)으로' 복음을 전파하는 자들은 '겉치레로'(προφάσει) 그렇게 한다. 착한 뜻을 가지고 복음을 전파하는 자들은 진정한 의미에서 복음을 전하는 자들이다. 그러나 이기심으로 복음을 전하는 자들은 겉으로는 복음을 전하는 것 같지만, 복음을 전하는 체할 뿐 실제로는 자신의 이익만을 추구한다.

게다가 이들이 그리스도인이었다는 사실이 바울을 더욱 괴롭게 하였지만 두 가지 복음 전파의 동기에 대하여 바울은 일관되게 '기쁨, 그 자체'를 나타낸다. '사랑의' 동기에서 '착한 뜻으로' 복음을 전파하든, 아니면 '투기와 분쟁으로' 또는 '이기심으로' 복음을 전파하든 바울이 볼 때에는 어떻든 그리스도가 전해진다. 그래서 바울은 기뻐한다. 게다가 이 기쁨은 한시적이 아니라 지속적이다. 바울은 복음이 어떤 동기로 전파되든지 간에 자신의 생의 목표인 복음 전파가 성취되며, 어떠한 어려움의 상황에서도 그리스도 전파의 진전이 이루어진다면 지금도 '기뻐하고'(χαίρω, 현재형), 앞으로도 계속 기뻐할 것(χαρήσομαι, 미래형)이라고 말한다.

흔히 '기쁨의 서신'으로 불리는 빌립보서에서 '기뻐하다'(χαίρειν) 동사는 처음 등장하는 본 단락의 18절을 포함하여 모두 아홉 번 나타나는데, 그 중 다섯 번이 빌립보 성도들을 권면하기 위해 명령형 동사로 사용되었다. 이 동사의 서술형인 '기뻐하다'(χαίρω)와 명령형인 '기뻐하라'(χαίρετε)의 차이를 이해하는 것이 옥중서신인 빌립보서의 기쁨의 성격을 이해하는 관건(關鍵)이 된다.

바울이 빌립보서에서 묘사하는 기쁨은 현상적인 기쁨의 표현이 아니라 의지적인 기쁨의 표현이다. 다시 말하면, 바울은 기뻐할 수 있는 어떤 조건이나 처지에서 생기는 현상적인 감정을 표현하기 위해 '기뻐하다'를 말하는 것이 아니다. 오히려 빌립보 교회 성도들에게 어떤 형편이나 상황에서도 기뻐하는 의지적인 기쁨을 표현하기 위해 '기뻐하라'는 권면을 한다. 이러한 '전천후(全天候)' 기쁨을 이해하는 것이 이 동사가 명령형으로 사용되는 2장 18절, 3장 1절, 4장 4절의 '기뻐하라'는 바울의 권면을 이해하는 데 필수적이다.

바울이 자유롭지 못하게 수감되어 있는 옥중에서, 게다가 반대자들에 의해 도전 받고 비판도 받지만 오히려 감옥 밖에 있는 빌립보 교회 성도들을 향하여 '기뻐하라'고 권면하는 것에서 어려운 상황일수록 더욱 빛나는 하나님께 대한 그의 큰 신뢰가 엿보인다. 또한 바울은 모든 성도들도 복음 안에서 함께 그 기쁨에 참여하도록 권한다. 그는 성도들을 그 기쁨을 누림에서 오는 하나님을 향한 더 큰 신뢰로 이끌면서 함께 목표를 향해 나아갈 것을 간절히 소망한다.

IV. 그리스도 전파와 바울의 개인적 종말론(18절하-26절)

1. 본문의 짜임새

가. 미래를 향한 기쁨과 그 이유(18절하-21절)

1) 첫째 이유: 빌립보 성도들의 기도와 예수 그리스도의 성령의 도우심으로 구원에 이르게 될 것을 알기 때문에(19절)
2) 간절한 기대와 소망: 살든지 죽든지 그리스도가 존귀하게 되는 것(20절)
3) 둘째 이유: 살아서 복음을 전하든지 죽음으로써 그리스도를 전

하든지 자신은 그리스도와 연합되어 있어 어느 편이든지 유익 하기 때문에(21절)

나. 육신으로 사는 삶과 그리스도와 함께 하는 장래의 삶(22-24절)

1) 육신으로 사는 삶은 일의 열매(22절)

2) 육신으로 사는 삶과 그리스도와 함께 있는 삶 사이에 끼어 있으나 그리스도와 함께 하는 삶을 더 좋은 일이라 여김(23절)

3) 육신으로 사는 삶은 빌립보 교회 성도에게 유익이 될 것(24절)

다. 다시 풀려날 것에 대한 확신(25-26절)

1) 빌립보 성도들의 믿음의 진보와 기쁨을 위해 함께 거하게 될 것 확신(25절)

2) 이는 그리스도 예수 안에서 성도의 자랑거리가 됨(26절)

2. 헬라어 본문

18 'Αλλὰ καὶ χαρήσομαι, 19 οἶδα γὰρ ὅτι τοῦτό μοι ἀποβήσεται εἰς
σωτηρίαν διὰ τῆς ὑμῶν δεήσεως καὶ ἐπιχορηγίας τοῦ πνεύματος 'Ιησοῦ
Χριστοῦ 20 κατὰ τὴν ἀποκαραδοκίαν καὶ ἐλπίδα μου, ὅτι ἐν οὐδενὶ
αἰσχυνθήσομαι ἀλλ' ἐν πάσῃ παρρησίᾳ ὡς πάντοτε καὶ νῦν μεγαλυνθήσεται
Χριστὸς ἐν τῷ σώματί μου, εἴτε διὰ ζωῆς εἴτε διὰ θανάτου. 21 'Εμοὶ
γὰρ τὸ ζῆν Χριστὸς καὶ τὸ ἀποθανεῖν κέρδος. 22 εἰ δὲ τὸ ζῆν ἐν σαρκί,
τοῦτό μοι καρπὸς ἔργου, καὶ τί αἱρήσομαι οὐ γνωρίζω. 23 συνέχομαι
δὲ ἐκ τῶν δύο, τὴν ἐπιθυμίαν ἔχων εἰς τὸ ἀναλῦσαι καὶ σὺν Χριστῷ
εἶναι, πολλῷ [γὰρ] μᾶλλον κρεῖσσον· 24 τὸ δὲ ἐπιμένειν [ἐν] τῇ σαρκὶ
ἀναγκαιότερον δι' ὑμᾶς. 25 καὶ τοῦτο πεποιθὼς οἶδα ὅτι μενῶ καὶ

παραμενῶ πᾶσιν ὑμῖν εἰς τὴν ὑμῶν προκοπὴν καὶ χαρὰν τῆς πίστεως,
26 ἵνα τὸ καύχημα ὑμῶν περισσεύῃ ἐν Χριστῷ Ἰησοῦ ἐν ἐμοὶ διὰ τῆς
ἐμῆς παρουσίας πάλιν πρὸς ὑμᾶς.

2. 한글 번역 본문 대조

가. 개역 개정

18 또한 기뻐하리라 19 이것이 너희의 간구와 예수 그리스도의 성령의
도우심으로 나를 구원에 이르게 할 줄 아는 고로 20 나의 간절한 기대
와 소망을 따라 아무 일에든지 부끄러워하지 아니하고 지금도 전과
같이 온전히 담대하여 살든지 죽든지 내 몸에서 그리스도가 존귀하게
되게 하려 하나니 21 이는 내게 사는 것이 그리스도니 죽는 것도 유익
함이라 22 그러나 만일 육신으로 사는 이것이 내 일의 열매일진대 무
엇을 택해야 할는지 나는 알지 못하노라 23 내가 그 둘 사이에 끼었으
니 차라리 세상을 떠나서 그리스도와 함께 있는 것이 훨씬 더 좋은 일
이라 그렇게 하고 싶으나 24 내가 육신으로 있는 것이 너희를 위하여
더 유익하리라 25 내가 살 것과 너희 믿음의 진보와 기쁨을 위하여 너
희 무리와 함께 거할 이것을 확실히 아노니 26 내가 다시 너희와 같이
있음으로 그리스도 예수 안에서 너희 자랑이 나로 말미암아 풍성하게
하려 함이라

나. 새 번역

18 앞으로도 또한 기뻐할 것입니다. 19 나는 여러분의 기도와 예수 그
리스도의 영의 도우심으로 내가 풀려나리라는 것을 압니다. 20 나의
간절한 기대와 희망은, 내가 아무 일에도 부끄러움을 당하지 않고 온
전히 담대해져서, 살든지 죽든지, 전과 같이 지금도, 내 몸에서 그리

스도께서 존귀함을 받으시리라는 것입니다. [21] 나에게는, 사는 것이
그리스도이시니, 죽는 것도 유익합니다. [22] 그러나 육신을 입고 살아
가는 것이 나에게 보람된 일이면, 내가 어느 쪽을 택해야 할지 모르겠
습니다. [23] 나는 이 둘 사이에 끼여 있습니다. 내가 원하는 것은, 세상
을 떠나서 그리스도와 함께 있는 것입니다. 그것이 훨씬 더 나으나,
[24] 내가 육신으로 남아 있는 것이 여러분에게는 더 필요할 것입니다.
[25] 나는 이렇게 확신하기 때문에, 여러분의 발전과 믿음의 기쁨을 더
하기 위하여 여러분 모두와 함께 머물러 있어야 할 것으로 압니다.
[26] 내가 다시 여러분에게로 가면, 여러분의 자랑거리가 그리스도 예수
안에서 나 때문에 많아질 것입니다.

다. 공동번역 개정

[18] 또 앞으로도 기뻐할 것입니다. [19] 내가 지금은 갇혀 있지만 그것이
마침내는 여러분의 기도와 예수 그리스도의 성령의 도우심으로 나에
게 구원을 가져오리라는 것을 알고 있기 때문입니다. [20] 나의 간절한
기대와 희망은 내가 무슨 일에나 부끄러움을 당하지 않고 늘 그러했
듯이 지금도 큰 용기를 가지고 살든지 죽든지 나의 생활을 통틀어 그
리스도의 영광을 드러내는 것입니다. [21] 나에게는 그리스도가 생의 전
부입니다. 그리고 죽는 것도 나에게는 이득이 됩니다. [22] 그러나 내가
이 세상에 더 살아서 보람 있는 일을 할 수 있다면 과연 어느 쪽을 택
해야 할지 모르겠습니다. [23] 나는 그 둘 사이에 끼여 있으나 마음 같
아서는 이 세상을 떠나서 그리스도와 함께 살고 싶습니다. 또 그 편이
훨씬 낫겠습니다. [24] 그러나 여러분을 위해서는 내가 이 세상에 더 살
아 있어야 하겠습니다. [25] 이런 확신이 섰기 때문에 나는 살아남아서
여전히 여러분과 함께 지내게 되리라고 생각합니다. 그렇게 되면 나
는 여러분의 믿음을 발전시켜 주고 기쁨을 더해 줄 수 있을 것입니다.

26 그리고 내가 여러분을 다시 찾아가게 되면 여러분은 나로 말미암아 그리스도 예수를 더욱 자랑할 수 있게 될 것입니다.

4. 동사 분해

가. 18절

χαρήσομαι (χαίρω [to rejoice])의 미래, 중간태, 직설법, 1인칭, 단수, '내가 기뻐할 것이다'(제2강 III-6-나 항의 문법 설명, '진행적 미래' 참조).

나. 19절

οἶδα (οἶδα [to know, to stand in a close relation to])의 현재완료, 능동태, 직설법, 1인칭, 단수, '내가 안다'

ἀποβήσεται (ἀποβαίνω [to get out, to go away])의 미래, 중간태, 직설법, 3인칭, 단수, '그(녀)가 …이 될 것이다'

다. 20절

αἰσχυνθήσομαι (αἰσχύνομαι [to dishonor, to put to shame])의 미래, 수동태, 직설법, 1인칭, 단수, '내가 부끄러워 할 것이다'

μεγαλυνθήσεται (μεγαλύνω [to make great, to declare great, to enlarge, to exalt])의 미래, 수동태, 직설법, 3인칭, 단수, '내가 담대할 것이다'

라. 21절

ἀποθανεῖν (ἀποθνήσκω [to die])의 단순과거, 능동태, 부정사, '죽는 것'

ζῆν (ζάω [to live])의 현재, 능동태, 부정사, '사는 것'

마. 22절

αἱρήσομαι (αἱρέομαι [to take, to choose])의 미래, 중간태, 직설법, 1인칭, 단수, '내가 선택할 것이다'

γνωρίζω (γνωρίζω [to make known])의 현재, 능동태, 직설법, 1인칭, 단수, '내가 알고 있다'

ζῆν (ζάω)의 현재, 능동태, 부정사, '사는 것'

바. 23절

συνέχομαι (συνέχω [to hold fast, to oppress])의 현재, 수동태, 직설법, 1인칭, 단수, '내가 잡혀있다'

ἔχων (ἔχω [to have, to hold])의 현재, 능동태, 분사, 남성, 단수, 주격, '가지고 있는'

ἀναλῦσαι (ἀναλύω [to loose, to apart, to return])의 단순과거, 능동태, 부정사, '푸는 것'

εἶναι (εἰμί [to be, to become])의 현재, 능동태, 부정사, '…인 것'

사. 24절

ἐπιμένειν (ἐπιμένω [to continue])의 현재, 능동태, 부정사, '계속하는 것'

아. 25절

πεποιθὼς (πείθω [to persuade, to appeal to])의 현재완료, 능동태, 분사, 남성, 단수, 주격, '확신하는'

οἶδα (οἶδα [to know, to stand in a close relation to])의 현재완

료, 능동태, 직설법, 1인칭, 단수, '내가 안다'

μενῶ (μένω [to remain, to abide])의 미래, 능동태, 직설법, 1인칭, 단수, '내가 머물 것이다'

παραμενῶ (παραμένω [to remain abide, to continue, to abide])미래, 능동태, 직설법, 1인칭, 단수, '내가 함께 머물 것이다'

자. 26절

περισσεύῃ (περισσεύω [to abound, to be rich])의 현재, 능동태, 가정법, 3인칭, 단수, '그(녀)가 풍성하기 위해서'

5. 용어 해설

가. ἀποκαραδοκία (20절)

'강한 기대'(intense expectation), '진지한 관찰'(earnest watching). 이는 '…로 부터'를 뜻하는 ἀπό 와 '머리'를 뜻하는 명사 κάρα, '생각하다'를 뜻하는 동사 δοκέω 가 합성된 말로서 어떤 대상으로부터 머리를 돌려서 다른 무엇인가를 응시하는 것을 의미한다. 곧 이 용어는 다른 관심사들을 무시한 채 어떤 대상에 대해 집중적이고 강한 소망을 가지고 마치 앞으로 머리를 내밀듯이 어떤 대상을 갈망하는 것을 뜻한다.

나. παρρησία (20절)

이 단어는 (어느 것도 숨기지 않고) '모든 것을 말함'(speaking all things), '솔직함'(forthrightness), '분명함'(plainness)을 의미하며 보다 넓은 의미에서는 '당돌함'(boldness)을 나타낸다. 본문에서 이 단어는 참된 자유인에게 잘 어울리는 '용기'(courage)를 뜻하며, 적대적인 분위기에서조차 공개적이고 분명하게 말하고 행동함을 의미한다.

다. **κέρδος** (21절)

'소득'(gain), '이익'(profit). 이롭고 유익한 그 어떤 것을 지칭하며, 복수형은 종종 돈을 의미하기도 한다.

라. **ἀναλῦσαι** (23절)

이는 '깨뜨리다'(to break up), '풀다'(to loose), '취소하다'(to undo)의 뜻을 가진 ἀναλύω 의 부정사로, 본래 배를 정박 장치로부터 풀거나 야영지에서 철수하는 것을 나타낸다. 여기서는 육체적인 죽음을 의미한다.

마. **ἐπιμένειν** (24절)

전치사 ἐπί 와 동사 μένειν 이 합성하여 '남다'(to remain), '머물다'(to stay)라는 뜻을 가지게 된 동사 ἐπιμένω 의 부정사로 특정한 장소에 머물러 있음을 의미한다. 여기서는 장기간의 휴식을 나타낸다.

바. **παραμενῶ** (25절)

'누구와 함께 거하다'(to remain with someone)는 뜻의 παραμένω 의 미래. παρά와 μένειν의 합성어로, 코이네 헬라어에서 이 단어는 종종 '봉사하기 위하여 머물다', '누군가를 위해서 머물다'라는 의미로 사용되기도 하였다.

사. **καύχημα** (26절)

'자랑', '자랑거리'(새 번역)

6. 문법 설명

가. **ἀλλά** 의 용법 (19절, *BDF*, § 448 참조)

반의(反意) 접속사 ἀλλά 는 다음과 같은 다양한 의미로 사용된다.

1) ἀλλά 는 앞에 사용된 **οὐ 와의 대조**를 표현하기 위해서 가장 빈번하게 사용된다. '…뿐 아니라, …도'(οὐ μόνον … ἀλλὰ καί) 구문 역시 이에 속한다. 또한 앞에 서술한 긍정적 의미의 절과 대조됨을 나타내기 위하여 οὐ 와 같이 사용되기도 한다('but not'). 이는 고린도전서 10장 23절의 Πάντα ἔξεστιν ἀλλ' οὐ πάντα συμφέρει (모든 것이 가능**하지만** 모든 것이 유익한 것은 **아니다**)에서 그 예를 찾아볼 수 있다.

2) ἀλλά 는 고전 헬라어에서처럼 **자기 자신에 대한 질문 다음에 사용**되기도 한다. 요한복음 12장 27절의 τί εἴπω; πάτερ, σῶσόν με … ἀλλὰ διὰ τοῦτο ἦλθον … (나는 무슨 말을 해야 하는가? 아버지, 나를 구원하소서 … **오히려**, 나는 이 일을 위하여 왔다)를 예로 들 수 있다.

3) **εἰ, ἐάν, εἴπερ 뒤에 이어지는 종속절의 ἀλλα**는 '그래도, 확실히, 적어도'를 의미한다(고전적인 용법). 고린도전서 4장 15절의 ἐὰν γὰρ μυρίους παιδαγωγοὺς ἔχητε ἐν Χριστῷ ἀλλ' οὐ πολλοὺς πατέρας (그리스도 안에서 여러분이 수많은 스승을 가지고 있다고 **하더라도**, 아버지는 여러 명이 될 수 없다)가 그 예이다.

4) **ἀλλά (ἀλλὰ καί, ἀλλά γε καί, ἀλλ' οὐδέ)** = '이뿐 아니라, 또한 … 역시'. 이는 강조하는 방식으로 추가적인 논점을 도입하기 위해 사용된다. 고린도후서 7장 11절의 πόσην κατειργάσατο ὑμῖν σπουδήν, ἀλλὰ

ἀπολογίαν, ἀλλὰ ἀγανάκτησιν, ἀλλὰ φόβον (여러분에게 열성**뿐 아니라** 변호, 의분, 두려워하는 마음을 얼마나 많이 이루었는지를 [보라], 여기서 6번 사용됨)에서 그 예를 찾아볼 수 있다. 본문 19절의 χαίρω. Ἀλλὰ καὶ χαρήσομαι (내가 기뻐하노라, 그러나 **또한 이뿐 아니라** 기뻐하기도 하리라)도 동일한 강조의 방식을 보여 준다.

나. 부정사의 용법 (24절, 3장 10절, 21절, Moule, 126-129 참조)

부정사는 동사적 명사로서 편의상 동사와 관련된 법으로 분류되지만, 일반적으로 명사의 **처소격**(處所格, locative)이나 여격으로 이해할 수 있다. 부정사가 가진 명사적 성격은 관사와 함께 사용된 **관착 부정사**(冠着 不定詞, articular infinitive)에서 가장 잘 나타난다.

1) **명령법 대신 쓰인 부정사**: 신약성경 내의 몇 단락에서는 부정사를 지시나 명령을 나타내는 동사, 또는 그와 유사한 동사 없이 독립적으로 사용하여 **명령**의 의미로 나타내는 경우가 있다. 로마서 12장 15절의 χαίρειν μετὰ χαιρόντων, κλαίειν μετὰ κλαιόντων (즐거워하는 자들과 함께 **즐거워하고** 우는 자들과 함께 **울라**), 빌립보서 3장 16절의 πλὴν εἰς ὃ ἐφθάσαμεν, τῷ αὐτῷ στοιχεῖν (오직 우리는 거기에 이르렀으므로, 동일하게 **행하라**) 등이 그 예이다. 명령법을 뒤이어 명령의 의미를 확장시키는 기능을 하는 명령형 부정사의 예들은 오히려 두드러지지 않는다. 누가복음 9장 3절의 μηδὲν αἴρετε εἰς τὴν ὁδόν, μήτε ῥάβδον μήτε πήραν μήτε ἄρτον μήτε ἀργύριον μήτε [ἀνὰ] δύο χιτῶνας ἔχειν (여행을 위하여 아무 것도 **가지지 말라**. 즉 지팡이나 배낭이나 양식이나 돈이나 두 벌 옷도 **가지지 말라**)이 그 예이다.

2) **설명적 부정사** (epexegetic infinitive): 사도행전 15장 10절의 τί

πειράζετε τὸν θεὸν ἐπιθεῖναι ζυγὸν ἐπὶ τὸν τράχηλον τῶν μαθητῶν (왜 너희들은 제자들의 목에 멍에를 **지워서** 하나님을 시험하느냐?)과 고린도전서 7장 25절의 ὡς ἠλεημένος ὑπὸ κυρίου πιστὸς εἶναι (주의 자비하심을 받아 믿을 만한 **정도로**)의 예들이 이 용법을 이해하는 데 도움이 된다. 이 예에서 볼 수 있듯이 설명적 보족어로 사용되는(epexegetic) 부정사와 결과를 나타내는(consecutive) 부정사 사이의 경계는 매우 미묘하고 유동적이다.

3) **관착 부정사**(articular infinitive): 본래 명사에서 유래된 것으로 보이는 부정사는 실제로 관사와 함께 또는 관사 없이 명사로 사용된다. 관사 없이 명사로 사용되는 부정사의 예로는 요한복음 4장 7절의 δός μοι πεῖν (나에게 **마실 것**을 달라!)와 마태복음 14장 16절의 δότε αὐτοῖς ὑμεῖς φαγεῖν (바로 너희가 그들에게 **먹을 것**을 주어라!) 등을 들 수 있다. 그러나 관사와 함께 사용되는 것이 훨씬 일반적이며, 다음과 같이 다양한 격으로 사용된다. 또한 부정사는 변화하지 않는 중성 명사로 취급되기 때문에 관착 부정사는 **중성 관사**를 취한다.

가) **주격**: 본문 24절의 τὸ δὲ ἐπιμένειν [ἐν] τῇ σαρκὶ ἀναγκαιότερον δι' ὑμᾶς (차라리 육체에 **머물러 있고자 하는** [열망도 가지고 있는데], **그것은** 여러분들을 위해 필요합니다)의 경우

나) **대격**: 사도행전 25장 11절의 οὐ παραιτοῦμαι τὸ ἀποθανεῖν (나는 **죽기를** 사양하지 않는다)과 로마서 14장 13절의 ἀλλὰ τοῦτο κρίνατε μᾶλλον, τὸ μὴ τιθέναι πρόσκομμα τῷ ἀδελφῷ (도리어 형제 앞에 방해가 될 만한 것들을 **두지 않기**를 더욱 결심하라)의 경우

다) **속격**: 갈라디아서 2장 12절의 πρὸ τοῦ γὰρ ἐλθεῖν τινας (누군가

가 **오기를**)와 야고보서 4장 15절의 <u>ἀντὶ τοῦ λέγειν</u> ὑμᾶς (**도리어** 너희가 **말하기**를)의 경우

라) **여격**: 누가복음 8장 40절의 <u>ἐν</u> δὲ <u>τῷ ὑποστρέφειν</u> τὸν Ἰησοῦν (예수께서 **돌아오셨을 때**)와 누가복음 12장 15절의 οὐκ <u>ἐν τῷ περισσεύειν</u> τινὶ ἡ ζωὴ αὐτοῦ ἐστιν (그의 생명이 무엇인가[소유]의 **풍성함에** 있지 않다)의 예에서 보는 바와 같이, 부정사의 주어는 **대격**이며 부정사를 부정하는 경우에는 일반적으로 οὐ 가 아니라 **μή** 가 사용된다. 게다가 주어는 문장에서 명시적으로 표현된다.

마) **속격 관사와 함께 쓰이는 관착 부정사**: 이 경우는 다음과 같이 특별한 용례를 가진다. 신약성경에서 전치사 없이 속격 관사만을 가지는 부정사는 예외적인 경우를 제외하고는 일반적으로 누가(복음서 23회, 사도행전 21회)와 바울(13회)에 의해서만 사용된다.

(1) **목적**을 나타내기 위해(final use): 마태복음 2장 13절의 μέλλει γὰρ Ἡρῴδης ζητεῖν τὸ παιδίον <u>τοῦ ἀπολέσαι</u> αὐτό (헤롯이 그 아이를 **죽이기 위해** 그를 찾으려한다)의 경우 부정사는 **ἵνα** ἀπολέσῃ 와 동일한 의미를 가진다.

(2) **결과**를 나타내기 위해(consecutive use): 로마서 7장 3절의 ἐλευθέρα ἐστὶν ἀπὸ τοῦ νόμου, <u>τοῦ μὴ εἶναι</u> … (그 법에서 자유롭게 된다. **그 결과 …이 아니다**[**ὥστε** μή εἶναι])의 경우 속격 부정사는 결과를 나타낸다. 또 다른 예인 빌립보서 3장 10절의 <u>τοῦ γνῶναι</u> αὐτόν 의 경우 속격 부정사는 '그를 **알게 되어**'의 의미로 결과를 나타내기 위해서 사용되었다고 볼 수도 있고, '그를 **알고자 하여**'의 의미로 목적을 나타내거나 설명적 보족어로 사용되었다고도 이해할 수 있다(제7강 IV-6-

다 항의 문법 설명 'τοῦ 와 함께 쓰인 관착 부정사의 목적적 의미' 참조).

(3) **설명적 보족어**로 사용되는 경우(epexegetic use): 이 경우 부정사는 앞에서 언급된 내용을 설명하거나 확장하기 위해 사용된다. 예를 들어, 빌립보서 3장 21절의 κατὰ τὴν ἐνέργειαν τοῦ δύνασθαι αὐτὸν καὶ ὑποτάξαι αὐτῷ τὰ πάντα 는 '그 능력, 즉 그가 만물을 자기에게 복종케 **할 수도 있는 능력에 따라**' (by the power, namely his ability to…)라는 뜻이다.

7. 본문 사역

18 또한 계속 기뻐할 것입니다. 19 왜냐하면 나는 여러분의 중보와 예수 그리스도의 영의 도우심으로 말미암아 이것이 결국 나에게 구원이 될 것이라는 것을 알고 있기 때문입니다. 20 나의 간절한 기대와 소망을 따라, (또한) 어떤 것으로도 부끄러워하지 않을 것이며, 오히려 온전히 담대하게 언제나 그러했듯이 지금도 삶을 통해서든 죽음을 통해서든 그리스도께서 나의 몸에서 존귀하게 될 것을 (알고 있기 때문입니다). 21 (또한) 내게 사는 것이 그리스도이며, 죽는 것조차도 유익한 것이기 때문입니다. 22 그러나 육신으로 사는 것, 이것이 내게 일의 열매가 된다면, 무엇을 택할는지 나는 알지 못합니다. 23 그리하여 나는 양쪽에서 압박을 받고 있습니다. 나는 떠나 그리스도와 함께 거할 열망을 가지고 있는데, 그것이 훨씬 더 낫기 때문입니다. 24 그렇지만 육신에 머물러 있고자 하는 (열망도 가지고 있는데), 그것은 여러분들을 위해 필요(유익)합니다. 25 이러한 필요를 확신하고 있기 때문에, 나는 앞으로 거할 것이며 여러분의 진보와 믿음 안에서의 기쁨을 위해서 여러분 모두와 함께 계속 거하게 되리라는

것을 알고 있습니다. [26] 이는 내가 여러분에게 다시 감으로 말미암아 나 때문에 여러분들의 자랑이 예수 그리스도 안에서 풍성해지도록 하기 위함입니다.

8. 본문 주해

가. 18절하-21절

계속적으로 더욱 기뻐하겠다는 확신에 찬 고백으로 시작되는 이 단락에서 바울은 기뻐하는 두 가지 이유를 언급한다. 그 하나는 바울이 간절하게 소망하는 것처럼 빌립보 교회 성도들의 중보와 예수 그리스도의 영의 도우심으로 말미암아 이러한 복음 전파가 결국 자신에게 구원(σωτηρία)으로 귀결될 것이라는 것을 알고 있기 때문이다. 이러한 표현에는 하나님의 궁극적 승리에 대한 소망과 그에 따른 자신의 구원을 기대하는 바울의 종말론적인 사고가 용해되어 있다. 여기서 바울은 비록 수감 중이지만 하나님과 복음에 대한 자신의 신실함이 결국에는 하나님께 선한 것으로 인정받게 되리라는 것을 강하게 확신하며 기뻐한다.

바울은 자신의 이러한 태도를 '간절한 기대와 소망을 따른 것'으로 표현한다. 집중적이고 강한 소망을 가지고 갈망함을 뜻하는 '간절한 기대'(ἀποκαραδοκία)는 그리스도인의 희망을 나타내는 '소망'(ἐλπίς)과 결합하여 살든지 죽든지 오직 그리스도만을 존귀하게 하겠다는 찬양으로 이어진다. 이런 맥락에서 바울은 살든지 죽든지 그리스도를 존귀하게 하려는 자신의 '몸'(σῶμα)을 언급한다. 바울에게 있어서 '몸'은 영혼과 분리되는 인간의 일부가 아니라, 주님께 대해 실제적으로 헌신하는 자신이다(고후 4:10 참조). 그리스도인이 자신을 드린다는 것은 세상에 살 때 자신을 언제나 주님께서 주관하실 수 있게 하며 행실로써 일상생활 안에서 예배를 드리며, 하나님께서 값으로 사신 몸을 하나님께 드림으로써 하나님을 영화롭게 해야 함을 의미한다. 그러므로 그리스도인은 언제나 바울처럼 자신을 하나님께서 기뻐하시는 거룩한 산 제물로 드려 하나님께서 그의 권능과 영광의 확장을 위해 사용하시는 도구가 되어야 한다.

한편, 바울이 기뻐하는 두 번째 이유는 자신에게 사는 것은 그리스도이며, 죽는 것도 그리스도를 존귀하게 하는 것이기에 유익하다고 여겼기 때문이다. 곧 바울은 자신의 삶이나 죽음이나 그리스도에 의해서만 그 의미 있게 됨을 고백한다. 오직 그리스도에 대한 사랑과 헌신에 의해서만 자신의 삶과 죽음이 결정되며, 이 모든 것을 통해 오직 그리스도께서 영광을 받으실 것이다. 곧 그의 생명은 죽음 가운데서도 그리스도와의 관계를 통하여 규정된다. 그래서 그는 세상의 고통에서 벗어나는 것만을 의미하는 것이 아닌, 죽음을 통한 그리스도와 함께 있는 자신을 열망한다.

나. 22-24절

'사는 것'과 '죽는 것'의 대조가 바울이 자신의 소망을 밝히는 이 단락에서 반복된다. 바울은 '사는 것'과 '죽는 것' 사이에서 고민한다. 자신이 '육신으로 사는 것'은 복음 사역의 열매를 맺게 되는 것이므로, '세상을 떠나는 것'은 그리스도와 함께 있게 됨으로서 어떤 것을 선택하더라도 자신에게 유익하기 때문이다.

여기서 바울이 육체적인 죽음(ἀναλῦσαι)을 부정적으로 묘사하지 않고 그리스도와 함께 거하는 것(σὺν Χριστῷ εἶναι, 살전 4:17 참조)으로 긍정적으로 묘사함이 주목할 만하다. 그에게는 육체의 죽음조차도 그리스도와 절대적인 관계 안에 있는 그를 그리스도 예수 안에 있는 하나님의 사랑에서 끊을 수 없으며(롬 8:39 참조), 또한 그것은 그리스도와 함께 있는 것을 기대하게 하기 때문에 좋은 것이다.

한편, 바울은 자신이 '육신으로 거하는 것'(ἐπιμένειν ἐν τῇ σαρκί)을 택한다. 바울이 계속 사는 것은 오직 그리스도만을 전하고 그를 존귀하게 함으로써 복음이 널리 전파되고, 이로 인해 빌립보 교회 성도들을 유익하게 하는 것이 된다. 여기서 바울은 자신의 삶의 이유를 자신의 원함보다는 하나님의 부르심과 타인을 위한 삶에서 찾는다.

다. 25-26절

이 단락에서 바울은 자신의 유익을 구하지 않고 빌립보 교회 성도들의 믿음의 진보와 기쁨을 위해서 계속 육신으로 거하면서 복음에 대한 봉사의 임무를 다하고자 한다.

'함께 거하다'(παραμένειν)는 '섬기기 위해' 또는 '누구를 위해 머무는 것'을 의미한다. 따라서 바울은 단순히 자신이 더 오래 살게 될 것이라고 말하지 않고, 그리스도의 복음과 그 수혜자인 빌립보 교회 성도들을 섬기기 위해서 이 땅에 머물 것임을 밝힌다. 이 점은 목적절(26절)에서 더욱 분명히 나타나는데, 바울이 계속해서 육신으로 머물러 있고자 하는 것은 그리스도를 위한 자신의 사명을 다하고자 함이며, 또 자신이 그들과 함께 거함으로 말미암아 복음 전파가 계속되며 빌립보 교회 성도들의 믿음의 삶에서 진보를 보이게 하고 그들의 기쁨을 북돋워 주어 그들의 주 예수 그리스도를 통한 자랑이 더욱 풍성해지도록 하기 위함이다.

한편, 빌립보 교회를 위한 바울의 결단은 하나님과의 관계에서만 아니라 그리스도 안에서 한 형제 된 성도들 간의 함께 거함도 서로에게 유익이 되고 믿음의 진보와 기쁨의 증진이 있으며, 언제나 하나님 안에서 서로의 자랑이 되어야 한다는 것을 생각하게 한다.

03_

로마 오현제 마르쿠스 아우렐리우스(Marcus Aurelius, 주후 161-187년) 시대
빌립보의 행정 중심지 포럼에 세워진 서쪽 쿠리아(Curia) 신전의
라틴어 명각이 새겨져 있는 석주(石柱) 머리 받침대.
윗줄 비문에 OLVNTATESVAADIVO NTONINO EXEPVLIS,
아랫줄 비문에 R PROVINC MACDCVR F R P PHILIPP(빌립)이 새겨져 있다.

사진 장흥길

제4강

그리스도의 복음에 합당하게(1): '한 마음으로 겸손하게'(1:27-2:11)

– 그리스도 예수의 마음을 품으라

I. 본문 단락(1:27-2:11)의 개요

제2부 소식과 교훈(1:12-2:30)

I. 바울의 옥중 생활에 대한 형편 보고와 고난 및 죽음이
 성도에게 주는 의미와 교훈(1:12-26)

II. 그리스도의 복음에 합당한 그리스도와 일치된 삶
: 그리스도와 교제하는 삶(1:27-2:18)

1. 그리스도인이 추구해야 하는 삶: 그리스도의 복음에 합당한 삶(1:27-30)

2. 그리스도처럼 겸손한 삶을 살라(2:1-11)

가. 겸손한 마음으로 다른 사람의 일을 돌아보라(1-4절)

나. 낮아지신 그리스도 찬양(5-11절)

3. 종말론적인 완성을 향한 삶(2:12-18)

III. 디모데를 보냄과 에바브로디도를 보냄에 대한 소식(2:19-30)

II. 그리스도인이 추구해야 하는 삶: 그리스도 복음에 합당한 삶(1 : 27-30)

1. 본문의 짜임새

가. 권면: "오직 그리스도의 복음에 합당한 시민으로 살라"(27절상)

나. 권면의 목적(27절하-28절상)

1) 복음의 신앙을 위하여 한마음으로 서서 한 뜻으로 협력하도록 (27절하)
2) 대적하는 자를 두려워하지 아니하도록(28절상)
3) 권면이 주는 의미: 복음을 대적하는 자들에게는 멸망의 증거이며 빌립보 성도들에게는 구원의 증거(28절하)

다. 하나님께서 빌립보 성도에게 은혜를 주신 이유

: 그리스도를 믿을 뿐 아니라 그를 위하여 고난도 받게 하시려고(29-30절)

2. 헬라어 본문

27 Μόνον ἀξίως τοῦ εὐαγγελίου τοῦ Χριστοῦ πολιτεύεσθε, ἵνα εἴτε
ἐλθὼν καὶ ἰδὼν ὑμᾶς εἴτε ἀπὼν ἀκούω τὰ περὶ ὑμῶν, ὅτι στήκετε ἐν
ἑνὶ πνεύματι, μιᾷ ψυχῇ συναθλοῦντες τῇ πίστει τοῦ εὐαγγελίου 28 καὶ
μὴ πτυρόμενοι ἐν μηδενὶ ὑπὸ τῶν ἀντικειμένων, ἥτις ἐστὶν αὐτοῖς
ἔνδειξις ἀπωλείας, ὑμῶν δὲ σωτηρίας, καὶ τοῦτο ἀπὸ θεοῦ· 29 ὅτι ὑμῖν
ἐχαρίσθη τὸ ὑπὲρ Χριστοῦ, οὐ μόνον τὸ εἰς αὐτὸν πιστεύειν ἀλλὰ καὶ
τὸ ὑπὲρ αὐτοῦ πάσχειν, 30 τὸν αὐτὸν ἀγῶνα ἔχοντες, οἷον εἴδετε ἐν
ἐμοὶ καὶ νῦν ἀκούετε ἐν ἐμοί.

3. 한글 번역 본문 대조

가. 개역 개정

27 오직 너희는 그리스도의 복음에 합당하게 생활하라 이는 내가 너
희에게 가 보나 떠나 있으나 너희가 한마음으로 서서 한 뜻으로 복음
의 신앙을 위하여 협력하는 것과 28 무슨 일에든지 대적하는 자들 때
문에 두려워하지 아니하는 이 일을 듣고자 함이라 이것이 그들에게는
멸망의 증거요 너희에게는 구원의 증거니 이는 하나님께로부터 난 것
이라 29 그리스도를 위하여 너희에게 은혜를 주신 것은 다만 그를 믿
을 뿐 아니라 또한 그를 위하여 고난도 받게 하려 하심이라 30 너희에
게도 그와 같은 싸움이 있으니 너희가 내 안에서 본 바요 이제도 내
안에서 듣는 바니라

나. 새 번역

27 여러분은 오로지 그리스도의 복음에 합당하게 생활하십시오. 그리
하여 내가 가서, 여러분을 만나든지, 떠나 있든지, 여러분이 한 정신
으로 굳게 서서, 한 마음으로 복음의 신앙을 위하여 함께 싸우며, 28
또한 어떤 일에서도 대적하는 자들을 두려워하지 않는다는 소식이 나
에게 들려오기를 바랍니다. 이것이 그들에게는 멸망의 징조이고 여러
분에게는 구원의 징조입니다. 이것은 하나님께서 하시는 일입니다. 29
하나님께서는 여러분에게 그리스도를 위한 특권, 즉 그리스도를 믿는
것뿐만 아니라, 또한 그리스도를 위하여 고난을 받는 특권도 주셨습
니다. 30 여러분은 내가 하는 것과 똑같은 투쟁을 벌이고 있습니다. 여
러분은 내가 그렇게 하는 것을 보았으며, 내가 그렇게 하는 것을 지금
소문으로 듣습니다.

다. 공동번역 개정

27 여러분은 그리스도의 복음을 받은 사람다운 생활을 하십시오. 그리
고 내가 여러분을 찾아가서 만나게 되든지 이렇게 떨어져 있든지 간
에 나는 여러분이 복음의 교리를 위하여 한마음 한 뜻으로 굳게 서서
분투노력하며
28 반대자들이 무슨 짓을 하더라도 조금도 겁내지 않는
다는 소식을 듣고 싶습니다. 그러한 용기가 그들에게는 멸망의 징조
가 되고 여러분에게는 구원의 징조가 될 것입니다. 구원은 하느님께
서 주시는 것입니다.
29 여러분은 그리스도를 믿을 특권뿐만 아니라
그분을 위해서 고난까지 당하는 특권, 곧 그리스도를 섬기는 특권을
받았습니다.
30 여러분은 내가 전에 그리스도를 위해서 싸우는 것을
보았고 또 지금도 계속해서 싸우고 있다는 것을 듣고 있을 터이지만
지금 여러분도 같은 싸움을 하고 있습니다.

4. 동사 분해

가. 27절

πολιτεύεσθε (πολιτεύομαι [to live one's life, to live as a citizen])의 현재, 중간태, 명령법, 2인칭, 복수, '(여러분은) 시민으로 살라' 또는 '시민 생활을 하라'

ἐλθών (ἔρχομαι [to come, to go])의 단순과거, 능동태, 분사, 남성, 단수, 주격, '가는'

ἰδών (ὁράω [to see])의 단순과거, 능동태, 분사, 남성, 단수, 주격, '보는'

ἀπών (ἄπειμι [to go away, to be absent])의 현재, 능동태, 분사, 남성, 단수, 주격, '떠나 있는'

ἀκούω (ἀκούω [to hear, to listen to])의 현재, 능동태, 가정법, 1

인칭, 단수, '내가 듣기를'

στήκετε (στήκω [to stand, to stand firm])의 현재, 능동태, 직설법, 2인칭, 복수, '여러분이 서 있다'

συναθλοῦντες (συναθλέω [to contend along with, to struggle along with] < σύν [along with] + ἀθλέω [to contend, to struggle, 전쟁이나 운동에서 '경쟁하다', '싸우다'])의 현재, 능동태, 분사, 남성, 복수, 주격, '함께 투쟁하는, 함께 싸우는'

나. 28절

πτυρόμενοι (πτύρω [to frighten, to terrify])의 현재, 수동태, 분사, 남성, 복수, 주격, '두려워하는'

ἀντικειμένων (ἀντίκειμαι [to lie opposite, to oppose, to withstand])의 현재, 중간태, 분사, 남성, 복수, 속격, '반대하는'

ἐστὶν (εἰμί [to be, to become])의 현재, 능동태, 직설법, 3인칭, 단수, '그(녀)가 …이다'

다. 29절

ἐχαρίσθη (χαρίζομαι [to give freely, to forgive])의 단순과거, 수동태, 직설법, 3인칭, 단수, '그(녀)가 은혜로 주어졌다'

πιστεύειν (πιστεύω [to have faith in, to believe])의 현재, 능동태, 부정사, '믿는 것'

πάσχειν (πάσχω [to suffer])의 현재, 능동태, 부정사, '고난 받는 것'의 뜻인데, 여기서 관착 부정사는 동사의 주어로 사용

■ '믿다'(**πιστεύειν**)와 '고난 받다'(**πάσχειν**)의 두운법(頭韻法)

라. 30절

ἔχοντες (ἔχω [to have, to hold])의 현재, 능동태, 분사, 남성, 복수, 주격, '가지고 있는'

εἴδετε (ὁράω [to see])의 단순과거, 능동태, 직설법, 2인칭, 복수, '여러분이 보았다'

ἀκούετε (ἀκούω)의 현재, 능동태, 직설법, 2인칭, 복수, '여러분이 듣고 있다'

5. 용어 해설

가. ἀξίως (27절)

속격과 함께 '…에 합당하게', '어울리게'(worthily). 이 용어는 시민이나 시의원, 신(god), 신들(gods) 등이 자신의 지위에 합당하게 행하거나 생활하는 것을 의미한다. 에베소서 4장 1절의 παρακαλῶ οὖν ὑμᾶς ἐγὼ ὁ δέσμιος ἐν κυρίῳ ἀξίως περιπατῆσαι τῆς κλήσεως ἧς ἐκλήθητε에서 바울은 에베소 성도들에게 '부르심을 받은 일에 **합당하게** 행하라고 권면한다.'

나. τὸ εὐαγγέλιον τοῦ Χριστοῦ (27절)

속격의 그리스도는 복음의 내용이 그리스도임을 나타낸다.

다. πολιτεύω (27절)

'시민권을 가지다', '시민으로 행동하다'. 이 용어에는 빌립보가 로마의 '식민지'(colonia), 즉 소(小) 로마(mini-Rome)임이 암시되어 있다. 바울은 본문에서 현재 명령법을 사용하여 빌립보 성도들에게 빌립보 시민으로서 마땅히 지켜야 할 지속적이고 꾸준한 행동을 요구한다.

■ '시'(πόλις), '시민'(πολίτης), '시민권'(πολιτεία), '나라'(πολίτευμα) 용어를 참조하라.

라. **στήκω** (27절)

'견고하게 서다'(to stand firm, to hold one's ground). 이는 보초를 서는 군인이 자신의 경계 근무지에서 꼼짝하지 않고 서 있음을 의미하는 용어이다. 이 동사는 신약성경에서 총 여덟 번 나타나는데, 그중 여섯 번은 '굳게 서다'라는 뜻으로 사용되었다. 또 이 단어는 항상 바울서신에서만 나타나는데, 그것도 권면을 위해 명령형으로만 사용되었다(고전 16:13; 갈 5:1; 빌 1:27; 4:1; 살전 3:8; 살후 2:15). 바울이 권면을 위해 특별히 선택한 이 전문용어는 4장 1절의 '그러므로 이와 같이 주 안에 **굳게 서라**'(ὥστε οὕτως <u>στήκετε</u> ἐν κυρίῳ)에서 빌립보서를 마감하면서 빌립보 교회의 성도들에게 기본적인 신앙 자세를 권면할 때 다시 사용되었다.

마. **ψυχῆ** (27절)

'목숨', '육신', '마음', '(영)혼'. 여기서는 감정과 바람의 자리로서 마음을 의미한다.

■ '한 뜻으로'(μιᾷ ψυχῇ)를 새 번역에서는 '한 마음으로' 옮겼다.

바. **τῇ πίστει τοῦ εὐαγγελίου** (27절)

여기에 사용된 여격은 '유익(有益)의 여격'(dativus commodi)으로 '복음의 신앙을 위하여'라는 뜻이다.

사. **πτύρω** (28절)

'소스라쳐 놀라게 하다'(to frighten), '깜짝 놀라게 하다'(to startle),

'무섭게 하다'(to terrify). Πτύρομαι는 원래 말(馬)이 겁을 먹음을 표현하는 말이었는데, 이는 로마의 내전 당시 로마 장군 캇시우스(Cassius)가 브루투스와 연합하여 안토니우스-옥타비아누스 연합군과 벌였던 빌립보 전투에서 패배에 대한 두려움 때문에 자살한 것을 떠올리게 한다.

아. **ἥτις** (28절)

이는 관계대명사와 부정대명사(**τις, τι**)의 결합형으로 '누구든지', '무엇이든지'의 뜻을 가지며, 신약성경에서는 주격(단수: **ὅστις, ἥτις, ὅτι**; 복수: **ὅστινες, αἵτινες, ἅτινα**)으로만 사용된다. 여기서 관계대명사는 설명적으로 사용되어, '그것은'의 뜻이다.

자. **ἔνδειξις** (< **ἐνδείκνυμι** show, explain, 28절)

한글 개역 개정에서는 '증거'(evidence, proof)로, 새 번역에서는 '표, 표적, 징조'(sign, omen)로 번역하였다.

차. **ἀπώλεια** (28절 < **ἀπόλλυμι** destroy)

'파괴', '멸망'. 여기서는 영생을 얻지 못하는 멸망을 의미한다.

카. **ἐχαρίσθη** (29절)

'자비롭게 수여하다'(to give graciously)는 뜻의 동사 χαρίζομαι의 수동태로 '하나님께서 여러분들에게 그리스도를 위해 고난을 받을 수 있는 고귀한 특권을 부여하셨으며, 이는 하나님께서 여러분들을 귀하게 여기신다는 가장 확실한 표시입니다'라는 의미를 함의한다.

타. **ἀγών** (ῶνος, **ὁ** < ἄγω, 30절)

'경기'(contest), '투쟁'(struggle), '싸움'(fight), '근심'(care), '염려'(concern) > ἀγωνία 고민(agony)

파. **οἷος** (**-α**, **-ον**, 30절)

질(質)을 나타내는 관계대명사로 '어떤 종류의'(what kind of), '그와 같은'(such as)을 뜻한다. 여기서는 후자의 의미로 사용되었다.

6. 문법 설명

가. **ἵνα**, **ὅπως**, **μή** 로 시작되는 **목적절** (27절, *BDF*, §369 참조)

신약성경에서 **ἵνα**, **ὅπως** 또는 **μή**로 시작되는 목적절이 아주 광범위하게 나타난다. 그것은 ἵνα-절이 부정사에 대한 완곡어법으로 매우 자주 사용되기 때문이다. 특히 ἵνα-절에 나타나는 화법(mood)과 관련하여 다음과 같은 사항에 유의해야 한다.

1) 신약성경에서 **ἵνα**-절에 나타나는 화법은 대체적으로 **가정법**이다. 본문 27절의 **ἵνα** <u>εἴτε ἐλθὼν καὶ ἰδὼν ὑμᾶς</u> <u>εἴτε ἀπὼν</u> <u>ἀκούω</u> <u>τὰ περὶ ὑμῶν</u> 도 마찬가지 경우이다.

2) **미래 직설법**도 매우 제한적이지만 ἵνα-절이나 목적을 나타내는 **μή**(~하지 않도록) 다음에 나타나기도 하는데, 특히 요한계시록에서 그러하다.

3) 특별한 경우 **καί 로 연결되는 미래**가 모종의 심화된 결과를 지칭하기 위해 가정법을 포함하는 **ἵνα**-절이나 **μή** 뒤에 이어지기도 한다. 이 경우 미래 직설법은 앞의 가정법과 독립적으로 사용된다. 예를 들어, 요한복음 15장 8절의 **א**, A, Δ 등의 사본이 제시하는 읽기인 **ἵνα** <u>καρπὸν</u>

πολὺν φέρητε **καὶ γένησθε** ἐμοὶ μαθηταί (너희가 열매를 많이 맺도록 하여, [그 결과] 너희는 내 제자가 될 것이다)에서 '제자가 되리라'는 **미래 동작의 결과**는 앞선 가정법과 독립적이다.

나. 부정사나 부정사의 주어를 한정하는 말의 부정어 οὐ (29절, Burton, §481 참조)

부정사나 부정사의 주어를 한정하는 말을 부정할 경우에 종종 부정어 **μή** 대신 **οὐ 가 사용되기도 한다.** 이런 법칙은 특히 부사 μόνον 의 경우 더욱 자주 나타난다. 또한 적어도 신약성경에서는 μὴ μόνον 보다는 부정사와 함께 οὐ μόνον (not only)이 보다 빈번하게 나타나는데, 이는 μόνον 구문이 부정사 그 자체에 속하든지 또는 부정사를 한정하는 말에 속하든지에 상관없이 그러하다. 본문 29절의 **οὐ μόνον** τὸ εἰς αὐτὸν πιστεύειν **ἀλλὰ καὶ** τὸ ὑπὲρ αὐτοῦ πάσχειν (다만 그를 믿을 뿐 아니라 그를 위해 고난도 받는 것은)의 경우도 **μὴ** μόνον 대신 부정사와 함께 **οὐ** μόνον 이 사용되었다.

다. 전치사 없이 명사적으로 사용되는 부정사 (29절, *BDF*, §399 참조)

신약성경에서 전치사 없이 명사적으로 사용되는 부정사의 주격이나 대격은 마태복음과 마가복음에서 가끔 나타나며, 바울서신에서 더 자주 등장하고, 그 밖의 책에서는 거의 나타나지 않는다. 이 경우 관사는 일반적으로 관사가 가지는 **지시조응**(指示照應, anaphoric)의 의미, 즉 앞에 나온 말을 가리키거나 일반적으로 잘 알려진 것을 지칭하는 뜻을 가진다. 그러므로 본문 29절에 등장하는 두 개의 관착 부정사 **τὸ** πιστεύειν 과 **τὸ** πάσχειν 은 부정사 앞에 나오는 **τὸ** ὑπὲρ Χριστοῦ 를 지시한다. 따라서 두 부정사는 '**그리스도를 위하는 것, 즉 믿는 것뿐 아니라 고난을 받는 것**'으로 옮길 수 있다.

라. **분사와 정동사** (30절, *BDF*, § 468 참조)

1) 바울은 정동사로 시작해서 정동사와 대등한 분사로 연결되는 구문을 선호하는데, 이 경우 분사들이 아주 길게 이어지기도 한다. 예를 들어, 고린도후서 7장 5절의 οὐδεμίαν ἔσχηκεν ἄνεσιν ἡ σὰρξ ἡμῶν ἀλλ' ἐν παντὶ θλιβόμενοι· ἔξωθεν μάχαι, ἔσωθεν φόβοι (우리의 육체가 **편하지 못하였고**, 오히려 모든 것에서 **환난을 당하여** 밖으로는 다툼이요 안으로는 두려움이었다)에서 분사 θλιβόμενοι 는 정동사처럼 쓰였다.

2) 정동사 대신 사용되면서 연결되는 명사 없이 쓰이는 분사의 특수한 용례는 이러한 파격 구문과 관련이 있다. 이 때 분사는 일반적으로 길게 이어지며 **명령법**의 의미를 가지기도 한다. 분사의 이런 용법은 서신서에서 아주 빈번하게 나타나는데, 바울서신보다 베드로서신에서 더 자주 나타난다. 베드로전서 3장 7절의 οἱ ἄνδρες ὁμοίως, συνοικοῦντες κατὰ γνῶσιν … ἀπονέμοντες 는 '남편들아 이와 같이 아내들과 **동거하고**, … **존중하라**'라는 명령의 뜻이다. 바울은 서술적으로 사용되는 분사를 명령법으로 사용하기도 하는데, 본문 30절의 분사 구문 τὸν αὐτὸν ἀγῶνα ἔχοντες 는 τὸν αὐτὸν ἀγῶνα **ἔχετε** (**여러분도 동일한 싸움을 하십시오**!)라는 뜻의 정동사처럼 사용되면서 명령법의 의미를 가지고 있다.

7. 본문 사역

[27] 오직 여러분은 그리스도의 복음에 합당하게 사십시오. 내가 가서 여러분을 보거나 떠나 있거나 여러분에 대한 것, 곧 여러분이 한 마음으로 굳게 서서 한 뜻으로 복음의 신앙을 위하여 함께 애쓰고 있다는 것을 듣도록 [28] 그리고 대적하는 자들 중 어떤 자들에 대해서도 두려워하지 않는다는 것을 듣도록 말입니다. 그것(복음의 신앙)은 그들에

게는 멸망의 증거이지만 여러분들에게는 구원의 증거이니, 이는 하나님께로부터 오는 것입니다. [29] 왜냐하면 그리스도를 위하는 것, 즉 다만 그를 믿을 뿐 아니라 그를 위해 고난도 받는 것은 여러분에게 은혜로 주어진 것입니다. [30] 여러분은 동일한 싸움을 하십시오. 여러분은 그와 같은 것을 내 안에서 보았으며 지금도 내 안에서 듣고 있습니다.

8. 본문 주해

이 단락에서 바울은 빌립보 교회 성도들이 자신과 함께 복음의 신앙을 위해서 협력하기를 바란다. 이러한 바울의 기대는 '복음에 합당하게 생활하라'는 권면으로 시작된다(27절). 이 권면에서 중요한 의미를 지니고 있는 '생활하다'(πολιτεύεσθαι)란 '시민으로 살다'라는 뜻으로, 바울은 로마 제국의 식민지인 빌립보에서 로마의 법을 지키며 로마 시민으로 사는 것처럼 이 땅에서 사는 그리스도인들이 복음 전파에 '합당한' 빌립보의 시민으로 생활해야 할 뿐만 아니라 하늘 나라의 시민으로 생활할 것을 권면한다(3:20, '시민권'[τὸ πολίτευμα] 참조).

그리스도의 복음에 부합되게 시민으로서 일상적인 삶을 사는 것은 '한 마음으로'(ἑνὶ πνεύματι), '한 뜻으로'(μιᾷ ψυχῇ) 견고하게 서는 것(στήκειν)이다. 곧 군인이 자신의 근무지에서 한 걸음도 이탈하지 않으려 확고하게 서 있는 것처럼 성도들이 복음의 신앙을 위해 어떤 환란에서도 같은 마음으로 함께 협력하여 흔들리지 않는 견고함을 가지고 살면서 그들의 합당한 생활을 인정받아야 함을 나타낸다.

여기서 '복음의 신앙'(τῇ πίστει τοῦ εὐαγγελίου)이란 '복음에서 유래된 신앙'으로 '신앙을 가지고' 투쟁하라는 권면이 아니라 '신앙을 위해서' 투쟁하라는 권면에 사용된 표현이다. 또한 그리스도인은 복음에서 나온 신앙을 지키기 위한 투쟁에서 대적하는 자를 결코 두려워하지 말아야 한다. 그래서 그 '복음의 신앙'은 복음을 대적하는 자들에게는 멸망의 증거(ἔνδειξις ἀπωλείας)이지만, 그리스도인들에게는 구원의 표지(ἔνδειξις σωτηρίας)이다(28절).

마지막 두 절(29-30절)에서 빌립보 교회 성도들이 복음의 신앙을 위해서 한 마음과 한 뜻으로 투쟁하며 굳건히 서 있어야 하는 이유가 밝혀진다. 하나님께서 성도들에게 그리스도를 위하여 고난 받을 수 있는 고귀한 특권을 주시고, 그 특권에 참여하는 자를 가장 귀하게 여기신다는 확실한 표지를 주셨다(ἐχαρίσθη)는 것은, 이제 그 은혜를 받은 자가 단지 그분을 믿을 뿐 아니라 그분을 위해 고난도 받아야 함을 의미하기 때문이다. 바울은 빌립보 교회 성도들에게, 자신이 경험했던 것과 같이 고난도 유익이 되기 때문에 고난을 피하지 말고 그리스도를 위한 '같은 싸움'(τὸν αὐτὸν ἀγῶνα)을 하라고 권면한다.

III. 겸손한 마음으로 다른 사람의 일을 돌아보라 (2:1-4)

1. 본문의 짜임새

가. 그리스도 안에서 받은 것(1절)

: 권면, 사랑, 위로, 성령의 교제, 긍휼, 자비

나. 위로적 권면: "같은 사랑을 가지고 한 마음을 품어 다른 사람의 일을 돌아보라"(2-4절)

1) 한 마음을 품으라(2절)

2) 다툼이나 허영이 아닌 겸손한 마음으로 자기보다 남을 낫게 여기라(3절)

3) 자기 일을 돌아볼 뿐 아니라 다른 사람들의 일을 돌아보라(4절)

2. 헬라어 본문

1 Εἴ τις οὖν παράκλησις ἐν Χριστῷ, εἴ τι παραμύθιον ἀγάπης, εἴ
τις κοινωνία πνεύματος, εἴ τις σπλάγχνα καὶ οἰκτιρμοί, 2 πληρώσατέ
μου τὴν χαρὰν ἵνα τὸ αὐτὸ φρονῆτε, τὴν αὐτὴν ἀγάπην ἔχοντες,
σύμψυχοι, τὸ ἓν φρονοῦντες, 3 μηδὲν κατ᾽ ἐριθείαν μηδὲ κατὰ κενοδοξίαν
ἀλλὰ τῇ ταπεινοφροσύνῃ ἀλλήλους ἡγούμενοι ὑπερέχοντας ἑαυτῶν,
4 μὴ τὰ ἑαυτῶν ἕκαστος* σκοποῦντες ἀλλὰ [καὶ] τὰ ἑτέρων ἕκαστοι.

3. 한글 번역 본문 대조

가. 개역 개정

1 그러므로 그리스도 안에 무슨 권면이나 사랑의 무슨 위로나 성령의
무슨 교제나 긍휼이나 자비가 있거든 2 마음을 같이하여 같은 사랑을
가지고 뜻을 합하며 한마음을 품어 3 아무 일에든지 다툼이나 허영으
로 하지 말고 오직 겸손한 마음으로 각각 자기보다 남을 낫게 여기고
4 각각 자기 일을 돌볼뿐더러 또한 각각 다른 사람들의 일을 돌보아
나의 기쁨을 충만하게 하라

나. 새 번역

1 그러므로 그리스도 안에서 여러분에게 무슨 격려나, 사랑의 무슨 위
로나, 성령의 무슨 교제나, 무슨 동정심과 자비가 있거든, 2 여러분은
같은 생각을 품고, 같은 사랑을 가지고, 뜻을 합하여 한 마음이 되어
서, 내 기쁨이 넘치게 해 주십시오. 3 무슨 일을 하든지, 경쟁심이나
허영으로 하지 말고, 겸손한 마음으로 하고, 자기보다 서로 남을 낫게
여기십시오. 4 또한 여러분은 자기 일만 돌보지 말고, 서로 다른 사람

들의 일도 돌보아 주십시오.

다. 공동번역 개정

[1] 여러분은 그리스도를 믿음으로써 힘을 얻습니까? 그리스도의 사랑에서 위안을 받습니까? 성령의 감화로 서로 사귀는 일이 있습니까? 서로 애정을 나누며 동정하고 있습니까? [2] 그렇다면 같은 생각을 가지고 같은 사랑을 나누며 마음을 합쳐서 하나가 되십시오. 그렇게 해서 나의 기쁨을 완전하게 해주십시오. [3] 무슨 일에나 이기적인 야심이나 허영을 버리고 다만 겸손한 마음으로 서로 남을 자기보다 낫게 여기십시오. [4] 저마다 제 실속만 차리지 말고 남의 이익도 돌보십시오.

4. 동사 분해

가. 2절

πληρώσατε (πληρόω [to fill, to fulfill])의 단순과거, 능동태, 명령법, 2인칭, 복수, '너희들은 충만하게 채우라'

φρονῆτε (φρονέω [to think])의 현재, 능동태, 가정법, 2인칭, 복수, '너희들이 생각하기를'

ἔχοντες (ἔχω [to have, to hold])의 현재, 능동태, 분사, 남성, 복수, 주격, '가지고 있는'

φρονοῦντες (φρονέω)의 현재, 능동태, 분사, 남성, 복수, 주격, '생각하는'

나. 3절

ἡγούμενοι (ἡγέομαι [to be chief, to think, to consider])의 현재, 중간태, 분사, 남성, 복수, 주격, '여기는', '생각하는'

ὑπερέχοντας (ὑπερέχω [to rise above, to surpass])의 현재, 능동태, 분사, 남성, 복수, 대격, '나은', '능가하는'

다. 4절

σκοποῦντες (σκοπέω [to contemplate, to look at, to observe]) 의 현재, 능동태, 분사, 남성, 복수, 주격, '돌아보는', '숙고하는'

5. 용어 해설

가. **παράκλησις** (< παρά + κλῆσις, 1절)

'권면'이나 '권고'. 여기서는 받은바 하나님의 은혜나 자비에 호소하여 행위를 유발하는 '신적(神的) 권면'(Paraklese)을 말한다.

나. **παραμύθιον** (< παραμυθέομαι, 1절)

'격려'(encouragement). 특히 고통이나 슬픔을 덜어주는 '격려'나 '위로'를 말한다. 전치사에서 유래한 접두어 παρά 는 '곁에서'를 의미하므로, 이 단어는 염려해서 마음을 열고 다가서는 위로나 격려 차원의 대화를 의미한다.

다. **σπλάγχνον** (1절)

'애정'(affection)이나 '긍휼'(1:8 참조).

라. **οἰκτιρμός** (1절)

동정이나 연민으로 함께 하는 공감으로 '자비'

마. σύμψυχος (2절)

조화된, 균형잡힌(harmonious), 마음으로 하나 된(united in spirit). 이는 'σύν'이라는 접두어를 가진 합성 형용사로 여기서는 '뜻을 합하여'의 의미로 사용되었다.

바. ἐριθεία (3절)

'이기심'(selfishness), '이기적 야망'(selfish am- bition).

사. κενοδοξία (< κενόδοξος < κενός + δόξά 3절)

'공허한 칭송'(empty praise)이나 '허영심'(vainglory)을 나타내는 이 용어는 개인적인 자만이나 허영으로 별다른 이유 없이 잘난 척하거나, 자신의 명성에 대한 야심으로 가득 차서 다른 사람에 대해 경쟁심을 가지거나, 질투심 때문에 자신의 생각이 옳다는 것을 증명하기 위해 기꺼이 투쟁하려는 자세를 의미한다.

아. ταπεινοφροσύνη (< ταπεινόφρων = ταπεινός + φρήν [< φρονέω '생각', '이해'], ταπεινόω 3절)

'겸손'(humility). 이 단어는 자신의 무가치함(insufficiency)과 함께 하나님의 강한 능력을 인지하는 것을 말한다.

자. ἡγέομαι (3절)

'고려하다'(to consider), '간주하다'(to count as). 이 동사는 사실을 세심하게 살펴보고 나서 이를 토대로 내리는 의식적이고 확실한 판단을 의미한다.

6. 문법 설명

가. 파격(破格) 구문과 **εἴ τις와 εἴ τι의 혼용** (1절, *BDF*, § 136과 137 참조)

성(性), 수(數), 격(格)의 '일치'(agreement)에서 상당한 파격(破格)을 보여 주는 요한계시록은 다른 본문 특히 요한복음이나 요한서신과는 아주 대조적인 특징을 나타낸다. '불일치'는 주로 동격 구문에서 본래의 사격(斜格, oblique case, 주격과 호격 이외의 격) 대신 주격이 등장하거나, 성이 바뀌어 표기되거나, 부수적 정황을 나타내는 분사(circumstantial participle)의 격이 일치하지 않고 주격으로 표시되거나, 수가 잘못 표기되는 경우 등에서 나타난다. 이러한 불일치가 신약의 다른 본문에서도 종종 발견되기는 하지만, 대부분 용인될 만한 정도이거나 아마도 본문의 훼손으로 인하여 생긴 것이다. 본문 1절의 εἴ τις와 εἴ τι의 혼용 역시 모두 εἴ τι로 표기될 수 있는 것으로, εἴ τι는 '어떤 방식으로든'(in any way) 또는 '무엇이 얼마나 된다면'(if … amounts to anything)을 뜻한다.

나. ἵνα로 시작하여 의미를 보충하거나 설명적 보족어 역할을 하는 절 (2절, Burton, § 215-217과 Moule, 144-145을 참조)

신약성경에서 ἵνα로 시작되는 절이 종종 보충적인 의미를 나타내거나 설명적 보족어 역할을 하는 경우가 있다. 이 때 ἵνα-절은 부정사와 매우 유사한 의미를 가지게 된다. 이러한 ἵνα-절의 동사는 일반적으로 가정법이 사용되지만, 때때로 미래 직설법이 쓰이기도 한다. 이와 같은 용법으로 사용되는 ἵνα-절은 다음과 같이 분류될 수 있다.

1) **권위, 능력, 적합성, 필요, 정해진 시간** 등을 의미하는 명사나 형용

사를 보충적으로 한정할 때. 예를 들어, 마가복음 11장 28절의 ἢ τίς σοι ἔδωκεν τὴν ἐξουσίαν ταύτην ἵνα ταῦτα ποιῇς; 는 '누가 이러한 일들을 할 수 있는 이 **권위**를 너에게 주었느냐?'로, 요한복음 12장 23절의 ἐλήλυθεν ἡ ὥρα ἵνα δοξασθῇ ὁ υἱὸς τοῦ ἀνθρώπου 는 '인자가 영광을 받아야 **할 때**가 이르렀다'로 번역할 수 있다.

2) **다양한 의미의 동사들을 보충적으로 한정하거나 설명할 때**. 이 경우 ἵνα-절은 해당 동사가 의미하는 행위의 내용, 근거, 방식 등을 규정하거나 그 동사의 간접 목적어 역할을 한다. 예를 들어, 요한복음 8장 56절의 'Αβραὰμ ὁ πατὴρ ὑμῶν ἠγαλλιάσατο ἵνα ἴδῃ τὴν ἡμέραν τὴν ἐμήν 은 '너희의 조상 아브라함이 ("나의 날을 보기 위해서"가 아니라) 나의 날을 보고 기뻐하였다'(기뻐한 **이유** 또는 **근거**)는 뜻이다. 특히 ἵνα-절이 종종 명령의 의미를 가지는 경우도 있다. 예를 들어, 마가복음 5장 23절의 ἵνα ἐλθὼν ἐπιθῇς 는 '오셔서 (손을 딸 위에) **올려주십시오**'라는 '명령' 또는 '청유'의 뜻을 나타낸다(Moule, 144-145 참조). 그러므로 본문 2절의 πληρώσατέ μου τὴν χαρὰν ἵνα τὸ αὐτὸ φρονῆτε 는 ἵνα-절이 명령의 의미를 지니면서 동시에 πληρώσατε 라는 명령법 동사를 실행하는 방식을 규정한다. 따라서 이 절은 '나의 기쁨을 **충만케 하라**! (**그러므로**) 같은 **생각을 하라**!'(즉 '같은 생각을 하는 방식으로 나의 기쁨을 충만케 하라'는 뜻)로 번역할 수 있다. 또한 같은 절에 이어지는 분사들도 정동사가 아니면서 명령형의 의미를 가지는데, 이에 대해서는 앞에서 다룬 1장 30절의 문법 설명 '분사와 정동사'(제4강 II-6-라 항)를 참조하라.

7. 사본의 다른 읽기 본문 대조

가. **εἴ τις 혹은 εἴ τι** (1절)

1절에서 εἴ τις 또는 εἴ τι 가 총 네 번 등장하는데, 사본에 따라 조금씩 다르게 나타난다(D*, L 사본 등은 두 번째 τι 를 τις 로, K, 81, 323, 365 등의 사본과 기타 몇몇 라틴어 사본은 마지막 τις 를 τι 로 읽었다). 이러한 다양한 다른 읽기에도 불구하고, 이들은 모두 εἴ τι (in any way)의 같은 뜻으로 사용된 것으로 보인다(*BDF*, § 137(2) 항목 및 본 절의 문법 설명 '파격 구문과 εἴ τις와 εἴ τι의 혼용 참조).

나. **ἕν 대신 αὐτό** (2절)

א*, A, B, C, 0278 등의 사본은 본문 읽기인 ἕν 대신 αὐτό 로 제시하였다. 이는 아마도 앞서 나타나는 유사한 표현인 '같은 것을 생각하라' (τὸ αὐτὸ φρονῆτε)와 조화를 이루기 위해 필사자가 이차적으로 수정한 것이다.

다. **ἕκαστος 대신 ἕκαστοι** (4절)

𝔓[46], א, C, D, 075, 1379, 1881, 여러 시리아 역본 등 대부분의 사본들은 본문과 같이 ἕκαστος 를 단수로 제시하며, A, B, F, G, Ψ, 0278, 33, 81 등의 복수형 ἕκαστοι로 읽는다. 이러한 복수형의 이독(異讀)은 본문의 다른 모든 형태가 복수로 표현되어 있는 것과 조화를 이루기 위한 필사자의 수정이다(Metzger, 545).

8. 본문 사역

[1] 그러므로 그리스도 안에 무슨 권면이나 사랑의 무슨 위로나 성령의

무슨 교제나 긍휼이나 자비가 (있다면) [2] 나의 기쁨을 충만하게 채워 주십시오. 이는(목적) 같은 것을 생각하고, 같은 사랑을 품기 위함이며, 한 마음으로 한 가지를 생각하여, [3] 어떤 일도 이기적인 경쟁심이나 헛된 영광으로 하지 않고 오히려 겸허함으로 서로를 자신보다 더 낫다고 여기도록 하기 위함이며, [4] 각자 자신의 일들을 돌아볼 뿐만 아니라 또한 다른 사람들의 일들도 돌아보게 하기 위함입니다.

9. 본문 주해

1절에서 빌립보 교회 성도들이 예수 그리스도를 믿음으로 받은 것들이 열거된다. 곧 하나님의 '권위(勸慰)'(παράκλησις), 사랑의 위로(παραμύθιον ἀγάπης), 성령의 교제(κοινωνία πνεύματος), 긍휼과 자비(σπλάγχνα καὶ οἰκτιρμοί)이다. 바울은 '그리스도의 복음에 합당하게 세상에서 일반 시민 노릇을 하라'(1 : 27)는 대전제 아래 예수 그리스도 안에서 받은바 이러한 하나님의 은혜에 호소하여 빌립보 교회의 복음 전파 상황과 관련하여 다음과 같이 세 가지로 권면한다(1절).

첫째, 빌립보 성도들이 한 마음을 품어야 한다(2절). 이는 '마음(생각)을 같이 하여(τὸ αὐτὸ φρονῆτε)', '같은 사랑을 가지고'(τὴν αὐτὴν ἀγάπην ἔχοντες), '함께'(σύν)라는 접두어를 가진 합성 형용사인 '뜻을 합하며'(σύμψυχοι), '한 마음을 품어'(τὸ ἕν φρονοῦν)로 표현되었다. 그리스도의 복음에 합당하게 세상에서 시민 노릇을 하려면, 먼저 교회 안에서 성도들이 서로 화합하여 생각을 한데 모으고, 같은 사랑의 마음을 품어 한 방향을 바라보며 나아가야 한다.

둘째, 다툼이나 허영으로 행하지 말고 오직 겸손한 마음으로 각각 자기보다 남을 낫게 여겨야 한다(3절). 바울은 오로지 자신의 이득과 권력을 추구하고 이기심으로 야망을 이루려하는 다툼(ἐριθεία)이나 자신의 명성을 얻기 위해 다른 사람에 대해 경쟁심이나 질투심을 가지고 기꺼이 다투는 허영(κενοδοξία) 대신 '겸손한 마음'(ταπεινοφροσύνη)을 품을 것을 권면한다. 이 때 '겸손한 마음'(ταπεινός)은 남을 자기 자신보다 낫게 여기는 마음으로 하나님 앞에서 자신의 불충분함과 무가치함을 깨닫고 하나님의 강한 능력을 인정하는 마음이다.

만일, 각자가 자기 자신의 유익이나 헛된 영광을 위해 자신 자신만을 내세우거나 다투고 경쟁하려는 태도를 보인다면 공동체의 하나 됨은 불가능하게 되고, 결과적으로 공동체의 단결이 깨진 상황에서는 영적인 성장과 복음의 진보를 가져올 수 없게 된다. 그렇기 때문에 바울은 이미 구약성경과 그리스도교 이전의 공동체의 교훈에서 견고한 자리를 차지해 왔던 겸손을 공동체 내의 화합을 위한 덕목으로 여겨, 빌립보 교회 성도들에게 겸손한 마음(ταπεινόφροσύνη)을 품을 것을 권면한다. 이러한 겸손한 태도는 단순하게 자기를 비하하는 것이 아니라, 자신의 무가치함과 하나님의 강한 능력을 인지하면서 '자기보다 남을 낫게 여기는'(ἀλλήλους ἡγούμενοι ὑπερέχοντας ἑαυτῶν) 데서 나타난다. 하나님의 능력을 인지하는 것이란 언제나 은혜를 베푸시는 하나님을 기억하며 겸손하라는 명령을 따를 때 오는 하나님의 자비하심을 인식하는 것이다. 다른 사람을 자기 자신보다 위에 놓는 것은 상대편에 대한 겸손과 사랑을 보이는 것이다. 여기서 바울은 그리스도 예수의 겸손한 사랑을 연결하여 이 겸손이 그리스도께서 모범으로 보여 주신 태도이며 공동체 안에 꼭 있어야 할 최고의 덕목임을 다시 강조한다.

셋째, 바울은 '자기 일을 돌아볼 뿐 아니라 다른 사람들의 일을 돌아보라'(4절)고 권면한다. 하나님 앞에서 스스로를 낮추는 사람은 남을 자신보다 낫게 여기는 사람으로 그는 자신의 일뿐 아니라 남의 일도 돌볼 것이다. 서로 높이며 하나 됨을 이루고 이를 통하여 교회가 성장하고 복음 전파의 진전을 가져온다면, 이는 바울의 기쁨을 충만하게 하는 것이다. 그러므로 빌립보 성도들은 옥중에서도 기뻐하는 바울의 역설적 기쁨을 충만하게 해야 한다.

IV. 낮아지신 그리스도 찬양(2:5-11)

1. 본문의 짜임새

가. 요약 권면: '그리스도 예수의 마음을 품으라'(5절)

나. '그리스도 찬가'(Christus-Hymnus)

: 권면의 근거와 본받아야 할 내용(6-11절)

- 1단계 비움: 선재(先在)하신 그리스도의 인간되심(6-7절상)
- 2단계 낮추심: 십자가에 죽기까지 복종하심(7절하-8절)
- 3단계 하나님께서 그를 높이심: 지극히 높이 올리고 뛰어난 이름을 주심(승귀[昇貴], 9-11절)

2. 헬라어 본문

5 Τοῦτο φρονεῖτε ἐν ὑμῖν ὃ καὶ ἐν Χριστῷ Ἰησοῦ, 6 ὃς ἐν μορφῇ
θεοῦ ὑπάρχων οὐχ ἁρπαγμὸν ἡγήσατο τὸ εἶναι ἴσα θεῷ, 7 ἀλλὰ ἑαυτὸν
ἐκένωσεν μορφὴν δούλου λαβών, ἐν ὁμοιώματι ἀνθρώπων γενόμενος·
καὶ σχήματι εὑρεθεὶς ὡς ἄνθρωπος 8 ἐταπείνωσεν ἑαυτὸν γενόμενος
ὑπήκοος μέχρι θανάτου, θανάτου δὲ σταυροῦ. 9 διὸ καὶ ὁ θεὸς αὐτὸν
ὑπερύψωσεν καὶ ἐχαρίσατο αὐτῷ τὸ ὄνομα τὸ ὑπὲρ πᾶν ὄνομα, 10 ἵνα
ἐν τῷ ὀνόματι Ἰησοῦ πᾶν γόνυ κάμψῃ ἐπουρανίων καὶ ἐπιγείων καὶ
καταχθονίων 11 καὶ πᾶσα γλῶσσα ἐξομολογήσηται ὅτι κύριος Ἰησοῦς

Χριστὸς εἰς δόξαν θεοῦ πατρός.

3. 한글 번역 본문 대조

가. 개역 개정

5 너희 안에 이 마음을 품으라 곧 그리스도 예수의 마음이니 6 그는 근본 하나님의 본체시나 하나님과 동등됨을 취할 것으로 여기지 아니하시고 7 오히려 자기를 비워 종의 형체를 가지사 사람들과 같이 되셨고 8 사람의 모양으로 나타나사 자기를 낮추시고 죽기까지 복종하셨으니 곧 십자가에 죽으심이라 9 이러므로 하나님이 그를 지극히 높여 모든 이름 위에 뛰어난 이름을 주사 10 하늘에 있는 자들과 땅에 있는 자들과 땅 아래에 있는 자들로 모든 무릎을 예수의 이름에 꿇게 하시고 11 모든 입으로 예수 그리스도를 주라 시인하여 하나님 아버지께 영광을 돌리게 하셨느니라

나. 새 번역

5 여러분 안에 이 마음을 품으십시오. 그것은 곧 그리스도 예수의 마음이기도 합니다. 6 그는 하나님의 모습을 지니셨으나, 하나님과 동등함을 당연하게 생각하지 않으시고, 7 오히려 자기를 비워서 종의 모습을 취하시고, 사람과 같이 되셨습니다. 그는 사람의 모양으로 나타나셔서, 8 자기를 낮추시고, 죽기까지 순종하셨으니, 곧 십자가에 죽기까지 하셨습니다. 9 그러므로 하나님께서는 그를 지극히 높이시고, 모든 이름 위에 뛰어난 이름을 그에게 주셨습니다. 10 그리하여 하늘과 땅 위와 땅 아래 있는 모든 것들이 예수의 이름 앞에 무릎을 꿇고, 11 모두가 예수 그리스도는 주님이시라고 고백하여, 하나님 아버지께 영광을 돌리게 하셨습니다.

다. 공동번역 개정

5 여러분은 그리스도 예수께서 지니셨던 마음을 여러분의 마음으로
간직하십시오 6 그리스도 예수는 하느님과 본질이 같은 분이셨지만
굳이 하느님과 동등한 존재가 되려 하지 않으시고 7 오히려 당신의 것
을 다 내어놓고 종의 신분을 취하셔서 우리와 똑같은 인간이 되셨습
니다. 이렇게 인간의 모습으로 나타나 8 당신 자신을 낮추셔서 죽기까
지, 아니, 십자가에 달려서 죽기까지 순종하셨습니다. 9 그러므로 하
느님께서도 그분을 높이 올리시고 모든 이름 위에 뛰어난 이름을 주
셨습니다. 10 그래서 하늘과 땅 위와 땅 아래에 있는 모든 것이 예수의
이름을 받들어 무릎을 꿇고 11 모두가 입을 모아 예수 그리스도가 주
님이시라 찬미하며 하느님 아버지를 찬양하게 되었습니다.

4. 동사 분해

가. 5절

φρονεῖτε (φρονέω [to think])의 현재, 능동태, 명령법, 2인칭, 복수, '너희들은 생각하라'

나. 6절

ὑπάρχων (ὑπάρχω [to be, to exist])의 현재, 능동태, 분사, 남성, 단수, 주격, '존재하는'

ἡγήσατο (ἡγέομαι [to be chief, to think])의 단순과거, 중간태, 직설법, 3인칭, 단수, '그(녀)가 생각하였다'. 두 개의 목적어를 취해 'A를 B로 여기다'의 뜻이다.

εἶναι (εἰμί [to be, to become])의 현재, 능동태, 부정사, '…인 것'

다. 7절

ἐκένωσεν (κενόω [to make void, to empty])의 단순과거, 능동태, 직설법, 3인칭, 단수, '그(녀)가 비웠다'

λαβών (λαμβάνω [to take, to receive])의 단순과거, 능동태, 분사, 남성, 단수, 주격, '취하는'

γενόμενος (γίνομαι [to become])의 단순과거, 중간태, 분사, 남성, 단수, 주격, '되는'

εὑρεθεὶς (εὑρίσκω [to find])의 단순과거, 수동태, 분사, 남성, 단수, 주격, '발견된'

라. 8절

ἐταπείνωσεν (ταπεινόω [to humble])의 단순과거, 능동태, 직설법, 3인칭, 단수, '그(녀)가 낮아졌다'

γενόμενος (γίνομαι [to become])의 단순과거, 중간태, 분사, 남성, 단수, 주격, '되는'

마. 9절

ὑπερύψωσεν (ὑπερυψόω [to exalt beyond measure])의 단순과거, 능동태, 직설법, 3인칭, 단수, '그(녀)가 높였다'

ἐχαρίσατο (χαρίζομαι [to give freely, to forgive])의 단순과거, 중간태, 직설법, 3인칭, 단수, '그(녀)가 은혜로 주었다'

바. 10절

κάμψῃ (κάμπτω [to bend, to bow])의 단순과거, 능동태, 가정법, 3인칭, 단수, '그(녀)가 무릎을 꿇도록'

사. 11절

ἐξομολογήσηται (ἐξομολογέω [to confess, to profess, to praise]) 의 단순과거, 중간태, 가정법, 3인칭, 단수, '그(녀)가 고백/찬양하도록'

5. 용어 해설

가. **μορφή** (6, 7절)

'형태', '형상', '외양'. 이는 내적(內的)인 실재나 성질이 외부적으로 나타나는 본질적 형태를 의미하며, 본문에서는 아버지의 형상(image)인 아들의 영광이 드러남으로 말미암아 선재하신 그리스도의 신성이 외적으로 드러나는 것을 뜻한다.

나. **ὑπάρχω** (6절)

'존재하다'(to be, to exist). 이전의 상태나 조건이 지속되는 것을 표현하기 위해 사용되는 용어로서 본문의 ὑπάρχων은 양보(concessive)를 나타내는 분사이다. 즉 예수 그리스도는 하나님과 동등한 상태가 지속되지만 그러한 상태로 나타나기를 포기하셨다는 의미이다.

다. **ἁρπαγμός** (< **ἁρπάζω**, **'빼앗다'**[snatch], **'데려가다'**[take away], 6절)

능동적으로는 '붙잡는 행위', '강탈'(robbery), 수동적으로는 '붙잡힌 것', '사수해야 할 것', 즉 '상'(賞)을 뜻한다. 본문에서 이 용어는 그리스도가 능력, 지배력, 부요함, 즐거움이나 세상의 영광을 얻기 위해서 하나님과 동등한 지위를 사용하지 않았다는 뜻을 나타낸다.

라. **ἡγέομαι** (6절)

'고려하다'(to consider). 여기서는 명사 ἁρπαγμός와 함께 쓰여 '호기(好機)로 삼다', '열렬하게 환영하다'의 의미로 사용되었다.

마. **ἴσα** (6절)

ἴσος의 중성 복수(부사로 사용), '동등한'(equal). 특히 수(數), 크기, 질(質)에서 정확하게 동일한 것을 뜻한다.

바. **κενόω** (7절)

'비어 있다'(to be empty), '비우다'(to make empty). 이는 그리스도께서 자신의 신성을 비우셨다는 뜻이 아니라 자신의 이익을 위해서 신성이 드러나는 것을 포기했다는 의미이다.

사. **σχῆμα** (7절)

'밖으로 나타난 모양'(outward appearance). 이 단어는 본래 관복을 벗고 상복으로 갈아입은 왕을 묘사하기 위해 사용되었다. Μορφή가 본질적 형태 자체를 의미한다면, σχῆμα는 외적인 모습을 가리킨다.

아. **δέ** (8절)

'더욱이'(and even), '실로'(yea). 여기서 불변사 δέ는 앞서 언급된 '겸허'에 대하여 보다 구체적인 설명을 이끌면서 '겸허'에 대한 진술이 절정에 이르게 한다.

자. **ὑπερυψόω** (9절)

'다른 것보다 높이다', '지극히 높이다'. 합성된 전치사 ὑπέρ는 다른 고귀한 존재들과 비교해서 상대적으로 높은 예수 그리스도의 지위를 묘사하는 것이 아니라, 그의 독특함과 절대적인 우위(優位)를 나타낸다.

6. 문법 설명

가. 형용사로 사용되는 부사 (6절, *BDF*, § 434 참조)

이미 고전 헬라어에서부터 부사가 관형적 형용사 또는 서술적 형용사처럼 사용되어 왔다. 관형적인 형용사처럼 사용되는 부사의 예로는 로마서 3장 26절의 ἐν τῷ <u>νῦν</u> καιρῷ (**이제는**, in this time)를 들 수 있으며, 서술적인 형용사처럼 사용되는 부사의 예는 매우 자주 등장한다. 본문 6절의 τὸ εἶναι <u>ἴσα</u> θεῷ (하나님과 **동등하다**)에서 ἴσα 는 중성 복수 부사지만 부정사 τὸ εἶναι 의 서술어로 사용되었으며, 이러한 고전적인 용법에 잘 부합된다.

나. Δέ, μέν, μὲν … δὲ … 의 용법 (8절, *BDF*, § 447)

1) Δέ 는 상관 접속사로서 μέν 과 함께 사용된다. 다소 약하기는 하지만, 이러한 상관 관계는 δέ 만으로도 표현할 수 있다. '일반적인 대조'(δέ)와 '직접적인 대조'(ἀλλά)는 서로 구별되는데, 이는 대략 독일어의 aber와 sondern 사이의 차이점과 유사하다. 고전 헬라어에서는 기본적으로 μέν과 δέ 가 상관적으로 사용되었지만, 신약성경에서 이러한 용법은 상당히 축소되어 요한계시록, 베드로후서, 요한일 · 이 · 삼서, 데살로니가후서, 디모데전서, 디도서(1 : 15과 관련하여 D 사본 등에 나오는 μέν 은 진정성이 없다), 빌레몬서 등에는 전혀 나타나지 않으며, 야고보서, 에베소서, 골로새서, 데살로니가전서 등에서도 그리 많이 나타나지 않는다. 복음서에서는 상대적으로 드물게 나타나는 반면, 사도행전과 히브리서(베드로전서) 및 일부 바울서신들에서는 다소 자주 나타난다.

2) 특히 μέν 을 포함한 불확실한 읽기의 여러 예들에서 μέν 을 포함해서 읽는 경우 (δέ 에 의해 지시되는) 두 번째 요소에 강조점이 놓이게 된다. 그러므로 첫 번째 부분에 강조점이 놓이고, 두 번째 부분이 단지 부가적인 것일 경우 μέν 을 포함하여 읽어서는 안 된다.

3) 또한 δέ 는 삽입된 문장(parenthesis)을 이끌 수도 있으며(행 12:3의 ἦσαν δὲ [αἱ] ἡμέραι τῶν ἀζύμων, 때는 무교절 기간이었다), 설명문이나 강의어(強意語, intensification, 'but', 'and … at that') 등을 이끌 수도 있다. 그 예는 로마서 3장 22절의 δικαιοσύνη <u>δὲ</u> θεοῦ (**그러나** 하나님의 의는)에서 찾아볼 수 있다. 또한 καί 와 δέ 는 사도행전 3장 24절(2:44) καὶ πάντες δέ ('and also all')나 δὲ καί ('but also')처럼 조합되어 나타나기도 한다. 본문 8절의 θανάτου <u>δὲ</u> σταυροῦ 에 쓰인 δέ 는 **부가적인 설명문**을 이끄는 경우이다.

다. 전치사 ἐν 의 용법 (10절, 4장 13절, Moule, 75~81 참조)

Ἐν은 신약성경에서 가장 많이 나타나는 전치사로서 영어의 in보다 훨씬 다양하게 사용된다. 또한 εἰς 나 전치사 없이 사용되는 단순한 여격과 교호(交互)적으로 사용되는 경우가 많으므로, 그 용법이 더욱 복잡하다. 그러나 대체적으로 전치사 ἐν 은 in이나 within의 의미를 가지면서 '점적(點的)인'(punctiliar) 또는 '정적(靜的)인'(static) 의미를 포함한다. 신약성경에서 쓰이는 ἐν 의 대표적인 용례는 다음과 같다.

1) **지속되는 장소적 의미**: 이 용례는 마가복음 2장 1절의 <u>ἐν</u> οἴκῳ (집**에**)와 사도행전 9장 17절의 <u>ἐν</u> τῇ ὁδῷ (길**에서**) 등에 나타난다. 가끔 ἐν이 within을 의미하는지, among을 의미하는지 결정하기 어려울 때가 있다.

2) **지속되는 시간적 의미**: 마가복음 10장 30절의 <u>ἐν</u> τῷ καιρῷ τούτῳ … <u>ἐν</u> τῷ αἰῶνι τῷ ἐρχομένῳ (현세**에서** … 내세**에서**)와 누가복음 1장 5절의 <u>ἐν</u> ταῖς ἡμέραις Ἡρῴδου (헤롯 때**에**) 등에서 이런 용례를 찾아볼 수 있다. 특히 누가가 특징적으로 사용하는 **ἐν τῷ + 부정사 구문**은 히브리어의 영향을 받은 용법일 수 있으나, 그보다는 관용적이지 않은 헬라어 구문이다. 이 경우 ἐν은 '하는 동안'(during, while, at) 등의 의미를 가진다. 예를 들어, 누가복음 1장 8절의 <u>ἐν τῷ ἱερατεύειν</u> αὐτόν은 '그가 자신의 **제사장 직무를 수행하고 있는 동안에**'라는 뜻이다. 이런 구문이 누가의 독특한 용법이기는 하지만, 누가복음에만이 아니라 마태복음 13장 4, 25절이나 히브리서 2장 8절 등에도 나타난다.

3) **그 밖의 용법**

가) **수단적/도구적 의미**: 누가복음 22장 49절의 εἰ πατάξομεν <u>ἐν μαχαίρῃ</u> (우리가 **칼로** 내려칠까요?), 마태복음 6장 7절의 <u>ἐν τῇ πολυλογίᾳ</u> αὐτῶν (그들의 많은 **말로써**), 마가복음 4장 11절의 <u>ἐν παραβολαῖς</u> (**비유로**), 빌립보서 4장 13절의 <u>ἐν τῷ ἐνδυναμοῦντί</u> με (나를 **강하게 하시는 이로** 말미암아, 이 경우는 아래의 ἐν χριστῷ 용법으로 분류될 수도 있음) 등이 ἐν의 수단적 용례를 보여 준다. 정도를 나타내기 위해 사용되거나(마가복음 4장 8절의 B^2, f^{13}, 33, 157 사본 등의 읽기인 <u>ἐν ἑξήκοντα</u> καὶ <u>ἐν ἑκατόν</u> '백 배 혹은 육십 배의 **비율로**'), 예를 들기 위해 사용(범례적 용례)될 때(고린도전서 4장 6절의 ἵνα <u>ἐν ἡμῖν</u> μάθητε '**우리의 경우를 고려함으로써** 당신이 배울 수 있도록')도 넓게 보면 수단의 의미로 사용되었다.

나) **부사적 의미**: 이는 용법상으로는 수단적 의미와 매우 비슷하지만, 의미상으로는 부사처럼 해석해야 할 경우이다. 그 예로 고린도후

서 6장 4절의 <u>ἐν παντί</u> (**모든 면에서** 혹은 **모든 경우에**), 누가복음 18장 8절의 <u>ἐν τάχει</u> (**속히**), 사도행전 17장 31절의 ἐν δικαιοσύνῃ (**의롭게**, 올바르게) 등의 경우를 들 수 있다.

다) **부수적이거나 부대(附帶) 상황을 나타낼 때**: 부수적이거나 부대 상황을 나타내면서 부사구나 형용사구처럼 사용되는 경우이다. 예를 들어, 에베소서 5장 26절의 τῷ λουτρῷ τοῦ ὕδατος <u>ἐν ῥήματι</u> ('**말씀을 동반한**' 물의 씻음으로)나 본문 10절의 <u>ἐν τῷ ὀνόματι</u> Ἰησοῦ (예수의 '**이름이 언급될 때**' 또는 '[그의] **이름에**') 등의 경우 그러하다.

라) **서술적 의미**: 여러 가지 의미가 복합적으로 뒤섞인 경우이다. 예컨대, 에베소서 2장 15절의 τὸν νόμον τῶν ἐντολῶν <u>ἐν δόγμασιν</u> ('**법조문을 구성하고 있는**' 계명들의 율법을)이나 고린도전서 4장 20절의 οὐ γὰρ <u>ἐν λόγῳ</u> ἡ βασιλεία τοῦ θεοῦ ἀλλ' <u>ἐν δυνάμει</u> (하나님의 나라는 '**말에 관한 문제**'가 아니라 오히려 '**능력에 관한 문제**'이다)가 이런 용례를 보여 준다.

마) **ἐν Χριστῷ**: 이와 유사한 구문인 ἐν κυρίῳ, ἐν πνεύματι, ἐν θεῷ 등과 관련하여 많은 논란이 있었다. 이와 관련하여 대략 다음의 점들을 유의해야 한다.

(1) 이런 용법은 바울서신에서 두드러지게 나타나며, 공관복음서, 야고보서, 베드로후서, 유다서, 히브리서에는 등장하지 않는다.

(2) 이 표현은 종종 그리스도(주, 성령, 하나님, 아담[고전 15:22] 등) 안에서 영적인 연합을 뜻하는데, 이는 μετά 나 παρα 와 같은 전치사들이 지상에서 활동하신 예수와 일상적인 육체적 접촉을 가지는 것을 표현하기 위해 사용되는 것과는 대조적인 용법을 보여 준다. 바울은 영적인 연합을 표현하기 위하여 전치사 σύν 을 사용하기도 한다. 또 일반적으로 이러한 관련 문

맥에서는 전치사 σύν 과 결합된 합성동사가 사용된다.

(3) 이런 용법은 개인에만 국한되는 것이 아니라 교회에도 동일하게 적용된다(갈 1 : 22, 살전 1 : 1 등).

(4) 이 구문을 '준(quasi) 물질적 방식으로', 즉 그리스도가 마치 신자들이 처해 있는 '환경'이나 '소재지' 정도로 해석하는 것은 이 구문이 가진 심오한 '인격적' 의미를 간과하는 것이다.

(바) **πιστεύω ἐν** (believe in): 이는 칠십인 역본에는 거의 등장하지 않으며, 신약성경에도 마가복음 1장 15절과 요한복음 3장 15절에서만 나타난다. 에베소서 1장 13절의 ἐν ᾧ καὶ πιστεύσαντες ἐσφραγίσθητε 구문을 여기에 포함시킬 수 있는데, 여기서 ἐν ᾧ 는 분사 πιστεύσαντες 와 관련되는 것이 아니라, 아마도 주동사인 ἐσφραγίσθητε 를 수식하는 부사구일 가능성이 더 크다. 그러므로 ἐν ᾧ καὶ πιστεύσαντες ἐσφραγίσθητε 의 뜻은 '그를 믿기도 하여 인치심을 받았다'가 아니라 '믿기도 하여 그 안에서 인치심을 받았다'로 번역하는 것이 적절하다. 마찬가지로 마가복음 1장 15절의 μετανοεῖτε καὶ πιστεύετε ἐν τῷ εὐαγγελίῳ, 요한복음 3장 15절의 ἵνα πᾶς ὁ πιστεύων ἐν αὐτῷ ἔχῃ ζωὴν αἰώνιον 역시 동사의 목적어 역할이 아니라 부사구 역할을 하는 것으로 보기도 한다. 이 경우 마가복음 1장 15절은 '회개하라! 믿으라! 복음 안에서'라는 뜻으로, 그리고 요한복음 3장 15절은 '믿는 자는 누구나 그 안에서 영생을 얻게 하기 위해'로 해석된다. 아울러 명사 πίστις 다음에도 전치사 ἐν 이 등장하는 예들이 있는데(엡 1:15; 골 1:4; 딤전 3:13 등), 이 경우 역시 ἐν 이 '믿음의 범위'가 아니라 '믿음의 대상'을 지칭하는 것인지는 신중하게 결정해야 한다.

7. 사본의 다른 읽기 본문 대조

가. τοῦτο 다음의 접속사 γάρ나 οὖν (5절)

𝔓[46], ℵ[2], D, F, G, 075, 0278 등 많은 사본들은 문두의 τοῦτο 다음에 접속사 γάρ가 따르는 예를 보여 주며, 2492 소문자 사본의 경우 τοῦτο는 다른 접속사인 οὖν 과 함께 사용되었다. Τοῦτο 만 사용된 파격구문은 앞 문단과 자연스럽게 연결하기 위해 접속사를 필요로 하는 것처럼 보이지만, 접속사를 포함한 이독(異讀) 본문 읽기들은 ℵ*, A, B, C, Ψ, 33, 81 등 많은 사본들이 γάρ 를 누락시키고 있는 이유를 설명하기 어렵다(Metzger, 545).

나. φρονεῖτε 대신 3인칭 φρονείσθω (5절)

C[2], Ψ, 075, 0278 등의 사본은 본문의 2인칭 복수 능동태 명령형인 φρονεῖτε 대신 3인칭 단수 수동태 명령형 φρονείσθω 을 본문으로 삼는다. 그러나 대부분의 사본들은 본문의 읽기를 따르며, 3인칭 단수 수동태 명령형은 아마도 ἐν ὑμῖν 과 병행을 이루고 있는 ἐν Χριστῷ 를 보다 쉽게 설명하려는 시도이다.

다. ἀνθρώπων 대신 ἀνθρώπου (7절)

𝔓[46], 시리아 역본, Marcion, Origen, Cyprian 등 몇몇 초기 사본들은 본문의 복수 속격 ἀνθρώπων 대신에 단수 속격 ἀνθρώπου 을 취하였다. 이는 분명 앞서 등장한 단수 속격 δούλου 및 뒤에 다시 나타나는 단수 주격 ἄνθρωπος 와 수를 일치시키려는 의도로 수정된 것으로 보인다(Metzger, 545–546).

라. τὸ ὄνομα의 관사 τό 생략 (9절)

D, F, G, Ψ, 075, 0278 등의 대문자 사본과 1881을 비롯한 대부분의 소문자 사본들은 τὸ ὄνομα 의 관사 τό 를 생략하였다. 소위 '수용 본문'(textus receptus)도 이 사본들을 따라 관사를 생략함으로써 결과적으로 예수가 규정되지 않은 어떤 이름을 부여받은 것을 함의(含意)하고 있다. 그러나 $\mathfrak{P}^{46}$, ℵ, A, B, C, 33, 629, 1175, 1739 등 대부분의 사본들은 10절에서 실제로 거명된 바로 그 '예수'라는 이름을 부여받은 것으로 기록하였다.

마. ἐξομολογήσηται 대신 ἐξομολογήσεται (11절)

A, C, D, F*, G, K, L, P, Ψ, 075, 0278 등의 대문자 사본들과 6, 33 등 대부분의 소문자 사본들은 ἐξομολογήσηται (단순과거 가정법) 대신에 ἐξομολογήσεται (미래 직설법)를 따랐다. 형태상으로는 이러한 읽기 본문이 아주 사소한 것이어서 이를 단순한 기록상의 오류로 여길 수 있다. 그러나 이러한 기록이 의도적이었다면, 몇몇 초기의 필사자들은 11절을 종말론적으로 이해함으로써 이런 시제 변환으로써 이사야 45장 23절의 직설법 ὀμεῖται('shall swear')과 조화를 이루려 했을 것으로 보인다 (Metzger, 546).

바. κύριος Ἰησοῦς Χριστὸς에서 Χριστός의 생략 (11절)

몇몇 사본들, 특히 A^c, F, G, 1505 등 몇몇 서방 사본들은 본문의 κύριος Ἰησοῦς Χριστός (주 예수 그리스도)라는 표현 중에서 Χριστός (그리스도)를 누락시켰는데, 이는 아마 10절의 표현과 조화를 이루기 위해서 한 것이다. 그러나 앞서 언급된 몇몇 사본들을 제외한 대부분의 사본은 본문의 읽기를 지지한다.

8. 본문 사역

[5] 여러분 안에 이것을 생각하십시오. 곧 그리스도 예수 안에도 (있던
것입니다) [6] 그분은 하나님의 형상으로 존재하셨지만 하나님과 동등
됨을 취하는 것으로 여기지 않으시고 [7] 오히려 자기 자신을 비워 종의
형상을 취하시고, 사람들과 동등하게 되셨습니다. 그래서 모습에서
사람처럼 인식되셨고, [8] 죽음, 곧 실로 십자가의 죽음에 이르기까지
순종하심으로 말미암아 자기를 낮추셨습니다. [9] 이러므로 하나님께서
도 그를 지극히 높이셨고 그에게 모든 이름보다 뛰어난 이름을 주셨
습니다. [10] 이는(목적) 예수의 이름에 하늘에 있는 자들과 땅에 있는
자들과 땅 아래에 있는 자들의 모든 무릎이 꿇려지도록 하기 위함이
며, [11] 그리고 모든 혀가 예수 그리스도를 주라고 고백하여 하나님 아
버지께 영광이 되도록 하기 위함입니다.

9. 본문 주해

바울처럼 어떤 형편이나 처지에서도 기뻐하는 '전천후 기쁨'을 가지고 복음 전파에 진전을 이루려 하고 또한 이를 실천하기 위해 앞 단락에 언급된 세 가지 권면을 행하려 한다면, 이 모든 것을 가능하게 하는 기본 권면인 '그리스도 예수처럼 생각해야 한다'(5절).

빌립보 성도들이 그리스도 예수 안에서 품어야 할 '한 마음'은 다름 아닌 '그리스도 예수의 마음'이다. 바울은 예수 그리스도께서 친히 그리스도인의 삶에서 본(本)이 되심을 말한다. 곧 그리스도 예수께서 자신을 비우고 낮아지신 것처럼 빌립보 교회의 성도들도 서로 겸비하는 것이 교회 안에서 하나 됨을 이루는 기본적인 마음가짐이며, 세상 가운데 그리스도인으로서 일반 시민 노릇을 하는 신앙적 생활의 기본자세이다.

바울이 빌립보 성도들에게 주는 권면의 근거와 그들이 본받아야 할 내용이 제시되는 초기 교회의 '그리스도 찬가'에 이러한 마음가짐과 기본자세가 잘 나타나 있다. 그러므로 이 '그리스도 찬가'(Christus-Hymnus)는 단순하게 그리스도를 찬양하는 찬송 가사가 아니라 권면을 위해 권고적으로 사용되었다.

그리스도 찬가의 내용은 그리스도의 자기 비우심과 낮추심과 이로써 높이 칭송받으심에 이르는 세 단계로 구성되어 있다.

그 첫째 단계는 영원 전부터 계신 하나님의 아들, 예수 그리스도께서 인간이 되시는 '자기 비우심'(ἑαυτὸν ἐκένωσεν)의 단계이다. 그분은 본질적으로 '하나님의 본체'(ἐν μορφῇ θεοῦ ὑπάρχων)로서 하나님과 동등한 지위를 가지고 계셨지만 '하나님과 동등 됨'(εἶναι ἴσα θεῷ)을 취하지 않고 오히려 낮은 곳을 택하여 자기를 비워 '종의 형체'(μορφὴν δούλου)로 '사람들과 같이 되셨다'(ἐν ὁμοιώματι ἀνθρώπων γενόμενος)(6-7절상). 예수는 이처럼 섬기는 자가 되기 위해 자신을 비워 사람들과 같이 되셨다.

둘째 단계는 그리스도께서 사람의 모양으로 나타나셔서(σχήματι εὑρεθεὶς ὡς ἄνθρωπος) '자신을 낮추시고'(ἐταπείνωσεν ἑαυτόν) 십자가에 죽기까지 복종하신 단계이다(7절하-8절). '낮추다'(ταπεινοῦν)는 원래 '산을 깎아 낮추어 평평하게 하다'는 뜻이었는데, 후에 의미가 전이(轉移)되어 부정적으로는 '격을 떨어뜨리다', '굴복하게 하다'는 의미로, 긍정적으로는 '겸손하게 하다', '스스로 단련하다'의 뜻으로 사용되었다. 자신을 낮추시고 죽기까지 복종하신 그리스도는 십자가의 죽음으로 하나님의 뜻을 이루셨다. 곧 그의 삶은 자기 자신을 위한 것이 아니라 자신의 목숨을 많은 사람의 대속물로 주기 위한 섬김과 순종의 삶이었다.

그리스도의 겸손이 가장 극치를 이룬 '십자가'(σταυρός)의 죽음은 예수 그리스도의 구속 사역에서 그 핵심이 되는 바울 기독론의 중심 주제이다. 바울은 고린도전서에서 '십자가의 도'(ὁ λόγος τοῦ σταυροῦ)가 바로 복음의 내용임을 역설하였다(고전 1:18). 예수 그리스도의 십자가에 하나님의 신실하심이 내포되어 있다. 그것은 그리스도 안에서 일어난 하나님의 구원이다. 그 십자가 사건 안에 행동하시는 하나님이 나타났다. 그 십자가는 '우리를 위하여'(ὑπὲρ ἡμῶν) 일어난 사건으로 그리스도인의 삶의 종말론적인 전제 조건이다. 그러므로 모든 믿는 자는 늘 십자가 사건에 관련되어 있다. 곧 바울은 십자가 안에서 그리스도의 죽음을 보는데, 그것은 죄인인 인간에 대한 하나님의 사랑의 표현이다. 곧 그리스도인은 십자가를 통하여 자신이 죄인됨을 알게 된다.

또 '복종하다'(ὑπακούειν)는 자구(字句)적으로는 '아래에서'(ὑπό) '듣다'(ἀκούειν)를 의미한다. '옆에서'(παρά)와 '듣다'(ἀκούειν)의 합성어인 '불복하다'(παρακούειν)와 대조적 의미를 보여 준다.

하나님의 사랑이 나타난 십자가에서 자신을 낮추고 복종하신 그리스도의 모습이 빌립보 교인들뿐 아니라 오늘의 그리스도인들이 따라야 할 모습이다.

셋째 단계는 예수 그리스도께서 '하나님에 의해 지극히 높이 올리심'(ὑπερύψωσεν)을 받는 승귀(昇貴) 단계이다(9-11절). 자신을 비우고 낮아지신 예수 그리스도를 하나님께서 지극히 높여 그에게 모든 이름 위에 뛰어난 이름을 주시고(9절), 당시 세계관으로 세상의 모든 구성원인 '하늘에 있는 자들'과 '땅에 있는 자들'과 '땅 아래 있는 자들'의 모든 무릎을 예수의 이름에 꿇게 하셨으며(10절), 모든 입(혀)으로 예수 그리스도를 주라 시인(是認)하여 하나님 아버지께 영광을 돌리게 하셨다(11절).

'주'(κύριος)는 노예 제도가 보편화되어 있던 고대 그리스-로마 세계에서 널리 사용되던 용어로 황제만이 받을 수 있는 호칭이었다. 여기서 하나님께서 '모든 입으로'(γλῶσσα) 예수 그리스도를 주라고 시인하게 하신 것은 예수를 온 우주를 다스리시는 주권자로 세우신 것이며, 모든 사람에게 섬김을 받는 자가 되게 하신 것이다. 이로써 그것은 하나님께 영광을 돌리는 일이 된다. 또한 이 칭호는 '그리스도'(Χριστός), '하나님의 아들'(ὁ υἱός τοῦ θεοῦ)과 함께 바울이 가장 즐겨 사용하던 중요한 기독론적 칭호였다. 이는 바울 이전 헬라적 기독교 공동체의 신앙 전승에서 이미 나타났으며, 부활 이후로 주님이신 예수 그리스도는 바울에게 중심적인 의미를 가지게 되었다. 곧 예수는 하나님에 의해 주님이 되셨고, 교회는 올리우신, 그 주님의 재림을 기다렸다.

예수 그리스도께서 자신을 비우고, 낮아지고, 승귀하셔서 영광의 자리에 계신 것처럼, 그분을 따르는 빌립보의 성도들 역시 예수 그리스도의 마음을 품어 하나가 되고, 자기보다 남을 낫게 여기며, 자기 일과 함께 남의 일을 돌아보아, '전천후 기쁨'을 얻고 모든 영광을 하나님께 돌리며 나아가 복음 전파의 진보를 이루어야 한다.

04_

주후 5세기 세워진
바실리카 A 교회,
십자가 문양이 새겨진
석재 기둥 조각

사진 장흥길

제5강

그리스도의 복음에 합당하게(2) : '두렵고 떨림으로'(2:12-18)

-그리스도의 날까지 생명의 말씀을 굳게 잡고

I. 본문 단락(2 : 12-18)의 개요

제2부 소식과 교훈(1:12-2:30)

I. 바울의 옥중 생활에 대한 형편 보고와 고난 및 죽음이
성도에게 주는 의미와 교훈(1 : 12-26)

II. 그리스도의 복음에 합당한 그리스도와 일치된 삶
: 그리스도와 교제하는 삶(1 : 27-2 : 18)

1. 그리스도인이 추구해야 하는 삶: 그리스도의 복음에 합당한 삶(1 : 27-30)
2. 그리스도처럼 겸손한 삶을 살라(2 : 1-11)
3. **종말론적인 완성을 향한 삶(2 : 12-18)**
   가. 항상 복종하여 두렵고 떨림으로 너희 구원을 이루라(12-13절)
   나. 모든 일을 원망과 시비가 없이 행하라(14-16절)
   다. 나와 함께 기뻐하라(17-18절)

III. 디모데를 보냄과 에바브로디도를 보냄에 대한 소식(2 : 19-30)

II. 항상 복종하여 두렵고 떨림으로 너희 구원을 이루라(12-13절)

1. 본문의 짜임새

가. 종말론적인 완성을 향한 삶에 대한 첫째 권면: "두렵고 떨림으로 너희 구원을 이루라"(12절)

: 서로 존중하는 영속적인 협력 강조

나. 구원을 이루어갈 수 있는 참된 근거(13절)

: 소원을 두고 행하시는 이는 하나님이심

2. 헬라어 본문

12 Ὥστε, ἀγαπητοί μου, καθὼς πάντοτε ὑπηκούσατε, μὴ ὡς ἐν τῇ
παρουσίᾳ μου μόνον ἀλλὰ νῦν πολλῷ μᾶλλον ἐν τῇ ἀπουσίᾳ μου, μετὰ
φόβου καὶ τρόμου τὴν ἑαυτῶν σωτηρίαν κατεργάζεσθε· 13 θεὸς γάρ
ἐστιν ὁ ἐνεργῶν ἐν ὑμῖν καὶ τὸ θέλειν καὶ τὸ ἐνεργεῖν ὑπὲρ τῆς
εὐδοκίας.

3. 한글 번역 본문 대조

가. 개역 개정

12 그러므로 나의 사랑하는 자들아 너희가 나 있을 때뿐 아니라 더욱
지금 나 없을 때에도 항상 복종하여 두렵고 떨림으로 너희 구원을 이
루라 13 너희 안에서 행하시는 이는 하나님이시니 자기의 기쁘신 뜻

을 위하여 너희에게 소원을 두고 행하게 하시나니

나. 새 번역

[12] 그러므로, 사랑하는 여러분, 여러분이 언제나 순종한 것처럼, 내가 함께 있을 때뿐만 아니라, 지금과 같이 내가 없을 때에도 더욱 더 순종하여서, 두렵고 떨리는 마음으로 자기의 구원을 이루어 나가십시오. [13] 하나님은 여러분 안에서 활동하셔서, 여러분으로 하여금 하나님을 기쁘게 해 드릴 것을 염원하게 하시고 실천하게 하시는 분입니다.

다. 공동번역 개정

[12] 그러므로 내 사랑하는 교우 여러분, 여러분은 내가 함께 있을 때에도 언제나 순종하였거니와 그 때뿐만 아니라 떨어져 있는 지금에 와서는 더욱 순종하여 두렵고 떨리는 마음으로 여러분 자신의 구원을 위해서 힘쓰십시오. [13] 여러분 안에 계셔서 여러분에게 당신의 뜻에 맞는 일을 하고자 하는 마음을 일으켜주시고 그 일을 할 힘을 주시는 분은 하느님이십니다.

4. 동사 분해

가. 12절

ὑπηκούσατε (ὑπακούω [to obey])의 단순과거, 능동태, 직설법, 2인칭, 복수, '여러분이 순종하였다')

κατεργάζεσθε (κατεργάζομαι [to work out, to produce])의 현재, 중간태, 명령법, 2인칭, 복수, '여러분이 성취하라'

나. 13절

ἐστιν (εἰμί [to be, to become])의 현재, 능동태, 직설법, 3인칭, 단수, '그(녀)가 …이다'

ἐνεργῶν (ἐνεργέω [to work, to effect])의 현재, 능동태, 분사, 남성, 단수, 주격, '행하는'

θέλειν (θέλω [to want, to wish, to expect])의 현재, 능동태, 부정사, '원하는 것'

ἐνεργεῖν (ἐνεργέω [to work, to effect])의 현재, 능동태, 부정사, '행하는 것'

5. 용어 해설

가. **ὥστε** (12절)

'결과적으로'(consequently), '그러므로'. 이 불변사(不變詞)는 이전 진술에서 나온 결론을 자연스럽게 이끈다. 즉 그리스도께서 온전히 순종하신 것처럼 그에 대한 복종으로 빌립보 교회 성도들은 자신들의 구원을 온전히 성취해야 한다.

나. **ὑπακούω** (12절)

'문을 열어 주다', 경청한 결과 '순종하다'. 접두어 전치사 ὑπό(아래)는 '복종'의 개념을 함의한다.

다. **σωτηρία** (12절)

'구원'. 예수를 믿음으로써 받은 죄 사함으로 인하여 내면에서 일어난 변화된 삶의 특징을 의미한다.

라. κατεργάζομαι (12절)

'끝날 때까지 계속해서 하다'. 합성동사를 이루는 접두어 κατά (up)는 '완료'를 의미하며, 이 동사는 목표에 이르기까지 지속적으로 이어지는 과정을 내포한다.

6. 문법 설명

가. ὥστε의 용법 (13절, Moule, 142-144 참조)

의미상 '목적'을 나타내는 목적절, '결과'를 나타내는 결과절, 구문론(構文論)적으로 목적절로 간주되는 '명령', '금지', '기대' 등을 나타내는 절이 대개 어떤 방식으로 표현되는가를 명확히 규정하려는 시도에 대해서는 여전히 논란이 계속되고 있다. 무엇보다도 셈어의 언어 관습에서는 목적과 결과를 엄밀하게 구별하여 묘사하는 것을 꺼려하기 때문이다. 이런 이유로 **ἵνα 와 함께 쓰이는 가정법**이 어떤 문맥에서는 '목적'이 아니라 '**결과**'를 나타내기도 한다(눅 9:45; 갈 5:17; 살전 5:4 등). 반대로 **ὥστε 와 함께 쓰이는 부정사**가 '결과'를 나타내기보다는 오히려 '**목적**'의 의미에 가까울 때가 있다(마 24:24; 눅 20:20 등). 그러나 일반적으로는 **ἵνα + 가정법**은 '**목적**'을, **ὥστε + 부정사**는 '**결과**'를 나타낸다. 여기서 ὥστε + 부정사 구문에서 종종 부정사가 생략되는 경우가 있다는 점을 유의해야 한다. 이 경우 문맥을 통해 추론 가능한 부정사를 추가하여 이해해야 한다. 예를 들어, 고린도전서 13장 2절의 ἐὰν ἔχω πᾶσαν τὴν πίστιν <u>ὥστε</u> ὄρη <u>μεθιστάναι</u> (내가 만일 모든 믿음을 가지고 있어서 그 결과 산이 옮겨질 **수** 있다고 하더라도)는 **ὥστε** 다음에 부정사 **δύνασθαι** 가 생략된 것으로 여겨야 한다. 그러나 본문 13절의 경우처럼 문맥에 따라서는 부정사의 생략이 아니라, ὥστε 가 마치 ὥς τε와 같이 단순히 추론을 나타내는 불변사로 사용되어 '그러므로, 따라서' 등을 의미하기도 한다.

7. 사본의 다른 읽기 본문 대조

가. ὡς 생략 (12절)

B, 33, 42, 234, 618, 1241 등의 사본에는 **ὡς** 가 **생략**되어 있다. 이러한 생략은 비의도적인 것일 수 있지만, ὡς 를 불필요한 것으로 간주하여 어렵고 어색한 문장을 쉽게 고치려고 의도적으로 생략한 것일 수도 있다. 그러나 𝔓46을 비롯한 거의 대부분의 사본들은 본문의 읽기를 지지한다(Metzger, 546).

나. θεός 앞의 관사 ὁ (13절)

D, Ψ, 075, 0278 등의 사본에는 **θεός** 앞에 관사 **ὁ**가 추가되어 있다. 이러한 추가는 θεός 를 문장의 주어로 만들기 위한 시도이다. 그러나 대부분의 사본에는 앞에 관사가 없으며, θεός 를 문장의 서술격 보어(補語)로 취급한다.

8. 본문 사역

12 그러므로, 나의 사랑하는 형제(자매)들이여, 여러분들이 늘 순종했던 것처럼, 나와 함께 있을 때뿐만 아니라 오히려 지금 내가 없는 동안에도 더욱 더 경외함과 떨림으로 자신의 구원을 끝까지 성취하십시오.
13 왜냐하면 그의 기쁘신 뜻을 위해 여러분 안에서 소원하게 하실 뿐 아니라 행하도록 역사하시는 분은 바로 하나님이시기 때문입니다.

9. 본문 주해

이 단락은 이전 단락의 진술에서 나온 결론을 자연스럽게 이끄는 '그러므로'로 시작되어 그리스도의 겸손을 통해서 교회도 겸손함으로 남을 자신보다 낫게 여기며 그리스도 안에서 하나 됨을 이루고, 또 이루어가야 할 종말론적인 완성을 향한 삶에 대해 진술한다. 바울은 자신이 빌립보에 다시 가게 되든지 또는 그렇게 되지 않더라도 자신과 '함께 있음'(παρουσία)이나 '떠나 있음'(ἀπουσία)과는 무관하게, 빌립보 교회 성도들이 그리스도께서 온전하게 순종하신 것처럼 그분께 온전히 순종하여 두렵고 떨림으로 자신들의 구원을 온전히 성취해야 함을 역설한다.

여기에 언급된 이루어야 할 '구원'은 개인의 영적인 구원이라기보다는 공동체적인 의미의 온전함이나 영적인 안녕을 의미한다. 이는 '너희 구원을 이루라'(τὸν ἑαυτῶν σωτηρίαν κατεργάζεσθε)는 권면에서 '구원'을 목적어로 가지는 동사 '이루다'와 '구원'을 수식하는 '너희의'라는 인칭대명사 소유격이 모두 복수로 표현되었다는 점에서 분명하게 드러난다.

2장 1-4절에서 빌립보 교회 성도들에게 서로 하나 되어 협력하기를 당부하고, 이어지는 5-11절에서 예수 그리스도의 낮아짐과 자기 비움을 모범으로 제시한 바울은 다시금 빌립보 교회의 성도들이 함께 노력하여 다툼과 반목과 허영심을 버리고, 영적으로 온전하게 하나가 되는 성숙함에 이르기까지 서로 협력할 것을 당부한다. 특히 이 권면을 위해서 사용된 동사 '이루다'(κατεργάζεσθαι)는 '완성'이나 '강조'를 나타내는 접두어(κατά)가 붙어 '종결될 때까지 계속해서 행하다'라는 뜻으로 목표에 이르기까지 지속적으로 이어지는 과정을 함의(含意)하는 단어이다. 바울은 이 용어를 사용하여 빌립보 교회 성도들이 '두렵고 떨림으로'(μετὰ φόβου καὶ τρόμου) 서로 존중하는 상호 존중의 영속적인 협력을 강조한다.

이를 이어 이유를 나타내는 접속사(γάρ)로 시작되는 13절에서 바울은 빌립보 교회가 이렇게 자신들의 구원을 이루어갈 수 있는 참된 근거를 제시한다. 그 근거는 그들 안에서 행하시는 이가 다름 아닌 하나님 자신이라는 것이다. 모든 것은 하나님의 손에 달려 있으며, 또한 하나님은 자신의 기쁘신 뜻을 위해서 그렇게 행하신다. 하나님은 언제나 교회를 사랑하시고 모든 것을 보존하고 이끌어 가신다. 교회는 그 하나님의 기쁘신 뜻에 응답하면서 이제 바울의 명령을 따라 하나님께서 기뻐하시는 온전한 삶을 이루어가야 한다.

'행하다'(ἐνεργεῖν)라는 동사는 신약성경에서 모두 20회 나타나는데, 그 중 18회가 바울서신에 사용되었다. 전형적으로 바울이 즐겨 사용하는 애용어(愛用語)인 이 용어가 본문에서는 명사적인 분사 형태로 쓰여 하나님의 다른 이름을 나타낸다. 곧 하나님께서는 '역사(役事)하시는 분'이시다. 바울은 빌립보 교회 성도들이 하나님의 기쁘신 뜻을 위하여 소원을 가지고 행할 수 있도록 역사하고 도우시는 분이 바로 하나님이라고 강조함으로써 빌립보 교회 성도들을 위한 권면의 참된 근거와 동인(動因)을 제시한다.

III. 모든 일을 원망과 시비가 없이 행하라(14-16절)

1. 본문의 짜임새

가. 종말론적인 완성을 향한 삶에 대한 둘째 권면: "모든 일에 원망과 시비가 없이 하라"(14절)

나. 원망과 시비의 태도를 버려야 할 첫 번째 이유(15절)

1) 어그러진 세상에서 흠이 없고 순전한 자들이 되기 위해

2) 하나님의 흠 없는 자녀가 되어 세상의 빛으로 나타나기 위해

다. 두 번째 이유(16절)

: 종말의 날에 그리스도에 대한 신실함을 증명하기 위해

2. 헬라어 본문

14 Πάντα ποιεῖτε χωρὶς γογγυσμῶν καὶ διαλογισμῶν, 15 ἵνα γένησθε ἄμεμπτοι καὶ ἀκέραιοι, τέκνα θεοῦ ἄμωμα μέσον γενεᾶς σκολιᾶς καὶ διεστραμμένης, ἐν οἷς φαίνεσθε ὡς φωστῆρες ἐν κόσμῳ, 16 λόγον ζωῆς ἐπέχοντες, εἰς καύχημα ἐμοὶ εἰς ἡμέραν Χριστοῦ, ὅτι οὐκ εἰς κενὸν ἔδραμον οὐδὲ εἰς κενὸν ἐκοπίασα.

3. 한글 번역 본문 대조

가. 개역 개정

14 모든 일을 원망과 시비가 없이 하라 15 이는 너희가 흠이 없고 순전하여 어그러지고 거스르는 세대 가운데서 하나님의 흠 없는 자녀로 세상에서 그들 가운데 빛들로 나타내며 16 생명의 말씀을 밝혀 나의 달음질이 헛되지 아니하고 수고도 헛되지 아니함으로 그리스도의 날에 내가 자랑할 것이 있게 하려 함이라

나. 새 번역

14 무슨 일이든지, 불평과 시비를 하지 말고 하십시오. 15 그리하여 여러분은, 흠이 없고 순결해져서, 구부러지고 뒤틀린 세대 가운데서 하나님의 흠 없는 자녀가 되어야 합니다. 그리하면 여러분은 이 세상에서 별과 같이 빛날 것입니다. 16 생명의 말씀을 굳게 잡으십시오. 그리

하면 내가 달음질한 것과 수고한 것이 헛되지 아니하여서, 그리스도
의 날에 내가 자랑할 수 있을 것입니다.

다. 공동번역 개정

14 무슨 일을 하든지 불평을 하거나 다투지 마십시오. 15 그리하여 여
러분은 나무랄 데 없는 순결한 사람이 되어 이 악하고 비뚤어진 세상
에서 하느님의 흠없는 자녀가 되어 하늘을 비추는 별들처럼 빛을 내
십시오. 16 생명의 말씀을 굳게 지키십시오. 그래야 내가 달음질치며
수고한 것이 헛되지 않아 그리스도의 날에 자랑할 수 있을 것입니다.

4. 동사 분해

가. 14절

ποιεῖτε (ποιέω [to do, to make])의 현재, 능동태, 명령법, 2인칭, 복수, '여러분이 행하라'

나. 15절

γένησθε (γίνομαι [to become])의 단순과거, 중간태, 가정법, 2인칭, 복수, '여러분이 …이 되도록'

διεστραμμένης (διαστρέφω [to distort, to corrupt, to misinterpret, to pervert])의 현재완료, 수동태, 분사, 여성, 속격, 단수, '부패된'

φαίνεσθε (φαίνω [to shine, to light])의 현재, 능동태, 명령법, 2인칭, 복수, '여러분이 빛을 발하라'

다. 16절

ἐπέχοντες (ἐπέχω [to hold fast, to hold toward])의 현재, 능동태, 분사, 남성, 복수, 주격, '굳게 붙잡는'

ἔδραμον (τρέχω [to run])의 단순과거, 능동태, 직설법, 1인칭, 단수, '내가 달려갔다'

ἐκοπίασα (κοπιάω [to labor])의 단순과거, 능동태, 직설법, 1인칭, 단수, '내가 노력하였다'

5. 용어 해설

가. **γογγυσμός** (14절)

'불만을 표출함', '작은 소리로 투덜거림'. 이는 주전 250년 경 히브리 구약성경을 헬라어로 번역한 칠십인 역본(LXX)에서 하나님에 대한 이스라엘의 원망을 묘사하기 위해 사용된 단어로, 조화로움이나 선한 뜻 대신에 악한 뜻을 조장하는 불평이나 불만의 표출을 의미한다.

나. **διαλογισμός** (14절)

'내적인 의문', '회의(懷疑)적인 의문이나 비판'. 이 단어는 하나님에 대한 지적(知的)인 반항을 의미한다.

다. **ἀκέραιος** (15절)

'혼합되지 않은'(unmixed), '다른 것과 섞이지 않은'(unadulterated), '순전한'(pure), '신실한'(sincere). 이는 순수한 포도주나 합금되지 않은 금속을 묘사하기 위해 사용되던 단어이다.

라. **διαστρέφω** (15절)

'뒤틀리다'(to twist), '굴절되다'(to distort). 이는 비정상적인 도덕적 상태를 나타내는 말로서, 본문에서 현재완료 분사로 사용되어 어떤 행위의 결과에 따른 상태나 상황을 표현한다. 즉 세상이 그릇된 행위들로 말미암아 도덕적으로 비정상적인 상황에 놓여 있음을 의미한다.

마. **φωστήρ** (15절)

'발광체'(luminary) 또는 '천체'. '해'나 '달'이 내는 '큰 빛'을 의미한다.

바. **λόγον ζωῆς** (16절)

'생명의 말씀'. 여기서 속격 ζωῆς는 '기원(起源)의 속격'(genitivus auctoritatis)이나 '동격(同格)의 속격'(genitivus appositivus)으로 사용되었다. 그러므로 이 구문은 '생명을 가져오는 말씀'으로, 또는 '생명인 말씀'으로도 옮겨질 수 있다.

사. **τρέχω** (16절)

'달음질하다'(to run). 이는 복음을 전파하는 사도로서 바울 자신의 사역을 달음질하는 선수에 빗대어 묘사한 단어로, 많은 수고와 거기에 포함된 노력이 나타나 있다. 바울은 자신의 사적인 관심사가 복음 전파에 지장을 주지는 않는지 염려하고, 또 구원의 조건으로서 율법의 행위를 추가하려는 위험이나 빌립보 교회의 성도들이 가질 수 있는 불신이 자신의 노력을 헛되게 할 수 있음을 우려한다.

6. 문법 설명

가. '**의미에 따른 구조**' (construtio ad sensum, 15절, *BDF*, § 296 참조)

3인칭 대명사 **αὐτοῦ** 등은 종종 형식의 일치를 보이지 않으면서 그 대명사가 지칭하는 동일한 성, 수, 격의 명사 등의 **선행사**(先行詞) **없이 사용**되기도 한다. 이러한 형식적 불일치를 '**의미에 따른 구조**'라 부르는데, 이는 문법적인 형식에서는 일치하지 않지만 해당 단어가 자리한 문맥의 의미에 기초하여 그에 합당하게 성, 수, 격이 일치하는 것을 말한다. 주로 다음과 같은 경우에 사용된다.

1) **장소의 이름** 다음에 인칭대명사 **αὐτῶν** 등을 사용하여 **그 장소에 거주하는 사람**들을 나타낼 수 있다. 예를 들어, 사도행전 8장 5절의 Φίλιππος δὲ κατελθὼν εἰς [τὴν] <u>πόλιν τῆς Σαμαρείας</u> ἐκήρυσσεν <u>αὐτοῖς</u> τὸν Χριστόν 은 '빌립이 사마리아 성으로 내려가 **거기에 거주하는 사람들에게**(문자적으로는 **그들에게**) 그리스도를 선포하였다'라는 의미이다. 이 문장에서 복수 여격 인칭대명사인 αὐτοῖς 의 선행사는 없지만, 사마리아라는 지명이 '거기에 사는 백성들'이라는 의미를 추론하게 한다.

2) **구체적인 뜻을 가진 대명사**는 **추상명사**를 지칭할 수 있다. 예를 들어, 로마서 2장 26절의 ἐὰν οὖν ἡ ἀκροβυστία τὰ δικαιώματα τοῦ νόμου φυλάσσῃ, οὐχ ἡ ἀκροβυστία <u>αὐτοῦ</u> εἰς περιτομὴν λογισθήσεται; (만약 무할례자가 율법의 규례를 지키면, **그의** 무할례가 할례와 같이 여겨지지 않겠는가?)에서 인칭대명사 **αὐτοῦ** 는 일치하는 선행사가 없지만 문맥을 고려할 때 '**할례를 받지 않은 사람**'(ὁ ἀκροβυστίαν ἔχων, 문자적

으로는 '무할례를 가진 사람')이라는 **추상명사**의 뜻을 가진다.

3) **복수**는 **집합적인 단수**를 지칭할 수 있다. 예를 들어, 요한복음 17장 2절의 ἵνα πᾶν ὃ δέδωκας αὐτῷ δώσῃ αὐτοῖς ζωὴν αἰώνιον에서 복수 인칭대명사 **αὐτοῖς**는 단수 명사인 **πᾶν**을 받으면서 **집합적인 단수**를 의미한다. 따라서 이 절은 '그에게(아들에게) 주신 모든 자들, 바로 그들에게 영생을 주게 하려고'라는 뜻이다.

4) **사람을 가리키는 지소사**(指小辭, diminutive)는 **αὐτοῦ**, **αὐτῆς** 등으로 바꿔 쓸 수 있다. 예를 들어, 마가복음 6장 28절의 τὸ κοράσιον ἔδωκεν αὐτὴν τῇ μητρὶ αὐτῆς (**그 소녀가** 그것을 **그녀의** 어머니에게 주었다)에서 여성 단수 인칭대명사 **αὐτῆς** 는 중성 명사로서 '작은 소녀'를 뜻하는 **τὸ κοράσιον** 을 지칭한다.

5) **관계 대명사**도 이와 유사한 방식으로 '**의미에 따른 구조**'를 형성할 수 있는데, 본문 15절을 그 대표로 들 수 있다. 따라서 μέσον γενεᾶς σκολιᾶς καὶ διεστραμμένης, ἐν οἷς (부도덕하고 부패한 세상 한 가운데에서, '그들' 중에서) 구문에서 관계대명사 οἷς 는 '**부도덕하고 부패한 세상 가운데 있는 사람들**'이라는 뜻이다.

7. 사본의 다른 읽기 본문 대조

𝔓[46], A, D*, F, G 등의 사본은 **γένησθε** 동사 대신 **ἦτε** 의 읽기를 채택하였다. 이는 헬라어에서 εἶναι와 γίνεσθαι가 종종 교호(交互)적으로 사용되었음을 보여 준다.

8. 본문 사역

14 모든 것을 불평과 다툼이 없이 행하십시오. 15 이는 여러분이 부도
덕하고 부패한 세상 한가운데에서 흠 없고 순전하며 책망 받을 것이
없는 하나님의 자녀들이 되기 위함입니다. (**그리고 부도덕하고 부패
한 세상 가운데 있는**) 사람들 가운데에서 여러분들이 세상에서 별과
같이 빛을 발하십시오. 16 나에게 자랑이 되도록 그리스도의 날까지
생명의 말씀을 굳게 붙잡음으로써 말입니다. 그래서 나의 달음질도
헛되지 않고 나의 노력도 헛되지 않게요.

9. 본문 주해

종말론적인 완성을 위한 삶을 권면하는 바울은 두렵고 떨림으로 구원을 이루라는 권면을 한 후에 매사에 원망과 시비가 없기를 당부한다. 이는 곧 공동체 안에서 무엇보다 먼저 선행되어야 할 덕목으로 무릇 공동체 안에는 원망이나 불평이 사라져야 한다. 그렇게 될 때만 그들은 흠없고 순전한 하나님의 자녀가 될 수 있고, 부패한 세상 가운데서 별같이 빛을 발할 수 있기 때문이다. 여기서 전제가 되는 것은 그리스도의 날까지 생명의 말씀을 굳게 잡는 것이다.

'원망'(γογγυσμός)이라는 단어는 칠십인 역본에서 하나님에 대한 이스라엘의 불평이나 불만을 묘사하기 위해 사용된(출 15-17장 등) 용어로, 화합이나 선한 뜻 대신에 악한 뜻을 조장하는 불만을 표출한다. 또 '시비'(διαλογισμός)란 내적인 의문, 회의(懷疑)적인 의문이나 비판을 나타내는데, 대개 하나님에 대한 지적(知的)인 반항을 의미한다. 본문에서는 그것이 하나님에 대한 불평이나 불만 또는 의구심을 의미하기보다는 빌립보 교회에서 성도들 사이에 품고 있던 불만이나 다툼을 의미한다.

이어지는 15절에서 바울은 화합이나 선한 뜻 대신에 악한 뜻을 조장하도록 불만을 표출하는 원망이나 교회 안의 성도들 사이에 회의를 품고 반항하며 비판하는 태도를 버려야 할 첫 번째 이유를 서술한다. 그것은 어그러진 세상 가운데서 흠이 없고 순전한 자들이 되는 것이며, 동시에 패역한 세상에서 하나님의 흠 없는 자녀가 되어 세상에서 빛으로 나타나야 하는 것이다.

'흠 없는'(ἄμεμπτος)이란 구약성경에서 주로 희생 제물과 관련하여 사용되는 형용사로서, 점이 없고 온전하여 하나님께 바칠 만한 제물을 의미한다. 바울은 또한 빌립보 교회의 성도들이 '하나님의 자녀'로 세상의 빛으로 나타나야 함을 역설한다. '자녀'(τέκνον)는 동사 '낳다'(τίκτειν)에서 파생된 명사로서 가족적인 유사성, 즉 부모의 형질을 공유하고 있는 존재를 의미한다. 따라서 바울은 빌립보 교회의 성도들이 아버지이신 하나님의 성품과 형질을 공유한 가족적인 유사성을 지닌 흠 없는 하나님의 자녀들이 되기를 바란다.

16절에서 바울은 '모든 일에 원망과 시비가 없이 하라'는 권면의 두 번째 이유를 서술한다. 여기서 강조된 '생명의 말씀'(λόγος ζωῆς)은 바울이 선포했던 복음을 가리키며, 바울은 이 복음을 굳게 잡으라고 권고하는데, 이는 빌립보 교회 성도들이 바울이 전한 복음을 굳게 잡음으로써 그리스도의 날(εἰς ἡμέραν Χριστου)에 그리스도의 심판대 앞에서 그리스도에 대한 신실함을 증명하는 것이다. 이때 바울은 복음을 전하는 일을 경기장에서 운동선수가 달음질하는 것에 비유하는데, 빌립보 교회 성도들이 자신으로부터 전해진 복음을 굳게 잡고 그 복음에 합당하게 살아갈 때 복음을 전한 자신의 달음질이 헛되지 않을 것으로 여긴다.

바울은 이러한 아름다운 결말을 '자랑'(καύχημα)으로 표현한다. 이는 신약성경에서 사용된 총 빈도수 14회 중에서 9회가 바울서신에서 사용될 만큼 바울이 즐겨 사용하는 용어로, 여기서는 허영심과 같이 부정적인 의미로 사용된 것이 아니라, 오직 바울의 달음질과 노력이 헛되지 않아 빌립보 교회의 성도들이 하나님의 말씀에 순종함으로써 흠없고 순전한 하나님의 자녀가 되고 세상 가운데서 빛으로 드러날 때 바울에게 생길 수 있는 참된 자부심을 의미한다.

IV. 나와 함께 기뻐하라(17-18절)

1. 본문의 짜임새

가. 바울의 고백(17절)

: 자신이 흘릴 수 있는 생명의 피를 하나님께 바칠 헌주로 여김

나. 종말론적인 완성을 향한 삶에 대한 셋째 권면: “나와 동일한 기쁨에 동참하라”(18절)

2. 헬라어 본문

17 ’Αλλὰ εἰ καὶ σπένδομαι ἐπὶ τῇ θυσίᾳ καὶ λειτουργίᾳ τῆς πίστεως
ὑμῶν, χαίρω καὶ συγχαίρω πᾶσιν ὑμῖν· 18 τὸ δὲ αὐτὸ καὶ ὑμεῖς χαίρετε
καὶ συγχαίρετέ μοι.

3. 한글 번역 본문 대조

가. 개역 개정

17 만일 너희 믿음의 제물과 섬김 위에 내가 나를 전제로 드릴지라도

나는 기뻐하고 너희 무리와 함께 기뻐하리니 [18] 이와 같이 너희도 기뻐하고 나와 함께 기뻐하라

나. 새 번역

[17] 그리고 여러분의 믿음의 제사와 예배에 나의 피를 붓는 일이 있을지라도, 나는 기뻐하고, 여러분 모두와 함께 기뻐하겠습니다. [18] 여러분도 이와 같이 기뻐하고, 나와 함께 기뻐하십시오.

다. 공동번역 개정

[17] 여러분이 바치는 믿음의 제사와 제물을 위해서라면 나는 그 위에 내 피라도 쏟아 부을 것이며 그것을 나는 기뻐할 것입니다. 아니 여러분과 함께 기뻐할 것입니다. [18] 그러니 여러분도 기뻐하십시오. 나와 함께 기뻐하십시오.

4. 동사 분해

가. 17절

σπένδομαι (σπένδω [to poor out])의 현재, 수동태, 직설법, 1인칭, 단수, '내가 부어진다'

χαίρω (χαίρω [to rejoice])의 현재, 능동태, 직설법, 1인칭, 단수, '내가 기뻐한다'

συγχαίρω (συγχαίρω [to rejoice with])의 현재, 능동태, 직설법, 1인칭, 단수, '내가 함께 기뻐한다'

나. 18절

χαίρετε (χαίρω)의 현재, 능동태, 명령법, 2인칭, 복수, '여러분이

기뻐하라'

συγχαίρετε (συγχαίρω)의 현재, 능동태, 명령법, 2인칭, 복수, '여러분이 함께 기뻐하라'

5. 용어 해설

σπένδω (17절)

'전제(奠祭)를 붓다'(to pour out as a drink offering). 일반적으로 포도주 잔으로 드려지던 전제는 하나님을 영화롭게 할 목적으로 행해졌다(출 29:40-41 등). 바울은 이 용어로써 자신이 직면한 임박한 순교를 다시 언급하면서 자신의 생명의 피를 하나님께 바칠 헌주(獻酒, libation)로 여기고 있음을 보여 준다.

6. 본문 사역

17 오히려 여러분의 믿음의 제물과 예배에 내가 전제로 드려진다고 하더라도 나는 기뻐하고 여러분 모두와 함께 기뻐합니다. 18 여러분도 같은 방식으로 기뻐하고, 나와 함께 기뻐하십시오.

7. 본문 주해

여기서 바울은 빌립보 교회의 성도들에게 권면하면서 그들만 복음에 합당한 삶을 위해 노력하고 서로 협력해야 한다고 말하지 않는다. 나아가 자신도 빌립보 성도의 영적인 성숙과 하나 됨을 위해 많은 노력을 기울이고 있음을 말한다. '그러나'(ἀλλά)로 시작되는 17절에서 바울은 그들이 믿음으로 섬기는 예배에 자신이 스스로 전제(奠祭)로 바쳐진다고 하더라도, 이로 인해 기뻐하고 그들과 함께 기뻐할 것이라고 말한다.

'제물(θυσία)과 섬김(λειτουργία)'은 전형적인 중언법(重言法)으로서 '제물과 같은 예배'를 뜻하는데, 빌립보 성도들이 믿음으로 드리는 예배가 마치 하나님께 드려지는 희생 제물과 같음(15절의 '흠 없는' 참조)을 의미한다. 17절의 동사 '전제(奠祭)를 붓다'(σπένδειν)에서 전제는 하나님을 영화롭게 할 목적으로 대개 포도주 잔으로 부어서 드려지던 제사이다(출 29:40-41 참조). 바울은 이 용어로써 다시금 자신이 직면해 있는 임박한 순교를 암시하면서 그 자신, 곧 자신이 흘릴 수 있는 생명의 피를 하나님께 바칠 헌주(獻酒)로 여기며, 오히려 자기의 죽음이 하나님을 영화롭게 할 것으로 생각하며 기뻐한다.

바울은 18절에서 빌립보 성도들에게 이런 자기희생을 기쁨으로 감당할 것을 알리면서, 자신과 동일한 기쁨에 동참할 것을 권면한다. 이미 '살든지 죽든지 내 몸에서 그리스도가 존귀케 되게 하려 한다'고 하여 자신의 죽음의 의미를 나타낸바 있는 바울은 여기서 다시 한 번 자신의 죽음을 언급하면서 자신의 생명의 피를 하나님께 드릴 헌주로 여기며 기뻐할 것이라고 밝힌다. 바울은 여기서도 자신의 죽음을 복음의 진보와 관련지어 모든 것을 긍정적으로 해석했으며, 언제나 하나님의 복음을 위하여 기꺼이 자기 자신을 내놓으려는 자세를 다시 한 번 다듬는다.

주목할 점은 17절과 18절에서 각 한 번씩 사용된 '함께 기뻐하다'(συγχαίρειν)이다. 바울은 18절에서 '기뻐하라'(χαίρετε)는 권면과 동시에 '함께 기뻐하라'(συγχαίρετε)고 권면함으로써 자신의 기쁨이 빌립보 교회의 성도들에게 그대로 전달되어 이 기쁨을 그들과 공유하기를 바란다. 물론 바울의 죽음이 빌립보 교인들에게 기쁨이 된다는 것은 역설이다. 그러나 바울은 그들이 모든 것을 기쁨으로 받아들일 수 있는 확고한 믿음을 가지기를 원한다. 이 기쁨은 바울 자신이 달음질하듯 노력한 것처럼 빌립보의 그리스도인들도 생명의 말씀인 복음을 굳게 잡고 그리스도에 대한 신실함과 그에 따른 고난에 기꺼이 동참함으로써 성취될 수 있다.

05_

주전 4세기 중엽

빌립 II세에 의해

처음으로 건축되고,

로마 시대에 확장된 극장

사진 장흥길

제6강

바울의 복음 전파 동역자들(2:19-30)

- 디모데와 에바브로디도를 보내며

I. 본문 단락(2:19-30)의 개요

제2부 소식과 교훈(1:12-2:30)

I. 바울의 옥중 생활에 대한 형편 보고와 고난 및 죽음이
성도에게 주는 의미와 교훈(1:12-26)

II. 그리스도의 복음에 합당한 그리스도와 일치된 삶
: 그리스도와 교제하는 삶(1:27-2:18)

III. 디모데를 보냄과 에바브로디도를 보냄에 대한 소식(2:19-30)

1. 디모데를 보내기 바라며(19-24절)

2. 에바브로디도를 보내며(25-30절)

II. 디모데를 보내기 바라며(19-24절)

1. 본문의 짜임새

가. 디모데를 보내려는 목적: “빌립보 성도들의 사정을 앎으로써 위로를 받으려고”(19절)

나. 디모데의 사람 됨됨이(20-22절)

1) 뜻을 같이 하여 빌립보 성도들의 사정을 진심으로 생각할 자

2) 자식이 아비에게 함같이 바울과 함께 복음을 위하여 수고한 자

다. 디모데를 속히 보내지 못하는 이유

: 자신의 일이 되어 가는 것을 보고 디모데를 빌립보에 속히 보내기를 바람(23절)

라. 바울의 여행 계획

: 바울 자신도 곧 가게 될 것(24절)

2. 헬라어 본문

19 Ἐλπίζω δὲ ἐν κυρίῳ Ἰησοῦ Τιμόθεον ταχέως πέμψαι ὑμῖν, ἵνα
κἀγὼ εὐψυχῶ γνοὺς τὰ περὶ ὑμῶν. 20 οὐδένα γὰρ ἔχω ἰσόψυχον, ὅστις
γνησίως τὰ περὶ ὑμῶν μεριμνήσει· 21 οἱ πάντες γὰρ τὰ ἑαυτῶν ζητοῦσιν,
οὐ τὰ Ἰησοῦ Χριστοῦ. 22 τὴν δὲ δοκιμὴν αὐτοῦ γινώσκετε, ὅτι ὡς
πατρὶ τέκνον σὺν ἐμοὶ ἐδούλευσεν εἰς τὸ εὐαγγέλιον. 23 τοῦτον μὲν
οὖν ἐλπίζω πέμψαι ὡς ἂν ἀφίδω τὰ περὶ ἐμὲ ἐξαυτῆς· 24 πέποιθα δὲ ἐν
κυρίῳ ὅτι καὶ αὐτὸς ταχέως ἐλεύσομαι.

3. 한글 번역 본문 대조

가. 개역 개정

19 내가 디모데를 속히 너희에게 보내기를 주 안에서 바람은 너희의
사정을 앎으로 안위를 받으려 함이니 20 이는 뜻을 같이하여 너희 사
정을 진실히 생각할 자가 이밖에 내게 없음이라 21 그들이 다 자기 일
을 구하고 그리스도 예수의 일을 구하지 아니하되 22 디모데의 연단
을 너희가 아나니 자식이 아버지에게 함같이 나와 함께 복음을 위하
여 수고하였느니라 23 그러므로 내가 내 일이 어떻게 될지를 보아서
곧 이 사람을 보내기를 바라고 24 나도 속히 가게 될 것을 주 안에서
확신하노라

나. 새 번역

19 나는 주 예수 안에서 디모데를 여러분에게 곧 보내고 싶습니다. 그
것은 나도 여러분의 형편을 앎으로써 격려를 받으려는 것입니다. 20
나에게는, 디모데와 같은 마음으로 진심으로 여러분의 형편을 염려하
여 줄 사람이 아무도 없습니다. 21 모두 다 자기의 일에만 관심이 있
고, 그리스도 예수의 일에는 관심이 없습니다. 22 그러나 디모데의 인
품은 여러분이 잘 알고 있습니다. 그는 자식이 아버지에게 하듯이 복
음을 위하여 나와 함께 봉사하였습니다. 23 그러므로 내 일이 되어 가
는 것을 보고, 그를 곧 보낼 수 있기를 바랍니다. 24 그리고 나도 곧
가게 되리라는 것을 주님 안에서 확신합니다.

다. 공동번역 개정

19 주 예수께서 허락하신다면 나는 디모테오를 여러분에게 어서 보내
고 싶습니다. 그래서 그 편에 여러분의 소식을 들으면 내 마음도 기쁘

겠습니다. [20] 나와 같은 마음으로 여러분의 일을 진심으로 걱정해 주는 사람은 그 사람밖에 없습니다. [21] 모두들 자기 일만 돌보고 예수 그리스도의 일은 아랑곳하지 않습니다. [22] 그러나 디모테오는 여러분도 잘 알다시피 흠잡을 데 없는 사람으로 자식이 아버지를 섬기듯 나를 섬기면서 복음을 위하여 함께 일해 왔습니다. [23] 그러니 내가 디모테오를 보낼 수 있는 형편이 되면 곧 그를 보낼 생각입니다. [24] 그리고 주님께서 허락하신다면 나도 곧 가게 되리라고 믿습니다.

4. 동사 분해

가. 19절

ἐλπίζω (to hope, to expect)의 현재, 능동태, 직설법, 1인칭, 단수 '내가 바란다'

πέμψαι (πέμπω [to send, to commission, to appoint])의 단순과거, 능동태, 부정사, '보내기를'

εὐψυχῶ (εὐψυχέω [to be cheered, to be encouraged])의 현재, 능동태, 가정법, 1인칭, 단수, '내가 용기를 얻도록'

γνούς (γινώσκω [to come to know, to learn, to realize])의 단순과거, 능동태, 분사, 남성, 단수, 주격, '알고'

나. 20절

μεριμνήσει (μεριμνάω [to be anxious, to worry about, to care for, to be concerned about])의 미래, 능동태, 직설법, 3인칭, 단수, '그(녀)가 걱정하다'

다. 21절

ζητοῦσιν (ζητέω [to seek, to search for, to strive for])의 현재, 능동태, 직설법, 3인칭, 복수, '그(녀)들이 추구한다'

라. 22절

γινώσκετε (γινώσκω [to come to know, to learn, to realize])의 현재, 능동태, 직설법, 2인칭, 복수, '너희들이 알고 있다'

ἐδούλευσεν (δούλευω [to serve, to be a slave])의 단순과거, 능동태, 직설법, 3인칭, 단수, '그(녀)가 종노릇하였다'

마. 23절

ἐλπίζω 19절 동사 분해 참조

πέμψαι 19절 동사 분해 참조

ἀφίδω (ἀφοράω [to see, to look away, to fix one's eyes])의 단순과거, 능동태, 가정법, 1인칭, 단수, '나는 본다'

바. 24절

πέποιθα (πείθω [to persuade, to convince])의 현재완료, 능동태, 직설법, 1인칭, 단수, '나는 확신하고 있다'

ἐλεύσομαι (ἔρχομαι [to go, to come])의 미래, 중간태, 직설법, 1인칭, 단수, '내가 갈 것이다'

5. 용어 해설

가. **εὐψυχέω** (19절)

'용기를 얻다'. 파피루스 문헌에서는 이 단어가 애도(哀悼)를 전하는 편지의 인사말에 등장한다.

나. **ἰσόψυχος** (20절)

'같은 마음을 가진'(having the same mind). 이 단어의 뜻은 문자적으로는 '목숨(ψυχή)과 동등한(ἴσος)' 또는 '목숨처럼 소중한'이다.

다. **ὡς ἂν** (23절)

'할 때마다'(whenever), '하자마자 곧'(as soon as). 이는 ὅταν과 같은 뜻으로 쓰인 시제 접속사로 앞으로 바울에게 벌어질 상황이 매우 불확실하다는 것을 암시하고 있다.

6. 문법 설명

가. 전치사 **περί**의 용법 (20절과 23절, Moule, 62-63 참조)

1) **대격과 함께 쓰일 경우**

가) **공간적**(spatial) **의미**: 누가복음 13장 8절의 ἕως ὅτου σκάψω περὶ αὐτήν (내가 그 **주위**를 두루 팔 때까지), 사도행전 28장 7절의 ἐν δὲ τοῖς περὶ τὸν τόπον ἐκεῖνον (그 지역의 **근처**에), 마가복음 3장 8절의 περὶ Τύρον καὶ Σιδῶνα (두로와 시돈 **지역**에) 등에서는 περί 가 공간적인 의미로 사용되었다.

나) **시간적**(temporal) **의미**: 마태복음 20장 3절의 περὶ τρίτην ὥραν(제 삼시 **경**에)에서 시간적 의미로 쓰였다. 그러나 이렇게 시간적 의미를 나타낼 때는 사도행전 12장 1절의 κατ' ἐκεῖνον δὲ τὸν καιρόν (그 **즈음**에)에서처럼 전치사 **κατά** 가 더 자주 사용된다.

다) **은유적**(metaphorical) **의미**: 본문 23절의 τὰ περὶ ἐμέ (나와 **관련된** 일들)와 디모데전서 1장 19절의 περὶ τὴν πίστιν ἐναυάγησαν (믿음**에 있어서** 파선한) 등의 경우 이 용례를 보여 준다.

2) **속격과 함께 쓰일 경우**: **이는** 신약성경에서 오직 **은유적인 의미**로만 사용되며, 그 의미는 '…에 **대하여**'(concerning)에 가깝다.

가) '말하다', '생각하다', '느끼다' 등의 뜻을 가진 동사와 함께 사용되어 '…에 대하여'라는 의미를 가진다. 요한복음 7장 13절의 ἐλάλει περὶ αὐτοῦ (그에 **대해** 이야기하고 있었다) 경우가 그러하다.

나) '절대적인' 용법으로 사용되어 '…에 관해서는, …은 어떤가 하면'(as for)을 의미할 수도 있다. 고린도전서 7장 1절의 περὶ δὲ ὧν ἐγράψατε (너희가 쓴 문제에 **관하여는**)에서 이런 용법으로 사용되었다.

다) 본문 20절의 τὰ περὶ ὑμῶν (너희와 **관련된 일들**)과 23절의 τὰ περὶ ἐμέ (나와 **관련된 일들**)의 경우 속격과 대격이 번갈아 사용되었으며, 둘 다 **은유적인 의미**를 보여 준다.

나. **μὲν οὖν**의 의미 (23절, Moule, 162-63 참조)

Μὲν οὖν은 기본적으로 문장을 요약하고 다시 시작하는(resumptive) 어구로 '그러므로'의 기능으로 사용되며, '**추정**'(inferential, 고전 6:4 등), '**반제**'(antithetic, 고전 9:25), '**반의**'(adversative, 행 28:5)의 접속사 등의 의미로 다양하게 사용되기도 한다. 본문에서는 가장 기본적인 의미인 '**그러므로**'의 뜻으로 쓰였다.

다. 시간을 나타내는 접속사 (23절, *BDF*, § 455 참조)

1) **'when'을 뜻하는 접속사**에는 **ὅτε, ὅταν** 이 있으며 드물게 **ἐπάν** 이 사용되기도 한다. 바울은 고린도후서 3장 15절 이하에서 예외적으로 **ἡνίκα** 를 사용하는데, 이는 한 해의 일정한 시간이나 계절을 매우 엄밀하게 지칭하는 단어로, 고전 헬라어에서는 이미 **ὅτε** 와 교호적으로 사용되었다. 또한 **ὁπότε** 가 아주 드물게 나타나기도 한다.

2) 누가의 문헌에서는 **ὡς** 가 시간을 나타내는 접속사로 드물지 않게 나타나며, 요한복음의 저자와 바울은 **ὡς ἄν** 을 **가정법**과 함께 사용하면서 ὅταν 에 상응하는 시간 접속사로 활용한다. 따라서 본문 23절의 ὡς ἂν ἀφίδω τὰ περὶ ἐμέ 는 '나에게 관련된 일들을 **내가 자세히 살펴보고**'라는 뜻이다.

7. 본문 사역

[19] 그러나 나는 주 예수 안에서 디모데를 속히 여러분에게 보내기를 희망하고 있는데, 그것은 나도 여러분에 관한 일들을 알고 난 후 용기를 얻고자 함입니다. [20] 왜냐하면 나는 같은 마음을 품고 여러분에 관한 일들을 진실하게 걱정해 줄 사람을 아무도 가지고 있지 않기 때문입니다. [21] 그 이유는 모든 자들이 자기 자신의 일들만을 추구하지 예수 그리스도를 위한 일들은 추구하지 않기 때문입니다. [22] 그러나 여러분은 그의 연단을 알고 있습니다. 마치 자녀가 아버지에게 하듯 그는 복음을 위해서 나와 함께 종노릇하였습니다. [23] 그러므로 이 사람이야말로 나에 관한 일들이 어떻게 되는지 자세히 살펴보고 내가 속히 보내기를 희망하는 사람입니다. [24] 하지만 나 자신도 즉시 갈 것을

주님 안에서 (이미) 확신하고 있습니다.

8. 본문 주해

이 단락에서 바울은 자신이 빌립보 교회로 갈 수 없는 처지에 놓여 있었기 때문에 자기를 대신하여 디모데를 보내려 한다. 여기서 바울이 디모데에 대하여 비교적 상세하게 묘사하는 것은 빌립보 교회 성도들이 이미 디모데에 대하여 알고 있었겠지만, 아마도 확인할 수 없는 다른 어떤 이유로 인해 디모데를 다시 소개하고 그를 보낼 필요가 있었기 때문인 것으로 보인다.

바울은 19절에서 디모데를 속히 보내기를 바라며, 그 이유를 디모데를 통해 빌립보 교회의 사정을 듣고 앎으로써 자신도 격려를 받기(εὐψυχῶ) 위함이라고 밝힌다. '나도'(κἀγώ)라는 어구로 미루어 볼 때, 디모데를 보냄은 바울 자신만을 위한 것이 아니라 빌립보 교회 성도들에게도 힘이 되는 일이다.

이어지는 20-21절에서 바울은 디모데의 사람 됨됨이를 소개하면서 그를 빌립보 교회에 보내고 싶은 두 가지 이유를 진술한다. 그 한 가지는 그 당시 빌립보 교회의 사정을 진실하게 생각(걱정)해 줄 사람이 바울에게는 디모데 외에 없었기 때문이다.

개역 성경에서 '생각하다'로 옮겨진 μεριμνάω 는 단순히 '돌보다'라는 의미보다 훨씬 강한 의미를 지닌 동사로서 4장 6절에서는 '염려(걱정)하다'는 의미로 사용되었다. 즉 디모데는 바울의 뜻을 헤아려 빌립보 교회의 사정을 돌보고 걱정하는 데 가장 적합한 인물이다. 게다가 바울은 디모데를 '뜻을 같이 한 자'(ἰσόψυχος)로 묘사하는데, 이는 문자적으로 '목숨'(ψυχή)과 '동등한'(ἴσος)의 합성어로, '목숨처럼 소중한'이란 의미도 포함하고 있다. 바울이 디모데에 대하여 이처럼 묘사하는 것은 그가 자신과 동등한 정신과 영혼을 가진, 자신의 목숨처럼 소중한 사람이라는 것을 보여줌으로써, 디모데가 빌립보 교회를 방문할 경우 자신과 디모데를 동등하게 여겨 그의 뜻을 자신의 뜻으로 여기고 잘 따라 주기를 원하는 당부가 내포되어 있었기 때문이다.

바울이 디모데를 보내려는 다른 이유는 다른 사람들은 자신의 일에만 관심을 가지고 있었고 그리스도의 일에 관심이 없었기 때문이었다. 본문의 내용만으로는 '모든 자들'이 누구인지, 그들이 그리스도의 일 외에 어떤 관심을 가지고 있었는지에 대하여는 확인할 수 없다. 그러나 이런 다소 '과장'된 표현을 통하여 바울은 디모데가 그리스도의 일에 얼마나 깊은 관심을 가지고 있었는지를 보여 준다.

바울이 디모데를 보내려는 세 번째 이유는 빌립보 교회 성도들이 디모데에 대해서 이미 알고 있는 사실을 상기시키는 방식으로 22-23절에서 서술되었다. 그들이 디모데의 '연단'을 알고 있었다는 것은 이미 그들과 친분 관계를 맺고 있었으며, 그의 사람됨을 알고 있었다는 것을 의미하기 때문에 바울은 디모데를 보내면 빌립보 교회의 소식을 소상하게 알게 될 것으로 여겼다. '연단'으로 번역된 δοκιμή는 전체 신약성경에서 일곱 번 사용되었는데, 오직 바울서신에서만 나타나는 전형적인 바울의 용어로 시련의 과정과 그에 따른 결과를 동시에 함의(含意)하는 말이다(고후 8:2; 롬 5:4 참조). 바울은 이 말을 사용하여 디모데가 여러 가지 시험을 어떻게 잘 견디어 내고 있으며, 이로써 자신의 가치를 입증하였는지를 상기시킨다.

또 빌립보 교회는 디모데와 바울 간의 친밀한 동역(同役) 관계를 잘 알고 있었다. 바울은 서신의 서두에서 이미 자신과 디모데를 예수 그리스도의 '종'으로 밝혔으며, 22절에서 다시 한 번 디모데를 자신과 함께 종노릇한(한글 개역판에서는 '수고한') 동역자로 묘사한다. 바울은 디모데를 단순한 동역자가 아니라 복음을 위해 '자식이 아버지에게 함같이'

자신과 함께한 동역자로 여긴다. 이러한 비유는 당시의 사회에서 아버지로부터 가업을 전해 받은 아들을 떠올리게 하는 표현이다. 바울이 복음 전파라는 중대한 과업에 헌신한 것을 전해 받은 디모데도 역시 바울에게서 그의 '과업'을 친히 배우고 익혀 헌신한 믿음직한 동역자이다.

이어서 바울은 앞서 디모데를 '속히'(ταχέως, '곧', 그러나 '즉시'는 아님) 보내기를 희망한다(19절)고 언급했지만, 디모데를 '즉시'(ἐξαυτῆς) 보내지 못함에 대한 이유를 서술한다(23절). 이는 디모데가 당분간 바울의 일을 돌보는 일에 꼭 필요한 인물이었기 때문이다. 아마도 바울은 디모데에게 자신의 마지막 재판을 위한 변호를 준비하게 했을 수 있으며, 또한 디모데를 통해 서로 다른 입장을 가진 자신의 주변에 있던 사람들을 화해시키려 했을 수도 있다(1:15-17). 이유야 어떻든 바울은 디모데를 즉시 파송하지 못하는 이유를 설명하면서, 빌립보 교회의 이해를 바라고 있다.

그러나 24절에서 바울은 자신도 빌립보로 속히 가게 될 것을 확신한다. 19절에서 바울은 '바라다'(ἐλπίζειν)는 동사로써 디모데의 파송을 원한다고 밝혔지만, 24절에서는 '확신하다'(πείθειν)는 동사를 사용하여(1:6 참조) 1장 25절에서 피력했던 장차 일에 대한 전망을 다시 한 번 확실하게 밝힌다.

III. 에바브로디도를 보내며(2:25-30)

1. 본문의 짜임새

가. 에바브로디도의 인간 됨됨이(25-27, 30절)

1) 바울의 형제, 함께 수고하고 함께 군사 된 자, 빌립보 교회의 사

자, 바울의 쓸 것을 돕는 자(25절)

2) 빌립보 성도들을 간절히 사모하고 자기가 병든 것을 그들이 들은 줄을 알고 심히 근심한 자(26절)

3) 병들어 죽게 되었으나 하나님의 긍휼로 다시 일어난 자(27절)

4) 그리스도의 일을 위하여 죽음에 이를지라도 자기 목숨을 돌보지 아니한 자(30절상)

5) 빌립보 성도들이 미처 하지 못한 바울을 섬기는 일을 채우려 한 자(30절하)

나. 에바브로디도를 보내는 이유(28절)

: 빌립보 성도들이 그를 다시 보고 기뻐하고, 이로써 바울의 근심을 덜기 위함

다. 빌립보 교회에 대한 권면(29절)

: 주 안에서 모든 기쁨으로 그를 영접하고 또 이와 같은 자들을 존귀하게 여기라

2. 헬라어 본문

25 ’Αναγκαῖον δὲ ἡγησάμην ’Επαφρόδιτον τὸν ἀδελφὸν καὶ συνεργὸν
καὶ συστρατιώτην μου, ὑμῶν δὲ ἀπόστολον καὶ λειτουργὸν τῆς χρείας
μου, πέμψαι πρὸς ὑμᾶς, 26 ἐπειδὴ ἐπιποθῶν ἦν πάντας ὑμᾶς καὶ ἀδημονῶν,
διότι ἠκούσατε ὅτι ἠσθένησεν. 27 καὶ γὰρ ἠσθένησεν παραπλήσιον θανάτῳ·
ἀλλὰ ὁ θεὸς ἠλέησεν αὐτόν, οὐκ αὐτὸν δὲ μόνον ἀλλὰ καὶ ἐμέ, ἵνα μὴ
λύπην ἐπὶ λύπην σχω. 28 σπουδαιοτέρως οὖν ἔπεμψα αὐτόν, ἵνα ἰδόντες
αὐτὸν πάλιν χαρῆτε κἀγὼἀλυπότερος ὦ. 29 προσδέχεσθε οὖν αὐτὸν ἐν
κυρίῳ μετὰ πάσης χαρᾶς καὶ τοὺς τοιούτους ἐντίμους ἔχετε, 30 ὅτι διὰ
τὸ ἔργον Χριστοῦ μέχρι θανάτου ἤγγισεν παραβολευσάμενος τῇ ψυχῇ,

ἵνα ἀναπληρώσῃ τὸ ὑμῶν ὑστέρημα τῆς πρός με λειτουργίας.

3. 한글 번역 본문 대조

가. 개역 개정

25 그러나 에바브로디도를 너희에게 보내는 것이 필요한 줄로 생각하
노니 그는 나의 형제요 함께 수고하고 함께 군사 된 자요 너희 사자로
내가 쓸 것을 돕는 자라 26 그가 너희 무리를 간절히 사모하고 자기가
병든 것을 너희가 들은 줄을 알고 심히 근심한지라 27 그가 병들어 죽
게 되었으나 하나님이 그를 긍휼히 여기셨고 그뿐 아니라 또 나를 긍
휼히 여기사 내 근심 위에 근심을 면하게 하셨느니라 28 그러므로 내
가 더욱 급히 그를 **보낸** 것은 너희로 그를 다시 보고 기뻐하게 하며
내 근심도 덜려 함이니라 29 이러므로 너희가 주 안에서 모든 기쁨으
로 그를 영접하고 또 이와 같은 자들을 존귀히 여기라 30 그가 그리스
도의 일을 위하여 죽기에 이르러도 자기 목숨을 돌보지 아니한 것은
나를 **섬기는 너희의 일에 부족함**을 채우려 함이니라

나. 새 번역

25 그러나 나는, 내 형제요 동역자요 전우요 여러분의 사신이요 내가
쓸 것을 공급한 일꾼인 에바브로디도를 여러분에게 보내어야 할 필요
가 있다고 생각하였습니다. 26 그는 여러분 모두를 그리워하고 있을
뿐만 아니라, 자기가 병을 앓았다는 소식을 여러분이 들었기 때문에,
몹시 걱정하고 있었습니다. 27 사실, 그는 병이 나서 죽을 뻔하였습니
다. 그러나 하나님께서 그를 불쌍히 여기시고, 그만이 아니라 나도 불
쌍히 여기셔서, 나에게 겹치는 근심이 생기지 않게 해 주셨습니다.
28 그러므로 내가 더욱 서둘러서 그를 **보냅니다**. 그것은 여러분이 그

를 다시 보고서 기뻐하게 하려는 것이며, 나도 나의 근심을 덜려는 것입니다. [29] 그러므로 여러분은 주 안에서 기쁜 마음으로 그를 영접하십시오. 또 그와 같은 이들을 존경하십시오. [30] 그는 그리스도의 일로 거의 죽을 뻔하였고, **나를 위해서 여러분이 다하지 못한 봉사**를 채우려고 자기 목숨을 아끼지 않은 사람이기 때문입니다.

다. 공동번역 개정

[25] 그러나 나는 내 형제 에바프로디도를 먼저 여러분에게 돌려보내야 한다고 생각했습니다. 그는 여러분이 보낸 사절로서 내가 손이 모자랄 때 나를 돕고 섬긴 동료요 전우입니다. [26] 그는 여러분 모두를 몹시 보고 싶어 할 뿐만 아니라 자기가 병으로 고생했다는 소식이 여러분에게 전해진 것을 알고 매우 안타까워하고 있습니다. [27] 사실 그는 병이 나서 죽을 뻔했으나 지금은 하느님의 자비로 다 나았습니다. 하느님께서는 그에게 뿐만 아니라 나에게도 자비를 베푸셔서 나에게 겹치는 슬픔을 면하게 해주셨습니다. [28] 그래서 나는 더욱 서둘러서 그를 **보냅니다**. 여러분은 그를 다시 만나 기뻐하게 될 것이며 나도 걱정을 덜게 될 것입니다. [29] 그러므로 여러분은 주님을 믿는 같은 형제로서 그를 기쁘게 맞이하고 또 그러한 사람들을 존경하십시오. [30] 그는 **여러분이 나에게 미처 해주지 못한 것**을 해주려고 목숨을 걸고 그리스도를 위하여 일하다가 죽을 고비를 겪은 사람입니다.

4. 동사 분해

가. 25절

ἡγησάμην (ἡγέομαι [to be chief, to think, to consider])의 단순과거, 중간태, 직설법, 1인칭, 단수, '내가 생각하였다'

πέμψαι (πέμπω [to send, to commission])의 단순과거, 능동태, 부정사, '보낼 것'

나. 26절

ἐπιποθῶν (ἐπιποθέω [to long for, to desire])의 현재, 능동태, 분사, 남성, 단수, 주격, '그리워하면서'

ἦν (εἰμί [to be])의 미완료, 능동태, 직설법, 3인칭, 단수, '그가 …인 상태였다'

ἀδημονῶν (ἀδημονέω [to be distressed, to be troubled])의 현재, 능동태, 분사, 남성, 단수, 주격, '걱정하면서, 근심하면서'

ἠκούσατε (ἀκούω [to hear, to receive news of, to understand])의 단순과거, 능동태, 직설법, 2인칭, 복수, '너희들이 들었다'

ἠσθένησεν (ἀσθενέω [to be weak, to be seek])의 단순과거, 능동태, 직설법, 3인칭, 단수, '그가 아팠다'

다. 27절

ἠσθένησεν (ἀσθενέω)의 단순과거, 능동태, 직설법, 3인칭, 단수, '그가 아팠다'

ἠλέησεν (ἐλεέω [to have mercy])의 단순과거, 능동태, 직설법, 3인칭, 단수, '그가 자비를 베푸셨다'

σχῶ (ἔχω [to have, to hold])의 단순과거, 능동태, 가정법, 1인칭, 단수, '내가 갖도록'

라. 28절

ἔπεμψα (πέμπω)의 단순과거, 능동태, 직설법, 1인칭, 단수, '내가 보냈다'

ἰδόντες (ὁράω [to see])의 단순과거, 능동태, 분사, 남성, 복수, 주격, '[너희가] 본 후에'

χαρῆτε (χαίρω [to rejoice])의 단순과거, 수동태, 가정법, 2인칭, 복수, '너희가 기쁘게 되도록'

ὦ (εἰμί)의 현재, 능동태, 가정법, 1인칭, 단수, '내가 …한 상태가 되도록'

마. 29절

προσδέχεσθε (προσδέχομαι [to wait for, to expect])의 현재, 중간태, 명령법, 2인칭, 복수, '너희가 영접하라'

ἔχετε (ἔχω)현재, 능동태, 명령법, 2인칭, 복수, '너희가 가지라'

바. 30절

ἤγγισεν (ἐγγίζω [to come near])의 단순과거, 능동태, 직설법, 3인칭, 단수, '그가 가까이 갔다'

παραβολευσάμενος (παραβολεύομαι [to expose to danger])의 단순과거, 중간태, 분사, 남성, 단수, 주격, '감수하면서, 아끼지 않으면서'

ἀναπληρώσῃ (ἀναπληρόω [to make up for, to fill])의 단순과거, 능동태, 가정법, 3인칭, 단수, '그가 보충하기 위해서'

5. 용어 해설

가. ἀδημονέω (26절)

'의기소침해지다', '고생하다'. 이 단어는 어원이 분명하지 않지만, 신체적인 병약함이나 슬픔, 수치심, 실망감 등 심리적인 중압감으로부터 야기되는 혼란스럽고 불안하며 심적으로 매우 산란한 상태를 묘사한다.

나. **σπουδαιοτέρως** (28절)

부사 σπουδαίως (with haste)의 비교급. 여기서 '특히 긴급하게'(with special urgency)라는 뜻으로 쓰여 에바브로디도의 귀환이 바울이나 빌립보 교회 성도들이 생각한 것보다 빨랐음을 의미한다.

다. **παραβολεύομαι** (30절)

본래 의미는 '도박을 하다'. 본문에서는 '자신을 위험에 노출시키다'라는 의미로 쓰였다. 이 단어는 원래 큰 액수의 돈을 걸고 주사위 도박을 하는 것을 뜻하였으며, 고대 파피루스 문헌에서는 우정 때문에 위험을 무릅쓰고 법정 투쟁에 대변인으로 나서는 것을 의미하는 말로 사용되었다. 후에 이 말은 이익을 얻기 위해 물불을 가리지 않는 상인이나 격투기에서 위험을 무릅쓰고 경기하는 투사를 묘사하는 데 사용되기도 하였다. 무엇보다 속사도 시대에는 '파라볼로니' (paraboloni)라고 불리는 무리가 있었는데, 이들은 병든 자들을 간호하고 그들의 주검을 장사 지내느라 목숨도 아끼지 않았던 자들이었다.

라. **ἀναπληρόω** (30절)

'채우다', '완성하다', '벌충하다', '대체하다'.여기서 속격과 함께 사람에 대해 사용되어 '누군가가 부재하거나 그의 부족함 때문에 생긴 공백을 대체하다, 보충하다'(to make up for someone's absence or lack)라는 뜻으로 쓰였다.

마. **ὑστέρημα** (30절)

'부족한 것'(that which is lacking, deficiency). 빌립보 교회의 성도들

이 바울을 섬기는 데 있어 불가피한 부족함이란 바로 바울과 함께 있지 못함이었기 때문에 바울이 비난하려는 의도로 이 말을 사용한 것은 아니다.

6. 문법 설명

가. **παραπλήσιον** (**παραπλήσιος**, **ία**, **ιον**, 27절, Moule, 86 참조)

'가까이 오는', '닮은', '유사한'을 뜻하는 이 단어는 신약성경에서 오직 본문 27절에서만 등장하는 용어(hapaxlegomenon)인데, '비본래적 전치사'(improper preposition)로 사용되었다. 여격과 함께 쓰여 '가까운'(near to)이라는 의미를 나타낸다.

나. **단순과거 시제 용법** (28절, Moule, 10-13과 Burton, § 44 참조)

헬라어 동사의 시제는 일차적으로 '시간'이 아니라 '**동작의 종류나 방식**'(the kind of action, Aktionsart)에 관심을 갖는다. 즉 헬라어 저자가 글을 쓰면서 갖는 가장 우선적인 질문은 어떤 동사를 '**연속적인 동작**(protracted)으로 볼 것인가 아니면 **일회적인 동작**(instantaneous)으로 볼 것인가'하는 문제였다. 연속적인 동작을 표현하기 위해서 영어에서는 be 동사와 같은 조동사를 사용하지만 헬라어에서는 동사의 종류에 따라 명확하게 구별하여 나타낼 수 있다. '단순과거'를 뜻하는 aorist는 '규정되지 않은'을 뜻하는 헬라어 ἀόριστος에서 유래한 말로, 어떤 동작이 진행 중이거나 연속적이라는 것을 별도로 규정하지 않은 채 단순히 어떤 일이 발생했다는 것을 표현하고자 할 때 사용하는 시제이다(Moule, 5 이하와 Machen, § 176 참조). 따라서 단순과거 시제는 시간적으로 과거든, 현재든, 미래든, 또한 화법적으로 직설법이든, 가정법이든, 명령법이든 상관없이 해당 동작이 '**일회적**'임을 나타낸다. 그렇기는 하지만 **단순과거 직설법**은 이러한 기본적인 용법 외에 다음과 같은 특별 용법으로 사용되는 경우가 있다.

1) **기동적(起動的) 단순과거**(ingressive/inceptive aorist): 이는 동작의 개시를 나타내는 단순과거로서 '**진입점**'(the point of entrance), 즉 새로운 상황이나 동작으로 들어가는 시점을 표현하는 과거이다. 예를 들어, 누가복음 15장 32절의 νεκρὸς ἦν καὶ ἔζησεν(그는 죽은 상태였으나 **생명을 얻게 되었다**, come to life)이나 사도행전 7장 60절의 ἐκοιμήθη(**잠이 들었다**, fell asleep), 또 고린도전서 4장 8절의 ἐβασιλεύσατε(**너희들이 왕들이 되었다**, you have become kings) 등에서는 단순과거가 모두 일정한 동작이나 상황이 **시작되었음**을 의미한다. 이 경우 영어로 옮길 때 마치 완료 시제처럼 번역한다.

2) **결과적(結果的) 단순과거**(constative/resultative aorist): 이는 '원근법에 따라 점으로 수렴되어 보이는 선'과 같은 개념을 가진 단순과거로 실제로 해당 동작은 지속적이고 반복적이지만, 결과적으로 보았을 때는 하나의 동작처럼 보이는 경우를 묘사할 때 사용된다. 요한복음 2장 20절의 τεσσεράκοντα καὶ ἓξ ἔτεσιν οἰκοδομήθη ὁ ναὸς οὗτος(이 성전은 46년에 **걸쳐서 지어졌다**, this temple took forty-six years to build)가 그 대표적인 예인데, 실제로 성전 공사는 46년이라는 시간이 소요되었지만 결과적으로 마치 한 동작처럼 묘사되었다.

3) **서신체 단순과거**(epistolary aorist): 이는 주로 서신에 등장하는 단순과거로서 편지의 발신자가 수신자의 상황을 고려하여 편지를 쓸 당시 상황이 수신자들에게는 과거가 될 것이라는 점을 감안하여 수신자의 시점에서 친절하게 현재의 동작을 과거로 표현하는 용법이다. 에베소서 6장 22절의 ὃν ἔπεμψα πρὸς ὑμᾶς εἰς αὐτὸ τοῦτο(바로 이 일을 위해서

나는 그를 여러분에게 **보냅니다**), 사도행전 23장 30절의 ἐξαυτῆς ἔπεμψα πρὸς σε (즉시 당신께 **보냅니다**), 고린도전서 5장 11절의 νῦν δὲ ἔγραψα ὑμῖν (이제 내가 여러분에게 편지를 **씁니다**), 빌레몬서 12절의 ὃν ἀνέπεμψά σοι (그를 당신에게 **돌려보냅니다**) 등을 그 예로 들 수 있다. 본문 28절의 단순과거 역시 서신체 단순과거로서 시제로는 과거이지만, 현재로 번역하는 것이 자연스럽다.

다. **서로 다른 의미를 가진 여러 가지 속격이 연쇄적으로 나타나는 경우** (concatenation, 30절, *BDF*, § 168.1 참조)

고전 헬라어에서와 마찬가지로 신약성경에서도 서로 다른 의미를 가진 두 가지 이상의 속격이 연쇄적으로 나타나는 경우가 종종 있다. 첫째, 신약성경에는 그렇게 자주 나타나지는 않지만 의미가 다른 두 속격이 모두 동일한 명사에 의존하는 경우(이 경우 대개 명사는 두 속격 사이에 위치함)가 있다. 예를 들어, 고린도후서 5장 1절의 ἡ ἐπίγειος ἡμῶν οἰκία τοῦ σκήνους (땅에 있는 우리의 장막 집)는 서로 다른 의미로 쓰인 속격, 즉 **소유의 속격**(ἡμῶν)과 **동격적 속격**(τοῦ σκήνους)이 각각 '집'(οἰκία)을 꾸미고 있다. 둘째, 일반적으로 서로 다른 의미를 가진 속격이 연쇄적으로 나타날 경우 하나의 속격이 다른 하나에 의존하게 되는데, 특히 바울에게 있어서 이러한 용법 때문에 종종 매우 성가신 '속격 묶음'(accumulation of genitives)이 등장한다. 그러나 이런 경우에도 뜻을 보다 명료하게 하기 위해서 반드시 주된 속격이 의존적인 속격 앞에 놓이게 된다. 본문 30절에 나타나는 τὸ ὑμῶν ὑστέρημα τῆς πρός με λειτουργίας (너희가 나를 섬기는 데 있어서 부족함, 문자적으로는 '나를 향한 너희의 섬김의 부족함')가 그 대표적인 예이다. 여기서 ὑμῶν은 주격적 속격으로, λειτουργίας는 목적격 속격으로 쓰여서 ὑμῶν이 λειτουργίας를 의미상으로 지배한다.

7. 사본의 다른 읽기 본문 대조

가. **πάντας ὑμᾶς** 다음의 부정사 **ἰδεῖν** (26절)

ℵ*, A, C, D, I[vid], ([s] 075), 0278 등의 사본은 본문 읽기인 πάντας ὑμᾶς (여러분 모두를 [그리워하면서])라는 표현 다음에 부정사 ἰδεῖν (to see)을 추가하고 있다. 이러한 표현은 로마서 1장 11절, 데살로니가전서 3장 6절 등의 ἐπιποθεῖν ἰδεῖν (to desire to see, '보기를 간절히 원하다') 공식 어구와 조화를 이루기 위하여 필사자가 첨가한 것으로 보인다.

나. **τὸ ἔργον Χριστοῦ** 대신 **τὸ ἔργον κυριοῦ** (30절)

ℵ, A, P, Ψ, 1739, 1881, 몇몇 시리아 사본 등은 본문의 읽기인 τὸ ἔργον Χριστοῦ 대신 τὸ ἔργον κυριοῦ 로 읽었으며, 특이하게 C 사본은 Χριστοῦ 나 κυριοῦ 둘 다 누락시킨 채 τὸ ἔργον 으로만 읽었다. 바울서신에 τὸ ἔργον Χριστοῦ 라는 표현이 이곳 외에는 나타나지 않는다. 반면에 τὸ ἔργον κυριοῦ 라는 표현은 고린도전서 15장 58절과 16장 10절에 나타나므로, τὸ ἔργον κυριοῦ 이독(異讀)은 아마도 이러한 구절과 조화를 이루기 위한 필사자의 수정으로 보인다. 따라서 C 사본의 읽기는 다른 사본들이 C 사본의 누락을 보충한 것이라고 판단하기보다는 C 사본 필사자만의 누락으로 보는 것이 적절하다.

다. **παραβολευσάμενος** 대신 **παραβουλευσάμενος** (30절)

수용 본문에는 본문의 읽기인 παραβ<u>ο</u>λευσάμενος (감수하면서, being exposing to danger)가 παραβ<u>ου</u>λευσάμενος (돌보지 않고, having no concern for)로 대체되어 있다. 비록 수용 본문의 분사가 바울의 의도를 잘 보여 준다고 하더라도, 사본들의 중요성을 고려할 때 본문의 읽기가 원문에 더 가깝다.

8. 본문 사역

[25] 그러나 형제요 동역자이며 나의 동료 군사이자 여러분들의 사자요
나의 필요를 돕는 자인 에바브로디도를 여러분에게 보내는 것이 합당
하다고 생각하였습니다. [26] 왜냐하면 그는 여러분 모두를 그리워하면
서 동시에 근심하였는데, 그 이유는 그가 병들었다는 것을 여러분이
들었기 때문이었습니다. [27] 그가 거의 죽을 만큼 아팠으나 오히려 하
나님께서 그에게 자비를 베푸셨고, 그뿐만이 아니라 나에게도 자비를
베푸셔서 내가 슬픔 위에 슬픔을 갖지 않도록 해 주셨습니다. [28] 그러
므로 그를 예상보다 빨리 **보냅니다**. 이는 그를 다시 본 후 여러분이
기뻐하고 나도 근심이 없게 되기 위함입니다. [29] 따라서 그를 주님 안
에서 큰 기쁨으로 환영해 주십시오. 그리고 그러한 자들을 소중하게
대하십시오. [30] 왜냐하면 그는 그리스도의 일 때문에 거의 죽음에 이
르기까지 목숨을 아끼지 않으면서, **여러분들이 나를 섬기는 데** 부족
한 부분을 채우려 하였기 때문입니다.

9. 본문 주해

가. 25-28절

바울은 디모데를 빌립보 교회에 속히 보내어 교회의 사정을 알기를 원했지만 그것이 여의치 않았다. 또 자신이 직접 빌립보 교회를 방문하고 싶었지만 상황이 허락하지 않음을 고려하여 빌립보 교회에서 온 에바브로디도를 보내는 것이 필요하다고 생각하였다. 바울은 25절에서 '생각하였다'(ἡγησάμην, 개역 개정은 '생각한다'라고 잘 번역하였다)라는 단순과거 시제를 사용하였는데, 이는 서신체(書信體) 단순과거로서 서신의 발신자가 수신자를 고려하여 서신이 수신자에게 당도할 때에는

서신을 기록할 당시의 상황이 과거의 시점(時點)이 된다는 점을 염두에 두고 미리 과거로 표현하는 방식이었다.

바울은 26-28절에서 빌립보 교회에 에바브로디도를 보내는 이유를 다음의 네 가지로 비교적 상세하게 서술하였다.

첫째, 바울과 디모데는 빌립보를 즉시 방문하기 어려운 상황에 처해 있었다. 둘째, 빌립보에서 온 에바브로디도가 심각한 향수병으로 인해 힘들어 하고 있었다. 셋째, 더욱이 에바브로디도는 자신이 극심한 질병에 걸렸다는 소식이 빌립보 교회에 전해져, 그 때문에 성도들이 걱정하고 있다는 사실을 알고 매우 의기소침해 있었다. 에바브로디도의 상태를 묘사하는 '병들다'(ἀδημονοῦν)라는 동사는 신체적인 병약함이나 슬픔, 수치심, 실망감 등의 심리적인 중압감에서 일어나는, 혼란스럽고 불안하며 심적으로 매우 심란한 상태를 묘사하는 용어로서 그의 상태가 어떠했는지를 생생하게 보여 준다. 넷째, 따라서 에바브로디도가 바울의 곁에 있는 한, 그의 안녕을 걱정하는 모든 자들의 근심이 가중될 것이었다.

바울은 이제 하나님의 긍휼하심으로 말미암아 병에서 회복된 에바브로디도를 빌립보로 돌려 보냄으로써 이 모든 문제들을 한꺼번에 해결하고자 하였다. 바울은 25절에서 에바브로디도를 '형제(ἀδελφός), 동역자(συνεργός), 동료 군사(συστρατιώτης), (빌립보 교회에서 파송된) 사자(ἀπόστολος), 필요를 돕는 자(λειτουργὸν τῆς χρείας)'로 묘사하는데, 이 모든 용어들은 '나의'(μοῦ)라는 인칭대명사의 수식을 받아 바울과 에바브로디도 사이의 친밀한 관계를 나타낸다. 에바브로디도는 그리스도 안에서 하나 된 형제로서 바울과 함께 수고한 동역자였으며, 복음을 위해 싸우는 군사요, 사자로서 바울을 위해 빌립보 교회에서 보낸 선물을 가지고 온 자였다. 바울은 에바브로디도를 인정하고 칭찬하면서 빌립보 교회에 보낸다(πέμψαι).

나. 29-30절

바울은 빌립보 성도들에게 에바브로디도의 사정과 그를 돌려 보내는 이유를 상세하게 설명한 후, 29절에서 빌립보 성도들이 그를 환대해 줄 것을 당부한다. 이제 빌립보 교회는 바울의 당부를 따라 에바브로디도를 '주님 안에서'(ἐν κυρίῳ) '큰 기쁨으로'(μετά πάσης χαρᾶς) '환영해야'(προσδέχεσθε) 한다. 비록 그가 사명을 완수하지 못하고 돌아가지만 그는 이미 복음을 위해서 생명을 내건 사람으로 빌립보 교회가 하지 못한 일을 대신했기 때문이다. 또한 교회는 이러한 일을 한 사람을 높이 평가하고 존귀하게 여겨야(ἔντιμους ἔχετε) 한다.

또 30절에서 바울은 다시 한 번 에바브로디도의 헌신적인 사역을 강조하는데, 그는 그리스도의 일을 위하여 '목숨을 걸었을 정도'였다. 본래 '큰 액수의 돈을 걸고 주사위 놀이로 도박하다'는 뜻을 나타내는 동사 παραβολεύεσθαι는 본문에서는 '자신을 위험에 드러내다'는 의미로 쓰여 '(목숨을) 돌보지 아니하다'로 번역되었다. 이 단어는 이미 용어 해설에서 설명된 바와 같이 우정 때문에 친구의 법정에 대변인으로 나서거나, 많은 이익을 얻기 위해 위험을 무릅씀을 나타내는 말로서 여기서는 에바브로디도가 교회의 파송을 받아 빌립보 교회가 직접 하지 못하는 바울을 돕는 일을 위해 이렇게 목숨도 아끼지 않고 위험까지도 무릅쓰며 일했던 신실한 '사도'였음을 다시 강조하여 나타냈다.

제7강

개들을 삼가라(3:1-11)

- 율법주의 거짓 교사에 대한 경고

I. 본문 단락(3 : 1-11)의 개요

제3부 거짓 교훈에 대한 경계 권면과 믿음에서 난 의를 위한 싸움(3:1-21)

I. 율법주의 거짓 교사 경계에 대한 권면(3 : 1-11)
- **1. 거짓 교사 경계에 대한 권면(1-4절상)**
- **2. 과거 바울의 유대교적 신앙(4절하-6절)**
  - **가. 율법주의적 거짓 교사 경계에 대한 첫째 논증**
  - **나. 율법 아래서 행했던 바울의 과거 이력**
- **3. 현재 바울의 기독교적 신앙(7-11절)**
  - **가. 둘째 논증 - 예수 그리스도를 믿음과 하나님께로부터 난 의**
  - **나. 이신칭의의 목표점**

II. 푯대를 향해 나아가는 그리스도인의 새로운 삶(3 : 12-21)

II. 거짓 교사 경계에 대한 권면(1-4절상)

1. 본문의 짜임새

가. 권면: 주 안에서 기뻐하라(1절)

나. 경고: 거짓 교사를 경계하라(2절)

거짓 교사의 특징: 개, 행악하는 자, 손할례당(몸을 상해하는 자)

다. 진정한 할례파: 바울과 함께 하는 우리(3-4절상)

할례파의 특징: 하나님의 성령으로 봉사하며, 예수 그리스도로 자랑하고, 육체를 신뢰하지 않음

2. 헬라어 본문

1 Τὸ λοιπόν, ἀδελφοί μου, χαίρετε ἐν κυρίῳ. τὰ αὐτὰ γράφειν ὑμῖν
ἐμοὶ μὲν οὐκ ὀκνηρόν, ὑμῖν δὲ ἀσφαλές. 2 Βλέπετε τοὺς κύνας, βλέπετε
τοὺς κακοὺς ἐργάτας, βλέπετε τὴν κατατομήν. 3 ἡμεῖς γάρ ἐσμεν ἡ
περιτομή, οἱ πνεύματι θεοῦ λατρεύοντες καὶ καυχώμενοι ἐν Χριστῷ
Ἰησοῦ καὶ οὐκ ἐν σαρκὶ πεποιθότες, 4 καίπερ ἐγὼ ἔχων πεποίθησιν
καὶ ἐν σαρκί. [Εἴ τις δοκεῖ ἄλλος πεποιθέναι ἐν σαρκί, ἐγὼ μᾶλλον·]

3. 한글 번역 본문 대조

가. 개역 개정

1 끝으로 나의 형제들아 주 안에서 기뻐하라 너희에게 같은 말을 쓰는
것이 내게는 수고로움이 없고 너희에게는 안전하니라 2 개들을 삼가

고 행악하는 자들을 삼가고 몸을 상해하는 일을 삼가라 3 하나님의 성
령으로 봉사하며 그리스도 예수로 자랑하고 육체를 신뢰하지 아니하
는 우리가 곧 할례파라 4 그러나 나도 육체를 신뢰할 만하며 [만일 누
구든지 다른 이가 육체를 신뢰할 것이 있는 줄로 생각하면 나는 더욱
그러하리니]

나. 새 번역

1 끝으로, 나의 형제자매 여러분, 주 안에서 기뻐하십시오. 내가 같은
말을 되풀이해서 쓰는 것이 나에게는 번거롭지도 않고, 여러분에게는
안전합니다. 2 개들을 조심하십시오. 악한 일꾼들을 조심하십시오. 살
을 잘라내는 할례를 주장하는 자들을 조심하십시오. 3 하나님의 영으
로 예배하며, 그리스도 예수 안에서 자랑하며, 육신을 의지하지 않는
우리들이야말로, 참으로 할례 받은 사람입니다. 4 하기야, 나는 육신
에도 신뢰를 둘 만합니다. [다른 어떤 사람이 육신에 신뢰를 둘 만한
것이 있다고 생각하면, 나는 더욱 그러합니다.]

다. 공동번역 개정

1 내 형제 여러분, 주님께서 여러분에게 많은 기쁨을 주시기를 빕니
다. 나는 여러분의 안전을 위하여 성가시게 생각하지 않고 같은 이야
기를 되풀이하여 써 보냅니다. 2 개들을 조심하십시오. 악한들을 조심
하십시오. 형식적인 할례를 주장하는 자들을 조심하십시오. 3 영적으
로 하느님께 예배드리고 그리스도 예수를 자랑하며 세속적인 것에 의
지하지 않는 우리야말로 진정한 할례를 받은 사람들입니다. 4 하기야
세속적인 면에서도 나는 내세울 만한 것이 있습니다. [만일 어떤 사
람이 세속적인 것을 가지고 자랑하려 든다면 나에게는 자랑할 만한
것이 더 많습니다.]

4. 동사 분해

가. 1절

χαίρετε (χαίρω [to rejoice, to be glad, to be pleased])의 현재, 능동태, 명령법, 2인칭 복수, '[너희는] 기뻐하라'

γράφειν (γράφω [to write, to record, to compose])의 현재, 능동태, 부정사, '쓰는 것'

나. 2절

βλέπετε (βλέπω [to see, to look, to beware of])의 현재, 능동태, 명령법, 2인칭, 복수, '[너희는] 주의하라'

다. 3절

ἐσμεν (εἰμί [to be, to exist, to remain])의 현재, 직설법, 1인칭, 복수, '우리는 …이다'

λατρεύοντες (λατρεύω [to serve, to worship])의 현재, 능동태, 분사, 남성, 복수, 주격, '섬기는, 예배하는'

καυχώμενοι (καυχάομαι [to boast, to take pride in, to rejoice])의 현재, 중간태, 분사, 남성, 복수, 주격, '자랑하는'

πεποιθότες (πείθω [to satisfy, to persuade, to convince, to conciliate])의 현재완료, 능동태, 분사, 남성, 복수, 주격, '신뢰하는'

라. 4절

ἔχων (ἔχω [to have, to hold, to possess])의 현재, 능동태, 분사, 남성, 단수, 주격, '가지고 있는'

5. 용어 해설

가. τὰ αὐτά (1절)

'동일한 것들'(the same things).
이는 바울이 아마 빌립보서를 기록하기 이전에 에바브로디도나 디모데가 빌립보 교회를 방문하였을 때 구두로 전해준 것과 동일한 경고나 명령으로 생각된다.

나. ἀσφαλής (1절)

형용사는 '안전한', '확실한', 명사는 '확실한 사실'(행 25:26), '사실'이나 '이유'(행 21:34). 이 단어는 '걸려 넘어지게 하다', '꺼꾸러뜨리다', '넘어지게 하다', '비틀거리게 하다' 등을 뜻하는 동사에서 파생되었으며, 부정을 뜻하는 접두어가 첨가되어 붕괴되지 않을 만큼 충분한 안정성이나 견고함을 보장하는 것을 묘사하기 위해 사용된다. 따라서 이 용어는 확실하고 믿을 만한 지식이라는 개념을 함의하고 있다.

다. κύνας (2절)

'개'(κύων)의 복수. 유대인들은 모든 동물들 중에서 개를 가장 경멸스럽고 추악한 것으로 여겨 이방인들을 지칭할 때 이 단어를 사용하였다. 그것은 유대인들이 아마 이방인들을 고대 근동의 도시나 마을에서 집이나 주인 없이 방황하며 거리에서 서로 싸우고 때때로 여행자들을 공격했던 개떼들처럼 생각했기 때문이었을 것이다. 본문에서 바울은 종종 기독교 공동체들을 찾아다니며 공격 대상을 찾던 적대자들을 묘사하기 위해 이 용어를 사용하였을 것이다.

라. **κατατομή** (2절)

문자적으로는 '조각냄'(cutting to pieces). 이는 (수족 등의) '절단'이나 '훼손', '절개'나 '베기'를 뜻한다. 본래 유대인들의 '할례'를 뜻하는 헬라어는 3절에서처럼 '둥글게 잘라내다'라는 뜻의 περιτομή이며, 본문의 κατατομή는 이와 대조적으로 유대교로 개종시키고자 하는 목적으로 이방인들에게 강요했던 할례를 뜻하는 언어유희이다(*BDF*, § 488 참조).

6. 문법 설명

가. 종속적 화법 시제 (1절, Burton, § 3, 95, 96 참조)

헬라어에서는 어떤 존재의 동작이나 상태가 현실과 어떤 관계가 있는가를 나타내기 위해 직설법(indicative), 가정법(subjunctive), 희구법(optative), 명령법(imperative)의 네 가지 화법(mood)을 쓴다. 또한 동사적 형용사로 쓰이는 분사와 동사적 명사로 쓰이는 부정사가 이들 화법과 관련되어 있다. 이 화법 중에서 가정법, 희구법, 명령법을 직설법과 구별하여 '**종속적 화법**'(the dependent mood)이라고 부른다.

그런데 이 종속적 화법의 시제는 일반적으로 시간과는 아무런 연관이 없다. 오히려 그것은 동작의 진행 과정(progress)과 관련하여 해당 동사가 지니는 **동작의 성격**을 특징짓는다. 다시 말하면, 종속적 화법 시제는 단지 해당 동작이 진행 중인지 아니면 완료된 것인지, 보다 엄밀히 말하면, 어떤 동작을 단순히 하나의 사건으로 묘사하고 있는지 아니면 진행 중인 것으로 묘사하고 있는지를 규정할 뿐이다. 특히 **종속적 화법의 현재 시제**는 **진행** 중이거나 **반복**되는 동작을 묘사하기 위해서 사용된다.

종속적 화법의 경우 해당 동사의 시제가 현재라고 해서 동작이 발생한 시간과 어떤 연관성을 가지지 않는다. 오히려 동작의 시점이 과거인지 현재인지 또는 미래인지 하는 문제는 문맥에 의해 결정된다. 그러므로 본문 1절에 사용된 '**현재 부정사**'(τὰ αὐτὰ <u>γράφειν</u> ὑμῖν, to be writing the same things to you)는 시간과는 무관하며, 단지 반복적이거나 진행 중인 동작을 나타낸다.

나. 주동사를 대신하는 분사의 용법 (4절, Moule, p. 179 참조)

신약성경에는 일반적인 헬라어 용법에서 정동사가 사용되어야 할 곳에 분사가 대신 사용되는 경우가 종종 나타난다. 예를 들어, 로마서 5장 11절의 οὐ μόνον δέ, ἀλλὰ καὶ <u>καυχώμενοι</u> (이뿐 아니라, **자랑스러워**하기도 **한다**)에는 **분사보다는 정동사**가 사용되어야 더욱 자연스러웠을 것이다. 본문 4절의 καίπερ ἐγὼ <u>ἔχων</u> (비록 나 자신이 **가지고 있**지만) 역시 양보를 나타내는 접속사 καίπερ 와 함께 정동사 ἔχω 가 사용되었다면 더 자연스러웠을 것이다. 따라서 본문의 분사 ἔχων 은 **양보절(讓步節)에서 쓰인 정동사처럼 이해해야 한다**.

7. 사본의 다른 읽기 본문 대조

가. 속격 θεοῦ 대신 사용된 여격 θεῷ (3절)

ℵ², D*, P, Ψ, 075, 33, 81 등의 사본은 본문의 속격 θεοῦ 대신에 여격인 θεῷ 로 읽는다. 비록 𝔓⁴⁶사본이 θεοῦ나 θεῷ 양자 모두를 생략하여 원문에 더 가까운 읽기인 것처럼 보이지만, 이는 우연한 실수로 보인다. ℵ*, A, B, C, D², F, G, 0278, 33, 1739 등을 포함한 대부분의 사본들은 본문의 읽기인 θεοῦ 를 지지한다. 속격 θεοῦ 대신 여격 θεω 를 사용하는 읽기는 사본 상의 지지가 미미할 뿐 아니라, 보다 어려운 읽기를 이해하기 쉽게 하려는 필사자의 의도가 반영된 결과이다. 즉 같은 절에 등장하는 동사 λατρεύειν은 목적어로 속격이 아니라 여격을 취하는 동사인데, 본문에 등장하는 유일한 여격은 πνεύματι 이므로 본문은 '우리는 하나님

의 영을 섬긴다'(We worship the Spirit of God)로 오해될 소지가 있다. 이러한 오해를 방지하기 위해 본래 본문에서는 θεου를 θεῷ로 고쳐서 또 다른 여격인 πνεύματι가 '수단의 여격'(dativus instrumentalis)으로 해석될 수 있도록 하였다(롬 1:9, 딤후 1:3도 참조)(Metzger, 547 참조).

8. 본문 사역

[1] 그러므로 나의 형제자매 여러분, 주님 안에서 기뻐하십시오. 여러분에게 같은 것들을 **반복해서 쓰는 것**이 내게는 수고롭지 않고 오히려 여러분에게는 안전합니다. [2] 개들을 조심하십시오. 악한 일꾼들을 조심하십시오. (몸을) 손상시키는 것을 조심하십시오. [3] 왜냐하면 바로 우리야말로 그 할례이기 때문인데, 우리는 하나님의 영으로 봉사하고, 그리스도 예수 안에서 자랑하며 육체는 신뢰하지 않습니다. [4] **비록** 내 자신이 육체에 관해서도 자랑할 만한 것을 **가지고 있긴 하지만** 말입니다. [다른 누군가가 만일 육체를 신뢰할 만하다고 여긴다면, 나는 더욱 그러합니다.]

9. 본문 주해

3장에 들어서면서 지금까지와는 달리 본문의 어조(語調)가 갑자기 율법주의 거짓 교사에 대한 경고로 바뀐다. 이 때문에 빌립보서를 여러 개의 서신이 결합된 것으로 여겨 '분리가설'을 주장하는 학자들은 다른 편지가 빌립보서에 끼어든 것으로 생각하지만 그렇지 않다. 빌립보서는 친구들 간의 일상적인 대화처럼 알지 못하는 사이에 주제가 바뀌곤 하는 '담소'(談笑)와 같은 서신으로, 로마서나 갈라디아서처럼 일정한 논리를 가지고 전개되지 않으며, 갑작스럽게 주제가 바뀌거나 급격하게 어조가 변하기도 한다. 오히려 이점에서 빌립보서에는 빌립보 교회를 사랑하고 그리워했던 바울의 애정과 목회적 관심, 개인적인 교제의 생생함이 더욱 일관성 있게 잘 나타난다.

이 단락(1–4절상)은 '율법주의 거짓 교사를 삼가라'는 권면을 담고 있다. 바울은 빌립보서 전체에서 '주 안에서 기뻐하라'고 권면(1절; 2:18과 4:4 참조)하고, 이를 이어 유대 율법주의적 거짓 교사를 삼가라고 경고하며(2절), 진정한 '할례파'가 바로 빌립보 성도들에게 복음을 전한 바울 일행임을 밝힌다(3절).

이 단락은 τὸ λοιπόν으로 시작된다. 바울은 이 용어를 서신을 종결할 때나(고후 13:11), 새로운 화제로 전환할 경우에 사용한다(살전 4:1; 살후 3:1). 여기서는 바울이 새로운 주제로 들어가려고 하는 것으로 보아 이를 '그러므로'로 번역하였다(Moule, 161–162).

바울은 빌립보 교회에 거짓 교사에 대해 경고하기에 앞서 먼저 '주 안에서 기뻐하라'(2인칭 복수 명령)고 권면한다(1절).

바울은 여기서 '기뻐하라'에 '주 안에서'(ἐν κυρίῳ)를 덧붙인다. 이 기쁨은 하나님의 아들이지만 그를 믿는 자를 위해 자기를 비우고 사람으로 오셔서 자신을 낮추고 죽기까지 복종하신 분으로 하나님에 의해 지극히 높이 올리우심을 받은 주님과의 관계 안에서 갖는 기쁨이다. 이는 감옥에 갇혀 있어도, 생명의 위협 앞에서도 그분을 주님으로 모신 그리스도인만이 가질 수 있는 기쁨이다.

이어지는 2절에서 바울은 "개들을 삼가고 행악하는 자들을 삼가고 손할례당을 삼가라"고 경고한다. 바울은 이들을 경계할 것을 강조하기 위해 계속적으로 '삼가라'(βλέπετε)를 세 번이나 사용한다. 여기서 거짓 교사의 특징은 세 가지로 나타난다.

첫째, '개들'(κύνας)이다. 개는 유대인이 아주 추악하게 여겨 접촉하기를 꺼리며 경멸하던 동물이었는데, 유대인들은 이 용어를 이방인을 경멸하는 의미로 사용하였다. 본문에서 바울은 교회를 찾아다니면서 공격할 대상을 찾는 유대 율법주의적 반대자를 묘사하기 위해 이 용어를 사용한다. 둘째, '새 번역'에서는 '악한 일꾼', '공동번역 개정'에서는 '악한 들'로 옮긴 '행악하는 자들'(κακοὺς ἐργάτας)이다. 그들은 율법의 행위로 하나님 앞에서 의로워질 수 있다고 주장하면서 자신들이 율법을 지키는 행위를 자랑했다. 바울은 그들이 복음을 반대하고 복음의 뜻을 훼손시키는 자들로 여겨 그들을 행악하는 자라고 하였다. 마지막 특징은 '손할례당'(개역 개정에서는 '몸을 상해하는 일')이다. '몸을 상해하는 일'(κατατομή)이란 '살을 잘라내는 할례'(새 번역)로, 문자적으로는 '(살을) 잘라냄'을 뜻한다. 아마 이 반대자들은 자신들의 할례를 자랑하면서 빌립보 교인들에게 할례를 행하도록 요구했다. 그러나 그런 외적인 표지는 몸을 훼손하는 것 외에는 아무런 의미가 없다. 그리스도인은 오직 그리스도를 통해서만 의롭다 여김을 받으며 마음에 할례를 받는다(롬 2:28-29 참조).

바울은 빌립보 교회에 복음을 전한 자신의 일행이 할례파(περιτομή)임을 말한다(3절). 본래 유대인의 할례는 양피(陽皮)를 둥글게 잘라내는 '페리토메'(περιτομή)인데, 바울은 유대교 개종을 목적으로 유대인이 이방인에게 강요했던 할례에 대해서는 '손할례'(κατατομή)라는 용어를 사용하고, 이와 대조적으로 자신이 받은 할례에 대해서는 본래의 '할례'(περιτομή) 용어를 사용함으로써 일종의 언어유희(wordplay)를 구사한다. 바울은 언어유희를 통하여 이들 거짓 교사들이 진정한 할례를 받은 자들이 아니라는 것을 나타내면서 진정한 할례의 의미를 논증한다.

실제로 바울의 대적자들은 '자신들이 정결할 뿐 아니라 선을 행하며 하나님의 백성의 일원으로 출생하였다'고 주장하면서(롬 2:17-29 참조), 오히려 복음에 반대함으로써 이러한 특권을 망쳐버린 유대주의자들이었다. 사도행전에 의하면, 바울은 빌립보를 떠난 후 데살로니가, 베뢰아, 고린도, 에베소 등 여러 곳에서 많은 어려움을 겪었는데(행 16장), 이러한 어려움은 바울이 전하는 복음을 믿지 않고 그 복음이 자신들의 종교에 해가 된다고 여기며 바울을 핍박하던 유대인들 때문에 겪은 것이었다(행 17:5, 13; 18:6; 19:9 등).

진정한 할례파는 바울의 복음 전파를 방해하는 유대적 율법주의자들이 아니라, 하나님의 성령으로 '봉사'(예배)하며(οἱ πνεύματι θεοῦ λατρεύοντες) 그리스도 예수 안에서 자랑하고(καυχώμενοι ἐν Χριστῷ Ἰησοῦ) 육체를 신뢰하지 않는(οὐκ ἐν σαρκὶ πεποιθότες) 바울의 일행이다. 곧 진정한 할례파는 하나님의 성령으로 예배하는 자, 곧 모든 것을 하나님의 영에 의해 지배받는 자이며, 언제나 자신들의 어떤 것이 아닌 그리스도 예수 외에는 자랑할 것이 없는 자이고, 육체의 할례를 신뢰하지 않고 그리스도 예수 안에서 신앙을 통해 하나님의 백성된 자이다.

이제 바울은 '그러나 나도 육체에 관하여여 자랑할 만한 것을 가지고 있다'(καίπερ ἐγώ ἔχων πεποίθησιν καὶ ἐν σαρκί)라고 말하며 자신의 과거 유대교적 신앙에 대하여 묘사하기 시작한다.

III. 과거 바울의 유대교적 신앙(4절하–6절)

1. 본문의 짜임새

가. 율법주의적 거짓 교사에 대한 첫째 논증 – 육체를 신뢰할 만한 바울의 유대 율법주의적 이력(4절하–5절)

: 할례 받은 유대인, 이스라엘 족속, 베냐민 지파, 히브리인 중의 히브리인, 율법으로는 바리새파 사람

나. 율법 아래서 행했던 바울의 과거 이력(6절)

: 교회를 박해한 사람, 율법의 의로는 흠 잡힐 것이 없는 사람

2. 헬라어 본문

4 [καίπερ ἐγὼ ἔχων πεποίθησιν καὶ ἐν σαρκί.] Εἴ τις δοκεῖ ἄλλος
πεποιθέναι ἐν σαρκι, ἐγὼ μᾶλλον· 5 περιτομῇ ὀκταήμερος, ἐκ γένους
Ἰσραήλ, φυλῆς Βενιαμίν, Ἑβραῖος ἐξ Ἑβραίων, κατὰ νόμον Φαρισαῖος,
6 κατὰ ζῆλος διώκων τὴν ἐκκλησίαν, κατὰ δικαιοσύνην τὴν ἐν νόμῳ
γενόμενος ἄμεμπτος.

3. 한글 번역 본문 대조

가. 개역 개정

4 [그러나 나도 육체를 신뢰할 만하며] 만일 누구든지 다른 이가 육
체를 신뢰할 것이 있는 줄로 생각하면 나는 더욱 그러하리니 5 나는
팔일 만에 할례를 받고 이스라엘 족속이요 베냐민 지파요 히브리인
중의 히브리인이요 율법으로는 바리새인이요 6 열심으로는 교회를 박
해하고 율법의 의로는 흠이 없는 자라

나. 새 번역

4 [하기야, 나는 육신에도 신뢰를 둘 만합니다.] 다른 어떤 사람이 육
신에 신뢰를 둘 만한 것이 있다고 생각하면, 나는 더욱 그러합니다. 5
나는 난 지 여드레 만에 할례를 받았고, 이스라엘 민족 가운데서도 베
냐민 지파요, 히브리 사람 가운데서도 히브리 사람이요, 율법으로는
바리새파 사람이요, 6 열성으로는 교회를 박해한 사람이요, 율법의 의

로는 흠 잡힐 데가 없는 사람이었습니다.

다. 공동번역 개정

4 [하기야 세속적인 면에서도 나는 내세울 만한 것이 있습니다.] 만일 어떤 사람이 세속적인 것을 가지고 자랑하려 든다면 나에게는 자랑할 만한 것이 더 많습니다. 5 나는 이스라엘 백성 가운데서도 베냐민 지파에서 태어났으며 난 지 여드레 만에 할례를 받았고 히브리 사람 중의 히브리 사람입니다. 나는 율법으로 말하면 바리사이파 사람이며 6 열성으로 말하면 교회를 박해하던 사람입니다. 율법을 지킴으로써 올바른 사람으로 인정을 받는다면 나는 조금도 흠이 없는 사람입니다.

4. 동사 분해

가. 4절

δοκεῖ (δοκέω [to think, to suppose, to consider, to imagine])의 현재, 능동태, 직설법, 3인칭, 단수 '그(녀)가 생각한다'

πεποιθέναι (πείθω [to satisfy, to persuade, to convince, to conciliate])의 현재완료, 능동태, 부정사, '신뢰하는 것'

나. 6절

διώκων (διώκω [to persue, to persecute])의 현재, 능동태, 분사, 남성, 단수, 주격, '박해하는'

γενόμενος (γίνομαι [to become, to take place, to happen])의 단순과거, 중간태, 분사, 남성, 단수, 주격, '…인'

5. 용어 해설

가. περιτομή (5절)

'할례'(circumcision). 본문의 여격(περιτομῇ)은 '관심의 여격'(dative of respect)으로서, '할례에 관한 한'이라는 의미로 쓰였다(6-가항 '문법 설명' 관점의 여격 참조).

나. ὀκταήμερος (5절)

'제8일', '제8일째인'. 유대인들은 대개 난지 8일째 되는 날 할례를 받았지만, 경우에 따라서는 9-12일째에 할례를 받기도 하였다. 본문에서 이 용어는 명사적으로 사용되어 문자적으로는 '제8일의 사람'이라는 뜻이지만, 문맥상으로는 '난지 8일 만에 할례를 받은 사람'이라는 뜻으로 사용되었다. 바울 자신은 정상적으로 제8일에 할례를 받았다.

다. φύλη (5절)

'지파'(tribe). 빌립보에 살면서 로마 시민권을 가진 자들은 주로 로마의 볼티니아(Voltinia) 사람들이었다. 이처럼 바울은 비록 소수지만 명망 있는 지파인 베냐민 지파에 속하였음을 강조한다.

라. Ἑβραῖος (5절)

'히브리인'. 이 용어는 유대인이 가진 권리나 특권만을 지칭하는 것이 아니라, 팔레스타인 밖의 지역에서 이방인들과 대조적으로 종교적인 관행과 언어에서 유대교적 순수성을 유지하면서 살아가던 디아스포라 유대인들이 스스로를 지칭하던 용어이다. 신약 고고학적으로는 '히브리인'이란 용어는 옛 고린도 지역에서 발견된 회당 구조물에서 찾아볼 수 있는데, 회당 출입문의 인방에 '히브리인들의 회당'이라는 글이 새겨져 있었다.

마. ἄμεμπτος (6절)

'책망할 것이 없는'(blameless), '흠 없는'(faultless). Μέμπτος의 어원은 μέμφομαι(흠잡다, 비난하다)로, 전철 부정어 ἀ와 함께 '흠 없는'의 의미로 사용되었다.

6. 문법 설명

가. 관점의 여격 (dative of respect, 5절, *BDF*, § 197 참조)

고전 헬라어에서는 관점의 여격(與格)보다 관점의 대격(對格)이 훨씬 자주 사용되었지만, 이와는 반대로 신약성경에서는 관점의 여격이 관점의 대격보다 더 빈번하게 사용되었다. '관점의 여격'이란 어떤 것에 관심을 두고 그 범주에서 서술할 경우 이를 여격으로 표현하는 것을 말한다(Machen, § 493). '관점의 여격'은 '장소의 여격'이라고도 하는데, 이는 은유적인 의미에서 관심이 집중되는 '자리'라는 의미에서 유래된 명칭이다(여격의 다양한 용례에 대해서는 제3강 II-6-가 항의 문법 설명, '탈격으로 사용된 여격' 참조). 본문 5절의 **περιτομῇ ὀκταήμερος**에서 여격 περιτομῇ는 '관점의 여격'으로서, '할례에 관한 한', '할례의 문제와 관련하여서는'이라는 의미이다.

7. 본문 사역

4 [비록 내 자신이 육체에 관하여서도 신뢰할 만한 것을 가지고 있긴 하지만 말입니다.] 다른 누군가가 만일 육체를 신뢰할 만하다고 여긴다면, 나는 더욱 그러합니다. 5 나는 팔일 만에 할례를 받고 이스라엘 족속이요 베냐민 지파요 히브리인 중의 히브리인이요 율법으로는 바리새인이요 6 열심으로는 교회를 박해한 자요 율법의 의로는 흠이 없

는 자입니다.

8. 본문 주해

이 단락에서 바울은 '거짓 교사를 삼가라'고 경고한 다음, 유대 율법주의적 거짓 교사에 대한 경고를 논증하기 위하여, 자신의 유대적 출신에 대해 서술하고(4-5절), 율법 아래서 행했던 자신의 과거 이력을 언급한다(6절).

의가 육체로 말미암는다면, 바울도 자랑할 만한 육체를 가졌다(4-5절). 그는 난지 8일 만에 할례를 받았다(περιτομῇ ὀκταήμερος). 유대인들은 경우에 따라 9-12일째에 할례를 받는 사람들도 있었으나, 바울은 자신이 정상적으로 난지 팔일 만에 할례를 받은 유대인이라고 하여 엄격하게 율법을 지킨 참된 유대인임을 나타낸다. 또한 그는 이스라엘 민족 가운데 베냐민 지파 사람이다. 빌립보에 살면서 로마 시민권을 가진 자들은 로마의 볼티니아(Voltinia) 종족의 일원이었다. 그것처럼 바울 자신은 비록 소수지만 명망 있는 지파였던 베냐민 지파에 속한 자였다. 곧 바울은 자신이 이스라엘 민족으로 태어날 때부터 이미 하나님께서 택하신 백성이 되었고 모든 특권을 가지고 있으며, 왕족 혈통을 받은 우수한 가문의 사람임을 말한다. 게다가 그는 '히브리인 중의 히브리인'이다. 이는 이방인들과 달리 팔레스타인 밖에서 종교적인 관행과 언어에서 유대적 순수성을 유지하면서 살아가던 디아스포라 유대인들이 스스로를 가리켜 부른 용어로 바울의 유대적인 혈통을 보여 준다. 또한 바울은 율법으로는 바리새인이었다고 언급하며 자신이 율법을 고수하는 데 있어 매우 엄격한 파에 속한 사람이었다는 것을 서술한다.

이렇게 자신의 유대적 출신을 열거하고 난 뒤, 바울은 스스로 율법주의에 사로 잡혀 행했던 부끄러운 과거 이력을 언급한다(6절). 그는 스데

반의 죽임 당함을 마땅히 여겼고(행 8 : 1), 스데반의 순교 후 예루살렘의 그리스도인들을 각 집에서 끌어내어 옥에 넘겼으며(행 8 : 3), 다메섹의 성도들을 결박하기 위해 대제사장에게 다메섹에 있는 유대인 회당에 갈 공문을 청할 정도로 교회를 박해하는 일에 열심이 있는 자였고(행 9 : 1-3), 율법의 의에서는 자칭 흠이 없는 자였다.

이와 같이 바울은 율법이 요구하는 의를 성취하는 것에 필요한 모든 조건을 만족시켜 종교적으로 자신의 유대주의적 적대자들에게 결코 뒤지지 않을 만큼 열심이 있는 사람이었음을 나타냈다.

IV. 현재 바울의 기독교적 신앙(7-11절)

1. 본문의 짜임새

가. 율법주의적 거짓 교사에 대한 둘째 논증: "예수 그리스도를 믿음과 하나님께로부터 난 의"(7-9절)

1) 그리스도 예수를 아는 지식이 가장 고상하기 때문에 그리스도를 위하여 자신에게 유익하던 것을 해로 여김

2) 그를 위하여 모든 것을 잃어버리고 배설물로 여긴 것은 그리스도를 얻고 그 안에서 발견되려 하기 위함

3) 바울이 가진 의는 그리스도를 믿음으로 말미암은 하나님께로부터 난 의

나. 이신칭의의 목표점(10-11절)

: 그의 죽으심을 본받아 죽은 자 가운데서 부활에 이르려 함

2. 헬라어 본문

7 [᾿Αλλὰ] ἅτινα ἦν μοι κέρδη, ταῦτα ἥγημαι διὰ τὸν Χριστὸν
ζημίαν. 8 ἀλλὰ μενοῦνγε καὶ ἡγοῦμαι πάντα ζημίαν εἶναι διὰ τὸ
ὑπερέχον τῆς γνώσεως Χριστοῦ ᾿Ιησοῦ τοῦ κυρίου μου, δι᾿ ὃν τὰ
πάντα ἐζημιώθην, καὶ ἡγοῦμαι σκύβαλα, ἵνα Χριστὸν κερδήσω 9 καὶ
εὑρεθῶ ἐν αὐτῷ, μὴ ἔχων ἐμὴν δικαιοσύνην τὴν ἐκ νόμου ἀλλὰ τὴν
διὰ πίστεως Χριστοῦ, τὴν ἐκ θεοῦ δικαιοσύνην ἐπὶ τῇ πίστει, 10 τοῦ
γνῶναι αὐτὸν καὶ τὴν δύναμιν τῆς ἀναστάσεως αὐτοῦ καὶ [τὴν]
κοινωνίαν [τῶν] παθημάτων αὐτοῦ, συμμορφιζόμενος τῷ θανάτῳ αὐτοῦ,
11 εἴ πως καταντήσω εἰς τὴν ἐξανάστασιν τὴν ἐκ νεκρῶν.

3. 한글 번역 본문 대조

가. 개역 개정

7 그러나 무엇이든지 내게 유익하던 것을 내가 그리스도를 위하여 다
해로 여길뿐더러 8 또한 모든 것을 해로 여김은 내 주 그리스도 예수
를 아는 지식이 가장 고상하기 때문이라 내가 그를 위하여 모든 것을
잃어버리고 배설물로 여김은 그리스도를 얻고 9 그 안에서 발견되려
함이니 내가 가진 의는 율법에서 난 것이 아니요 오직 그리스도를 믿
음으로 말미암은 것이니 곧 믿음으로 하나님께로부터 난 의라 10 내
가 그리스도와 그 부활의 권능과 그 고난에 참여함을 알고자 하여 그
의 죽으심을 본받아 11 어떻게 해서든지 죽은 자 가운데서 부활에 이
르려 하노니

나. 새 번역

7 [그러나] 나는 내게 이로웠던 것은 무엇이든지 그리스도 때문에 해
로운 것으로 여기게 되었습니다. 8 그뿐만 아니라, 내 주 예수 그리스
도를 아는 지식이 가장 고귀하므로, 나는 그 밖의 모든 것을 해로 여
깁니다. 나는 그리스도 때문에 모든 것을 잃었고, 그 모든 것을 오물
로 여깁니다. 나는 그리스도를 얻고, 9 그리스도 안에 있는 사람으로
인정받으려고 합니다. 나는 율법에서 생기는 나 스스로의 의가 아니
라, 그리스도를 믿는 믿음으로 말미암아 오는 의 곧 믿음에 근거하여,
하나님에게서 오는 의를 얻으려고 합니다. 10 내가 바라는 것은, 그리
스도를 알고, 그분의 부활의 능력을 깨닫고, 그분의 고난에 동참하여,
그분의 죽으심을 본받는 것입니다. 11 그리하여 나는 어떻게 해서든
지, 죽은 사람들 가운데서 살아나는 부활에 이르고 싶습니다.

다. 공동번역 개정

7 그러나 나에게 유익했던 이런 것들을 나는 그리스도를 위해서 장해
물로 여겼습니다. 8 그뿐만 아니라 나에게는 모든 것이 다 장해물로
생각됩니다. 나에게는 내 주 그리스도 예수를 아는 지식이 무엇보다
도 존귀합니다. 나는 그리스도를 위해서 모든 것을 잃었고 그것들을
모두 쓰레기로 여기고 있습니다. 그것은 내가 그리스도를 얻고 9 그리
스도와 하나가 되려는 것입니다. 내가 율법을 지킴으로써 하느님과의
올바른 관계를 얻는 것이 아니라 내가 그리스도를 믿을 때 내 믿음을
보시고 하느님께서 나를 당신과의 올바른 관계에 놓아주시는 것입니
다. 10 내가 바라는 것은 그리스도를 알고 그리스도의 부활의 능력을
깨닫고 그리스도와 고난을 같이 나누고 그리스도와 같이 죽는 것입
니다. 11 그러다가 마침내 죽은 자들 가운데서 다시 살아나기를 바랍
니다.

4. 동사 분해

가. 7절

ἦν (εἰμί [to be, to exist, to remain])의 미완료, 직설법, 3인칭, 단수, '…인 상태였다'

ἥγημαι (ἡγέομαι [to consider, to be chief, to think])의 현재완료, 중간태, 직설법, 1인칭, 단수, '나는 생각하였다, 여겼다'. 동사 ἡγεῖσθαι는 ἔχειν처럼 두 개의 목적어를 취하여 '…를 …로(술어적 목적어) 여기다'의 뜻으로 사용되었다.

나. 8절

ἡγοῦμαι (ἡγέομαι)의 현재, 중간태, 직설법, 1인칭, 단수, '나는 여기고 있다'

εἶναι (εἰμί)의 현재, 부정사, '…인 것'

ὑπερέχον (ὑπερέχω [to surpass, to excel, to be better than])의 현재, 능동태, 분사, 중성, 단수, 대격, '우월함'

ἐζημιώθην (ζημίοω [to lose, to forfeit, to suffer loss])의 단순과거, 수동태, 직설법, 1인칭, 단수, '나는 잃었다'

κερδήσω (κερδαίνω [to gain, to profit])의 단순과거, 능동태, 가정법, 1인칭, 단수, '내가 얻기 위해서'

다. 9절

εὑρεθῶ (εὑρίσκω [to discover, to obtain, to receive])의 단순과거, 수동태, 가정법, 1인칭, 단수, '내가 발견되기 위해서'

ἔχων (ἔχω [to have, to hold, to possess])의 현재, 능동태, 분사, 남성, 단수, 주격, '가지고 있는')

라. 10절

γνῶναι (γινώσκω [to know, to have knowledge of, to find out, to learn])의 단순과거, 능동태, 부정사 '아는 것'

συμμορφιζόμενος (συμμορφίζω [to take on the same form as, to share the likeness of])의 현재, 수동태, 분사, 남성, 단수, 주격, '닮아가는, 본받는'

마. 11절

καταντήσω (καταντάω [to come, to arrive, to reach, to attain])의 단순과거, 능동태, 가정법, 1인칭, 단수, '내가 도달하도록'

5. 용어 해설

가. **ἥγημαι** (7절)

ἡγέομαι 의 현재완료. 과거에 완료되었던 동작이 현재에도 지속되고 있는 것을 의미한다. 그러므로 바울은 모든 것을 과거에 이미 해로 여겼으며, 현재도 그러하다는 것을 말한다.

나. **ζημία** (7, 8절)

'손해', '손실'(loss). 사도행전 27장 10절에서는 해상(海上)에서 입은 손실을 의미하였는데, 당시 파피루스에서는 '사업적 손실'을 의미하는 말로 사용되었다.

다. **μενοῦνγε** (8절)

'반대로, '오히려', '그러므로', '정말로'. 8절에 강조를 나타내는 접속사(ἀλλά)와 함께 연이어 두 개의 불변사(μενοῦνγε, καί)가 나타나는데,

이는 이어지는 내용을 더욱 효과적으로 강조하기 위한 것이다(*BDF*, § 448.6 항목과 위의 1장 19절 '문법 설명' 참조). 즉 바울은 이전의 진술(7절)을 전제로 그뿐 아니라 현재에도 모든 것을 해로 여기고 있음을 강조한다.

라. **γνῶσις** (8절)

'지식'(knowledge). 이는 그리스도에 대한 개인적이고 친밀한 지식을 뜻한다. 이 용어는 앎의 대상이 아는 자에게 미치는 영향을 포함하여, 종종 '아는 자'(the knower)와 '앎의 대상이 되는 자'(the known) 간의 개인적인 관계를 암시한다.

마. **ἐζημιώθην** (8절)

'손실을 감수하다'(to suffer loss). 단순과거 시제는 바울 자신이 회심한 특정 시간을 지칭한다.

바. **σκύβαλον** (8절)

'폐물'(refuse). 헬라어에서 이 용어는 '반쯤 먹힌 사체(死體)', '오물', '거름더미', '인간의 배설물', '축제 후 남은 쓰레기', '상에서 버려진 음식'과 이와 같은 것들을 의미한다.

사. **διὰ πίστεως Χριστοῦ** (9절)

문자적으로 '그리스도의 믿음을 통해서'. 여기서 Χριστοῦ를 '목적격적 속격'으로 이해할 경우, 그리스도가 대상이 되어 '그리스도에 대한 (바울의) 믿음'이라는 뜻이 되고, '주격적 속격'으로 이해할 경우 그리스도가 주어가 되어 '그리스도의 신실함'(faithfulness of Christ)이라는 뜻이 된다. 바울의 경우 대개 θέος나 Χριστός의 속격은 명확하게 규정되지 않은 일종의 관계성을 표현하기 위해서 사용되어, 이 속격을 주격으로 볼 것인지 아니면 목적격으로 볼 것인지는 분명하지 않다(*BDF*, § 163 참조). 본문 번역에서는 '주격적 속격'으로 번역하였다.

아. **δύναμιν τῆς ἀναστάσεως** (10절)

'부활의 능력'. 바울은 그리스도를 단지 역사적 사실로만이 아니라 자신의 삶 속에 항상 살아 있는 부활의 주님으로 알고 있다. 그러므로 그리스도인의 능력이란 그리스도와 분리될 수 있는 것이 아니라 언제나 그리스도로부터 부여 받은 능력이다. 바울의 경우 부활은 인간에 의해 일어나는 사건이 아니라 인간에 대한 하나님의 창조적인 행위이다(롬 4:17 참조). 이런 관점에서 부활은 구원을 종말 전에 받은 그리스도인의 삶과 관련되어 있다. 바울의 경우 그리스도인의 삶이란 그리스도의 부활의 능력으로 부활 소망을 가지고 사는 삶이다.

자. **εἴ πως** (11절)

'혹시 …할까 하여', '어떻게 해서든지'. 이는 '소망'이나 '바램'을 위해 사용된다.

6. 문법 설명

가. 관사와 함께 추상명사로 사용되는 중성 분사 (8절, Burton, § 425과 *BDF*, § 263 참조)

관사와 함께 쓰이는 중성 분사는 종종 추상명사의 의미를 갖는다. 이런 식으로 쓰이는 중성 분사는 일반적으로 다른 추상명사들처럼 속격에 의해 한정된다. 본문 8절의 διὰ <u>τὸ ὑπερέχον</u> τῆς γνώσεως Χριστοῦ Ἰησοῦ τοῦ κυρίου μου에서 τὸ ὑπερέχον 는 '능가하다'(to surpass, to be better than)라는 뜻의 동사 ὑπερέχω 의 현재, 능동태, 분사, 중성, 단수, 대격이다. 본문에서는 속격 τῆς γνώσεως 의 수식을 받아 '그리스도 예수 나의 주를 아는 지식의 **탁월함**(excellence) 때문에'라는 뜻으로 쓰였다(제9강 IV-6-가 항의 문법 설명, '추상명사로 사용되는 중성 분사와 중성단수 형용사 용법' 참조).

나. 소유 형용사의 용법 (9절, *BDF*, § 285 **참조**)

고전 헬라어에서 소유의 의미를 강조하기 위하여 인칭대명사의 속격을 대신하여 소유 형용사를 사용하던 것이 신약성경에서는 거의 사라지고 점차 인칭대명사로 대체되었다. 복수 인칭대명사인 ἡμέτερος (우리들의), ὑμέτερος (너희들의)는 신약성경에 각각 9번씩 나타나며, 마태복음과 마가복음에는 전혀 나타나지 않는다. 1인칭 단수 소유 형용사인 ἐμός (나의)는 요한복음에 매우 자주 등장하지만, 다른 곳에서는 거의 등장하지 않으며, 또 2인칭 단수 소유 형용사인 σός (너의)는 복음서와 사도행전을 제외하고는 바울서신에만 3회 등장할 뿐이다. 또한 이들 소유 형용사들은 (관사 없이) 서술적으로 사용되기도 하였다. 어떤 경우에 이들은 한정적으로 사용되었지만 관사가 생략되기도 하였다. 본문 9절의 소유 형용사 <u>ἐμὴν</u> δικαιοσύνην는 **관사가 생략된 한정적 용법**으로서 '**나 자신의 의**'라는 뜻이다.

다. τοῦ와 함께 쓰인 관착 부정사의 목적적 의미

(10절, Moule, 128-129과 Burton, § 397 및 *BDF* § 400 **참조**)

속격 관사 τοῦ **와 함께 쓰이는 관착 부정사**는 주동사에 의해 묘사된 동작이나 상태의 **목적**을 표현하기 위해 사용되기도 한다. 관착 부정사의 속격은 바울과 누가의 본문에서 광범위하게 사용되었으며, 마태복음과 마가복음에서도 제한적으로 나타난다. 그러나 그 외의 신약성경에서는 거의 등장하지 않거나 전혀 등장하지 않는다. 고전 헬라어에서는 속격 관착 부정사가 속격을 지배하는 명사나 동사와 함께, 목적을 나타내기 위해 사용되었는데, 신약성경에서는 두 가지 구조가 모두 나타나기는 하지만, 주로 목적을 나타내는 ἵνα 의 용법과 유사하게 사용된다. 목적을 나타내는 용법을 포함하여 신약성경에서 사용되는 속격 관착 부정사의 주요 용례는 다음과 같다(제3강 IV-6-나 항의 문법 설명, '부정사의 용법' 참조).

1) **χρόνος**, **καιρός**, **ἐξουσία**, **ἐλπίς**, **χρεία** 등의 명사와 함께 사용된다.

2) 어떤 문장에서는 관련된 명사와 부정사가 매우 느슨하게 연결되어 있어서 **결과**의 의미를 나타내는 경향이 있다. 예를 들어, 누가복음 2장 21절의 ἐπλήσθησαν ἡμέραι ὀκτὼ τοῦ περιτεμεῖν αὐτόν 는 '그에게 할례를 베풀 8일이 다 찼다'라는 뜻이 아니라 '8일이 차서 [**그 결과**] 그에게 할례를 베풀었다'라는 뜻으로, ὥστε περιτεμεῖν (**그 결과** 할례를 베풀었다) 또는 ἵνα περιτέμωσιν (할례를 베풀기 **위하여**)와 비슷한 의미로 사용되었다.

3) 속격 관착 부정사는 고전적인 용법과 같이 **형용사**와 함께 사용되기도 한다. 예를 들면, 고린도전서 16장 4절의 ἐὰν δὲ ἄξιον ᾖ τοῦ κἀμὲ πορεύεσθαι 는 '만일 나도 가는 것이 **합당하다**면'의 뜻이다.

4) '**방해**'나 '**중지**'를 뜻하는 **동사**와 함께 쓰이는 '**τοῦ μή + 부정사**' 구문은 이미 고전 헬라어에서부터 나타나는 표현이지만, 신약성경에서는 이에서 더 발전하여 동사에 구애받지 않고 '…**하지 않도록**'(so that … not)이라는 의미로 사용되었다.

5) 속격을 지배하는 명사나 동사 없이, 목적이나 결과를 나타내는 의미로 사용되는 '**τοῦ / τοῦ μή + 부정사**'의 용법은 신약성경에서 가장 빈번하게 나타난다. 예를 들어, 마태복음 13장 3절의 ἐξῆλθεν ὁ σπείρων

τοῦ σπείρειν 는 '씨 뿌리는 자가 **씨를 뿌리기 위해서** 나갔다'라는 뜻이다. 본문인 빌립보서 3장 10절의 τοῦ γνῶναι αὐτόν 도 '그를 **알고자 하여**'라는 의미로 이해할 수 있다.

라. 가정법과 함께 소망이나 바람을 표현하는 εἰ

(11절, Burton, § 253, 276과 *BDF*, § 375 참조)

일반적으로 **미래의 조건**을 나타내기 위해서는 **'ἐάν + 가정법'**이 사용되며, **현재의 조건**을 나타내기 위해서는 **'εἰ + 직설법'**이 사용된다(Machen, §311 참조). 신약성경에서 'εἰ + 가정법'의 형태가 가끔 나타나기도 하지만, 일반적으로는 'ἐάν + 가정법 이나 εἰ + 직설법' 구조가 유지된다. 종종 조건절만 나타나고 귀결절이 생략되는 경우, 생략된 귀결절은 실제적으로는 조건절 안에 내포되어 있으며, 이때 조건절은 소망이나 바람의 대상이 되는 '**가능성**'을 표현한다. 고전 헬라어에서는 이러한 조건절이 εἰ 나 ἐάν 모두에 의해 시작되지만, 신약성경에서는 εἰ만 나타나며, 이때 조건절을 이끄는 εἰ는 가정법이나 희구법 또는 미래 직설법을 취하게 된다. 본문 11절의 εἴ πως καταντήσω εἰς τὴν ἐξανάστασιν τὴν ἐκ νεκρῶν 가 바로 이러한 경우인데, 본문은 조건절만 나타나고 이어지는 귀결절이 나타나지 않으면서 'εἰ + 가정법'으로 표현된 조건절 안에 바울 자신의 바램이나 소망을 함께 내포하고 있다. 그러므로 εἴ πως καταντήσω εἰς τὴν ἐξανάστασιν τὴν ἐκ νεκρῶν 는 문자적으로는 '어떻게든지 죽은 자들로부터 부활에 이른다면'이라는 뜻이지만, '죽은 자들로부터 부활에 이르기를 원합니다'라는 소망의 표현으로 이해할 수 있다. 또한 εἰ 다음에 가정법이 이어지는 아래 12절의 εἰ καὶ καταλάβω 라는 표현도 이와 동일한 구문이다.

7. 사본의 다른 읽기 본문 대조

가. **ἀλλα** (7절)

𝔓[46], ℵ, G, 33을 비롯한 몇몇 사본들은 문두의 접속사 ἀλλά를 생략하지만, B, D, Ψ를 비롯한 대부분의 사본은 본문을 지지한다. 그러나 접속사 ἀλλά는 '보다 쉬운 읽기'(*lectio facilior*)를 위해 이차적으로 첨가된 것으로 보이며, *NA*[27]은 이를 꺽쇠 괄호로 표시하여 본문 비평적으로 확실히 결정하기 어려운 것으로 여긴다.

나. 관사 **τὴν**와 **τῶν** (10절)

𝔓[46], ℵ*, B 사본은 본문의 κοινωνίαν와 παθημάτων 앞의 관사 τήν과 τῶν을 생략하지만, ℵ[2], D, F, G, Ψ 사본을 비롯한 대부분의 사본들은 관사를 포함하고 있다. 이는 필사자가 τὴν δύναμιν과 이후에 나오는 κοινωνίαν과 παθημάτων을 명확하게 구별하기 위해 첨가한 것으로 보인다. 이것 역시 위의 ἀλλά처럼 *NA*[27]은 꺽쇠 괄호로 표시하여 본문 비평적으로 확실히 결정하기 어려운 것으로 본다.

8. 본문 사역

[7] 그러나 무엇이든지 나에게 유익했으나, 나는 이것들을 그리스도를 위하여 해로 여겼습니다. [8] 하지만 실로 또한 그리스도 예수 나의 주님을 아는 지식의 탁월함으로 인하여 모든 것을 해로운 것으로 여기고 있습니다. 그분으로 인하여 나는 모든 것을 버렸고 또한 쓰레기로 여깁니다. 이는 그리스도를 얻고 [9] 그분 안에서 발견되려 하기 위함입니다. 나는 율법에서 난 내 자신의 의를 가지고 있는 것이 아니라 그리스도의 신실함으로 말미암은 의, 곧 믿음에 근거한 하나님께로부터

난 의를 가지고 있으며, 10 그분과 그의 부활의 능력과 그의 고난에 참여함을 알고자 그 분의 죽으심을 본받아 11 어떻게 해서든지 죽은 자들로부터 부활함에 이르기를 원합니다.

9. 본문 주해

가. 거짓 교사 경고에 대한 첫 번째 논증: 예수 그리스도를 믿음으로 하나님께로부터 난 의(7-9절)

이어서 바울은 자신의 율법주의적 이력에 대하여 신뢰하지 않음과 예수 그리스도를 믿음으로 말미암은 하나님께로부터 난 의를 거짓 교사 경고에 대한 논증으로 삼는다. 바울은 자신의 유대적인 모든 이력, 곧 자신의 혈통적 신분과 모든 육체적 행위를 해로움과 배설물로 여긴다는 것을 언급한 다음, 그 근본적인 원인으로 '율법에서 난 의'가 아니라 '예수 그리스도를 믿음으로 말미암은 하나님께로부터 난 의'를 거짓 교사 경고에 대한 권면을 논증하는 주제로 삼는다.

바울은 예수 그리스도를 믿은 후 자신이 회심하기 전에 유익하게 생각하던 모든 것을 그분을 위하여 다 해로운 것으로 여긴다(7-8절상). 그것은 그가 모든 지식보다 주 예수 그리스도를 아는 지식을 가장 고상하게 여겼기 때문이다(8절상). 그리고 모든 것을 배설물로 여기고 버리는 것은 그리스도를 얻고, 또한 그 안에서 발견되기 위함이다(8절하-9절상). 여기서 '해'(ζημία)는 사업적 손실을, '유익'(κέρδος)은 상업적인 이득을, '지식'(γνῶσις)은 '해'와 '유익'과 함께 헬라 세계에서 널리 사용되던 용어였다. 또 '배설물'(σκύβαλον)은 용어 해설에서 밝힌 것처럼 당시 헬라어에서 '반쯤 먹힌 사체, 오물, 거름 덩어리, 인간의 배설물, 축제 후 남은 쓰레기, 상에서 버려진 음식 같은 것'을 의미하는 말이었다.

바울은 자신이 유대교에 속한 사람이었을 때 유익하게 여겨 자랑하던 모든 것을 해로 여기고 배설물로 여긴다. 그것은 그리스도 안에서 보면 아무 가치가 없는 것이며 그리스도 앞에 나가는 길에 방해만 될 뿐이다. 이제 그에게 가치 있는 것은 오직 '그리스도를 아는 지식'(τῆς γνώσεως Χριστοῦ Ἰησοῦ)뿐이다. 그는 그리스도 때문에 '모든 것을 해로 여기며'(ἡγοῦμαι πάντα ζημίαν εἶναι), 그리스도로 인하여 '모든 것을 잃어버렸고'(τὰ πάντα ἐζημιώθην), 모든 것을 '쓰레기로 여긴다'(ἡγοῦμαι σκύβαλα). 이 모든 것은 '그리스도를 얻고'(ἵνα Χριστὸν κερδήσω) '그 분 안에서 발견되기'(εὑρεθῶ ἐν αὐτῷ) 위함이다.

9절에서 바울은 율법주의적 적대자들에 대하여 경고하는 맥락에서 로마서나 갈라디아서같은 자신의 주요 서신에서 다루는 핵심적인 주제인 그리스도로 말미암은 이신칭의(以信稱義)를 언급한다. 바울이 가진 의는 '율법에서 난 의'가 아니라 오직 그리스도를 믿음으로 말미암은 의, 곧 '믿음으로 하나님께로부터 난 의'다.

'그리스도를 믿음으로 말미암은'이란 어구(語句)는 문자적으로는 '그리스도의 믿음을 통해서'인데, 이 어구에 들어있는 '그리스도의 믿음'(πίστις Χριστοῦ)은 최근의 바울서신 해석에서 쟁점으로 등장한다. '믿음'을 수식하는 '그리스도의'라는 속격(屬格)을 '목적격적 속격'으로 이해할 경우 그리스도가 믿음의 대상이 되어 '그리스도의 믿음'은 '그리스도에 대한 [바울의] 믿음'이라는 뜻으로 해석할 수 있고, 이 어구를 '주격적 속격'으로 이해한다면 그리스도가 주체가 되어 '그리스도의 신실함'으로 해석할 수 있다. 그러나 많은 경우에 바울서신에서 '그리스도의'라는 속격을 '주격적 속격'으로 보아야 하는지 아니면 '목적격적 속격'으로 보아야 하는지를 분명하게 결정하기가 쉽지 않다. 이 어구가 어떻게 해석되든지 간에 바울은 인간의 구원과 관련하여 인간 스스로의 신앙적인 노력이나 도덕적인 노력으로써 얻는 인간 자신의 '능동적인 의'(iustitia activa)를 주장하는 것이 아니라, 그리스도를 믿음으로 하나님으로부터 난, 은혜로 선사되는 '수동적인 의'(iustitia passiva)를 강조한다.

나. 이신칭의의 목표점 (10–11절)

예수 그리스도를 믿음으로 말미암아 의로 여김 받음의 결국은 부활에 이르는 것이다. 이와 같이 바울의 경우 '칭의(稱義)'와 '부활'은 불가분(不可分)으로 관련되어 있다. 그러므로 바울은 예수 그리스도의 고난과 부활의 권능에 참여하기 위해 그리스도를 본받고자 한다. 곧 의롭다 여김 받은 그리스도인의 삶은 그리스도의 부활의 능력으로 부활 소망을 가지고 사는 삶으로 하나님 곁에 이르려 하는 삶이다.

칭의와 부활의 밀접한 관련성은 로마서에서 바울이 인용하는 초기 기독교의 그리스도에 대한 신앙 전승(롬 4:25)에서도 확인된다. 이 전승에 의하면, 예수 그리스도는 인간이 범죄한 것 때문에 내줌이 되고, 또한 그를 믿는 자를 의롭다 하시기 위하여 살아나셨다. 예수의 십자가 사건은 그리스도인의 속죄를 위함이며, 그분의 부활 사건은 믿는 자의 칭의를 위함이다. 바울은 자신이 믿는 그리스도께서 행하신 구원 사건인 십자가와 부활 사건, 곧 그리스도의 부활의 권능과 그분의 고난에 참여(κοινωνία)하고자 한다. 그리하여 그는 어떻게 해서든지 죽은 자 가운데서 부활에 이르려고 한다. 이러한 그리스도의 십자가와 부활 사건에 참여함으로써 바울은 결국 의롭다 여김 받은 삶의 목표점인 하나님 곁에 이르려 한다.

06_

사도 바울과 그의 동역자 실라가
갇혔던 곳으로 알려진 감옥(행 16:23-40).
이는 로마 시대에 저수지였으며,
후에 예배의 처소로 바뀌었다.

사진 장흥길

07_

'성 루디아 교회 세례당' 앞
지각티스(Zygaktis) 강가의
야외 세례터.

사진 장흥길

제8강

하늘에 있는 우리의 시민권(3:12-21)

- 푯대를 향해 나아가는 그리스도인의 새로운 삶

I. 본문 단락(3:12-21)의 개요

제3부 거짓 교훈에 대한 경계 권면과 믿음에서 난 의를 위한 싸움(3:1-21)

I. 율법주의 거짓 교사 경계에 대한 권면(3:1-11)

II. 푯대를 향해 나아가는 그리스도인의 새로운 삶(3:12-21)

1. '이미 얻었고 온전히 이루었다'(완전주의)고 주장하는 거짓 교훈에 대한 반박(12-16절)

가. 거짓 교훈의 주장에 대한 반박(12절상)

나. 바른 교훈의 주장(12절하)

다. 푯대를 향해 나아가는 삶(13-16절)

2. 거짓 교사가 아니라 바울을 본받는 삶(17-21절)

II. '이미 얻었고 온전히 이루었다'(완전주의)고 주장하는 거짓 교훈에 대한 반박(12–16절)

1. 본문의 짜임새

가. '이미 얻었고 온전히 이루었다'는 거짓 교훈의 주장에 대한 반박 (12절상)

나. '그리스도 예수께 잡힌 바 된 것을 잡으려고 달려간다'는 바른 교훈의 주장(12절하)

다. 그리스도 안에서 새로운 삶의 목표(13–16절): "푯대를 향해 나아가는 삶"

2. 헬라어 본문

12 Οὐχ ὅτι ἤδη ἔλαβον ἢ ἤδη τετελείωμαι, διώκω δὲ εἰ καὶ
καταλάβω, ἐφ’ ᾧ καὶ κατελήμφθην ὑπὸ Χριστοῦ [Ἰησοῦ]. 13 ἀδελφοί,
ἐγὼ ἐμαυτὸν οὐ λογίζομαι κατειληφέναι· ἓν δέ, τὰ μὲν ὀπίσω
ἐπιλανθανόμενος τοῖς δὲ ἔμπροσθεν ἐπεκτεινόμενος, 14 κατὰ σκοπὸν
διώκω εἰς τὸ βραβεῖον τῆς ἄνω κλήσεως τοῦ θεοῦ ἐν Χριστῷ Ἰησοῦ.
15 Ὅσοι οὖν τέλειοι, τοῦτο φρονῶμεν· καὶ εἴ τι ἑτέρως φρονεῖτε, καὶ
τοῦτο ὁ θεὸς ὑμῖν ἀποκαλύψει· 16 πλὴν εἰς ὃ ἐφθάσαμεν, τῷ αὐτῷ
στοιχεῖν.

3. 한글 번역 본문 대조

가. 개역 개정

12 내가 이미 얻었다 함도 아니요 온전히 이루었다 함도 아니라 오직
내가 그리스도 예수께 잡힌 바 된 그것을 잡으려고 달려가노라 13 형
제들아 나는 아직 내가 잡은 줄로 여기지 아니하고 오직 한 일 즉 뒤
에 있는 것은 잊어버리고 앞에 있는 것을 잡으려고 14 푯대를 향하여
그리스도 예수 안에서 하나님이 위에서 부르신 부름의 상을 위하여
달려가노라 15 그러므로 누구든지 우리 온전히 이룬 자들은 이렇게
생각할지니 만일 어떤 일에 너희가 달리 생각하면 하나님이 이것도
너희에게 나타내시리라 16 오직 우리가 어디까지 이르렀든지 그대로
행할 것이라

나. 새 번역

12 나는 이것을 이미 얻은 것도 아니며, 이미 목표점에 다다른 것도
아닙니다. 그리스도 [예수]께서 나를 사로잡으셨으므로, 나는 그것
을 붙들려고 좇아가고 있습니다. 13 형제자매 여러분, 나는 아직 그것
을 붙들었다고 생각하지 않습니다. 내가 하는 일은 오직 한 가지입니
다. 뒤에 있는 것은 잊어버리고, 앞에 있는 것을 향하여 몸을 내밀면
서, 14 그리스도 예수 안에서, 하나님께서 위로부터 부르신 그 부르심
의 상을 받으려고, 목표점을 바라보고 달려가고 있습니다. 15 그러므
로 누구든지 성숙한 사람은 이와 같이 생각하십시오. 여러분이 무엇
인가를 달리 생각하면, 하나님께서는 그것도 여러분에게 드러내실 것
입니다. 16 어쨌든, 우리가 어느 단계에 도달했든지 그 단계에 맞추어
서 행합시다.

다. 공동번역 개정

[12] 나는 이 희망을 이미 이루었다는 것도 아니고 또 이미 완전한 사람이 되었다는 것도 아닙니다. 다만 나는 그것을 붙들려고 달음질칠 뿐입니다. 그리스도 예수께서 나를 붙드신 목적이 바로 이것입니다. [13] 형제 여러분, 나는 그것을 이미 붙들었다고 생각하지 않습니다. 다만 나는 내 뒤에 있는 것을 잊고 앞에 있는 것만 바라보면서 [14] 목표를 향하여 달려갈 뿐입니다. 하느님께서는 그리스도 예수를 통하여 나를 부르셔서 높은 곳에 살게 하십니다. 그것이 나의 목표이며 내가 바라는 상입니다. [15] 그러므로 믿음이 성숙한 사람은 모두 이와 같은 마음가짐으로 살아가야 합니다. 만일 여러분이 어떤 문제에 관해서 다른 생각을 품었더라도 하느님께서는 그것까지도 분명히 가르쳐주실 것입니다. [16] 어쨌든 우리가 이미 이룬 것을 바탕으로 해서 다 같이 앞으로 나아갑시다.

4. 동사 분해

가. 12절

ἔλαβον (λαμβάνω [to take, to receive])의 단순과거, 능동태, 직설법, 1인칭, 단수, '나는 얻었다'

τετελείωμαι (τελειόω [to make perfect, to make complete, to fulfill])의 현재완료, 수동태, 직설법, 1인칭, 단수, '나는 완전하게 되었다'

διώκω (διώκω [to pursue, to persecute, to seek after, to chase])의 현재, 능동태, 직설법, 1인칭, 단수, '나는 추구한다, 좇아간다'

καταλάβω (καταλαμβάνω [to overtake, to obtain, to make one's own])의 단순과거, 능동태, 가정법, 1인칭, 단수, '붙잡기 위해서'. '얻다'는 뜻의 λαμβάνω 와 '완전', '완성'을 의미하는 전치사 κατά 가 합성된 καταλαμβάνω 는 '붙잡다'를 의미한다.

κατελήμφθην (καταλαμβάνω)의 단순과거, 수동태, 직설법, 1인칭, 단수, '나는 붙잡혔다, …의 소유가 되었다'

나. 13절

λογίζομαι (λογίζομαι [to account, to reckon])의 현재, 능동태, 직설법, 1인칭, 단수, '나는 생각한다'

κατειληφέναι (καταλαμβάνω)의 현재완료, 능동태, 부정사, '[이미] 획득한 것'

ἐπιλανθανόμενος (ἐπιλανθάνομαι [to forget, to neglect, to overlook], 속격을 동반함)의 현재, 중간태, 분사, 남성, 단수, 주격, '잊어버리고서, 무시하면서'

ἐπεκτεινόμενος (ἐπεκτείνομαι [to stretch toward, '손을 뻗치다', to reach for, to strain, '큰 걸음으로 빨리 걷다'의 뜻을 지닌 여격 지배 동사])의 현재, 중간태, 분사, 남성, 단수, 주격, '전진하면서'

다. 14절

διώκω (διώκω)의 현재, 능동태, 직설법, 1인칭, 단수, '나는 추구하고 있다, 좇고 있다'

라. 15절

φρονῶμεν (φρονέω [to think])의 현재, 능동태, [권고적 hortatory] 가정법, 1인칭, 복수, '우리가 생각합시다'

φρονεῖτε (φρονέω)의 현재, 능동태, 직설법, 2인칭, 복수, '여러분이 생각한다'

ἀποκαλύψει (ἀποκαλύπτω [to reveal, to disclose])의 미래, 능동태, 직설법, 3인칭, 단수, '그가 나타낼/보여 줄 것이다'

마. 16절

ἐφθάσαμεν (φθάνω [to come upon, to reach, to attain, to achieve])의 단순과거, 능동태, 직설법, 1인칭, 복수, '우리가 도달하였다'

στοιχεῖν (στοιχέω [to walk, to conduct oneself])의 현재, 능동태, 부정사, '걷는 것, 행하는 것', '굳게 지키는 것', '따르는 것'

5. 용어 해설

가. **ἐφ' ᾧ** (12절)

'그러한 이유로', '왜냐하면'. 이 말은 이유, 또는 목적을 나타내기도 한다('거기로', '그것에 대하여', whereunto). '새 번역'은 '이유'의 의미로, '공동번역 개정'에서는 '목적'의 의미로 번역하였다. 필자는 문맥을 고려하여 '이유'로 보아 이를 '왜냐하면'으로 옮겼다.

나. **ἐπεκτεινόμενος** (13절)

ἐπεκτείνομαι의 분사. 달리기 경주에 참가한 선수가 몸을 앞으로 구부린 상태에서 목표를 향해 손을 뻗고, 두 눈으로는 결승점을 주시하는 모습을 묘사하는 여격(與格) 지배 동사이다.

다. **σκοπός** (14절)

눈을 고정시키는 곳, 즉 '목표'(goal). 바울은 13절과 마찬가지로 여기서도 달리기 경주를 염두에 두고 '경주의 결승점'이라는 은유적인 표현을 사용한다. βραβεῖον 역시 경주에서 우승한 선수에게 부여하는 상(賞)을 뜻하는 용어이다.

라. **ἄνω** (14절)

부사로 '위'(above), '위로'(upward). 이 말은 '부르심'이 어디에서 왔는지를 언급하는 말이거나, 그 '부르심'이 자신을 이끌고 가는 방향, 즉 '위로, 하늘을 향하여'를 뜻한다.

마. **πλήν** (16절)

'그럼에도 불구하고'(nevertheless). 이는 한 단락의 결미에 쓰여서 해당 단락에서 논의되는 주제의 주요 논점을 분명하게 한다. 따라서 이 용어는 '어쨌든, 하나만 더 이야기하면'(just one thing more)으로 옮길 수 있다.

바. **στοιχεῖν** (16절)

στοιχέω ('열을 지어 행하다')의 부정사. Στοιχέω는 '줄에 들어서다'(to be drawn up in line), '…와 나란히 서다', '일치하다', '따르다, 굳게 지키다'의 뜻으로, '열(列)'을 의미하는 στοῖχος에서 유래하였다. 이는 일정한 체제의 기본이 되는 원리에 부합되게 행하는 것을 뜻한다. 본문에서는 **주동사 대신 명령**의 의미로 사용되었다. 이에 대하여는 아래 문법 설명의 다항, '명령법과 같은 의미로 사용되는 명령적 부정사'를 참조하라.

6. 문법 설명

가. 전치사 ἐπί의 용법 (12절, Moule, 49–50 참조)

대격, 여격, 속격 모두를 지배하는 ἐπί 의 경우 다음에 어떤 격(格)이 올 것인지는 매우 유동적이다. 에베소서 1장 10절의 경우 심지어 같은 절 안에서도 다른 격으로 쓰였다.

1) **대격과 함께 쓰일 경우**

이 경우 ἐπί 는 기본적으로 '어디를 향한 움직임'(movement toward), 즉 행동이나 의도가 지향하는 '**목표**'를 나타낸다. 예를 들어, 누가복음 14장 31절의 ὑπαντῆσαι τῷ μετὰ εἴκοσι χιλιάδων ἐρχομένῳ ἐπ' αὐτόν 은 '2만 명을 데리고 **그를 향해** 오는 자(상대 왕)와 맞설 수 있는지'라는 뜻이다. 그 외 신약성경에서는 '**πιστεύω ἐπί + 대격**'(…를 믿다)의 형태를 가진 구문이 자주 등장하는데, 이 구문 역시 비유적인 의미로 '믿음의 대상을 향한 움직임'을 함의하고 있다. 그러나 종종 ἐπί 다음에 나오는 대격이 행동이나 의도의 목표가 아니라 현재의 위치를 나타내는 경우도 있다. 예를 들어, 마가복음 4장 38절의 ἐπὶ τὸ προσκεφάλαιον (upon the cushion, '베개를 [베고]')이나, 마태복음 14장 25절의 περιπατῶν ἐπὶ τὴν θάλασσαν (walking on the lake, '바다 **위로** 걸어서')의 경우가 그러하다. 그러나 마태복음 14장 25절의 평행절인 마가복음 6장 48절(περιπατῶν ἐπὶ τῆς θαλάσσης)과 요한복음 6장 19절(περιπατοῦντα ἐπὶ τῆς θαλάσσης)에서는 대격(對格) 대신 **속격**(屬格)이 사용되었다.

2) **속격과 함께 쓰일 경우**

이때 ἐπί 는 기본적으로 '**위치**'를 나타낸다. 예를 들어, 마가복음 2장 10절의 ἐπὶ τῆς γῆς (**upon** the earth)는 '**땅에서**'라는 의미로 사용되었다.

3) **여격과 함께 쓰일 경우**

가) 이 경우 ἐπί 는 기본적으로 **일정한 시점에서 중단되는 움직임**을 나타낸다. 예를 들어, 요한복음 4장 6절의 ἐκαθέζετο οὕτως ἐπὶ τῇ πηγῇ (he sat at the well, '그가 우물**곁에** 그대로 앉으시니')과 마태복음 16장 18절의 ἐπὶ ταύτῃ τῇ πέτρᾳ οἰκοδομήσω (I will build upon this rock, '내가 이 반석 **위에** 세우리라')의 경우 그러하다.

나) 그러나 종종 여격과 함께 쓰이는 ἐπί는 **다양한 의미**로 사용되는 영어의 전치사 at와 매우 유사하게 사용된다. 사도행전 5장 9절의 ἐπὶ τῇ θύρᾳ (**at** the door, '문 앞**에**'), 히브리서 9장 26절의 ἐπὶ συντελείᾳ τῶν αἰώνων (**at** the close of the ages, '세상 끝**에**'), 누가복음 4장 22절의 θαύμαζον ἐπὶ τοῖς λόγοις (they marvelled **at** the words, '그들이 말**을** 기이히 여겼다'), 요한복음 4장 27절의 ἐπὶ τούτῳ (**at** this [juncture], '이 때**에**') 등에서 보는 것처럼, ἐπί는 다양한 의미로 사용되었다. 또한 로마서 5장 12절과 본문 12절의 **ἐφ' ᾧ**는 '왜냐하면'(inasmuch as, because)의 뜻으로 사용되었다. 따라서 로마서 5장 12절의 καὶ οὕτως εἰς πάντας ἀνθρώπους ὁ θάνατος διῆλθεν, ἐφ' ᾧ πάντες ἥμαρτον 는 '그리고 이와 같이 사망이 모든 사람들에게 이르렀다. **왜냐하면** 모든 사람이 죄를 지었기 **때문이다**'라는 의미이며, 본문 12절의 διώκω δὲ εἰ καὶ καταλάβω, ἐφ' ᾧ καὶ κατελήμφθην ὑπὸ Χριστοῦ [Ἰησοῦ]의 의미는 '오히려 나는 얻기 위해서 달려가고 있습니다. **왜냐하면** 나는 그리스도 예수께 사로잡혔기 **때문입니다**'이다.

나. 더 자유로운 개인적 생략(13절, *BDF*, § 481 참조)

헬라어에서 생략법(ellipses)은 일정한 문법적 법칙에 따른다기보다 글을 쓰는 이의 개인적인 문체에 크게 좌우되는데, 때로는 그 정도가 매우 파격적이기도 하다. 특히 서신에서 이러한 생략법이 자주 나타나는데, 저자가 편지의 수신자들이 자신과 공유하고 있을 것이라고 여기는 지식을 과감하게 생략하거나 평소의 설교와 유사한 방식으로 글을 쓰는 경우에 그러하다. 본문 13절의 **ἕν δέ**(오히려 한 가지, but one thing)는 바울의 전형적인 **개인적 생략법**으로서 '한 가지'를 설명하는 '내가 행한다'(I do)가 보충되어야 의미가 통한다. 이런 이유로 대부분의 영어 성경은 ἕν δέ 를 "But this one thing I do"(*NRSV*, *KJV*, *NIV*, *ESV*)로 번역하였다. 본문 번역에서도 생략된 뜻을 분명히 하기 위해서 '오히려 (나는) 한 가지(**를 행하고 있습니다**), 즉'으로 번역하였다.

다. 명령법과 같은 의미로 사용되는 명령적 부정사 (the imperative infinitive, 16절, Moule, 126–127과 Burton, § 364 참조)

관사 없이 사용되는 부정사는 때때로 **명령**이나 **권고**를 나타내기도 한다. 이는 부정사가 주동사로 사용되는 유일한 경우이다. 부정사의 이러한 용법은 고전 헬라어에서 자주 나타나며, 특히 호머(Homer)의 저술에서 빈번하게 사용되었다. 신약성경에는 본문 16절에 확실한 예가 등장한다. 곧 πλὴν εἰς ὃ ἐφθάσαμεν, τῷ αὐτῷ <u>στοιχεῖν</u> 의 의미는 '오직 우리가 어디까지 이르렀든지 간에, 동일한 법도로 **행하라**'이다. 그밖에 신약성경에서 명령적 부정사는 로마서 12장 15절의 <u>χαίρειν</u> μετὰ χαιρόντων, <u>κλαίειν</u> μετὰ κλαιόντων (기뻐하는 자와 함께 **기뻐하고**, 우는 자와 함께 **울라**)에서 찾아볼 수 있으며, 다소 모호하긴 하지만 누가복음 9장 3절이나 사도행전 23장 23, 24절에서도 부정사의 명령적 용례를 발견할 수 있다.

7. 사본의 다른 읽기 본문 대조

가. ἔλαβον ἢ ἤδη τετελείωμαι에 ἢ ἤδη δεδικαίωμαι **첨가** (12절)

D*, G^c, 이레니우스, 암브로시우스 등의 몇몇 서양 사본들과 𝔓46 사본을 따라 수용 본문은 본문의 읽기인 ἔλαβον ἢ ἤδη τετελείωμαι (내가 이미 잡았다 함도 아니요)를 ἔλαβον ἢ ἤδη δεδικαίωμαι (or have already been justified, 내가 이미 의롭다 여김 받았다 함도 아니요) ἢ ἤδη τετελείωμαι(이미 잡았다 함도 아니라)로 읽는다. 이러한 **첨가**는 아마도 고린도전서 4장 4절(내가 자책할 아무 것도 깨닫지 못하나 그러나 이를 인하여 의롭다 함을 얻지 못하니라)의 영향이거나, '성화(聖化)가 매우 요원해 보인다고 생각한 필사자의 부가적 설명'(H. A. A. Kennedy, *Expository's Greek Testament*, 해당 구절 설명 참조)이거나, 12절의 동사들이 명시적인 목적어를 가지고 있지 않기 때문에 문장의 의미를 보충하려는 의도에서 기인한 것으로 보인다. 𝔓61, **א**, A, B, D^c, K, P, Ψ, 33, 81, 614, 1739 등 대부분의 사본들은 본문 읽기인 짧은 독법을 지지한다.

나. Χριστοῦ ['Ιησοῦ] (12절)

본문 읽기인 '**그리스도 예수**'(**Χριστοῦ ['Ιησοῦ]**)는 사본에 따라 매우 다양한 읽기를 보여 준다. 이 독법은 𝔓46, **א**, A, Ψ 등의 읽기를 반영한 것으로, B, D*, F, G, 33 등 몇몇 중요한 사본에 'Ιησοῦ가 누락되어 있기 때문에 *NA*27에서는 'Ιησοῦ가 꺽쇠 괄호 안에(['Ιησοῦ])표시되어 있다. 이에 대하여는 1장 6절의 '사본의 다른 읽기 본문 대조'를 참조하라.

다. οὐ (13절)

𝔓46, B, D², G, K, Ψ, 88, 1739, 대부분의 라틴어 사본, 시리아 사본

등은 본문 읽기인 **οὐ**를 지지하는데, **ℵ**, A, D[gr*], P, 33, 614 등의 몇몇 사본은 **οὔπω**로 기록하였다. 이는 본문보다 쉬운 읽기로서 필사자들의 이차적인 수정으로 보인다.

라. **φρονῶμεν** (15절)

본문의 문맥에 적합한 권고적인 의미의 청유형 가정법인 φρονῶμεν (let us think) 대신 **ℵ**, L 등의 사본들은 직설법인 φρονοῦμεν (we are thinking)으로 읽는다. 로마서 5장 1절에서 이와 비슷한 이독(異讀)이 나타나는데(ἔχομεν과 ἔχωμεν), 이는 비슷한 발음이나 모양 때문에 생긴 필사자의 실수(itacism)로 보인다.

마. **τῷ αὐτῷ στοιχεῖν** (16절)

16절의 본문 읽기인 **τῷ αὐτῷ στοιχεῖν** 의 이른 형태는 아마도 𝔓[16, 46], **ℵ***, A, B, I[vid], 33, 424[c], 1739 사본 등의 읽기로 보인다. 그러나 이 읽기의 문체가 지나치게 단순하기 때문에 다른 여러 사본에서 다양한 설명구들을 첨가하였다. 예를 들어, 수용 본문은 **ℵ**[c], K, P, Ψ, 88, 614 등의 사본을 따라 τῷ αὐτῷ στοιχεῖν κανόνι, τὸ αὐτὸ φρονεῖν (to walk by the same rule, to think the same thing)이라고 읽는다. 이러한 읽기에서 κανόνι (by rule)는 의미 파악이 어려운 τῷ αὐτῷ (by the same)의 구체적인 의미를 규정하고, τὸ αὐτὸ φρονεῖν (to think the same thing)은 τῷ αὐτῷ στοιχεῖν (to walk by the same)의 의미를 보충적으로 설명한다. 그 밖에 다른 읽기를 보여 주는 사본들도 동일한 단어를 수용 본문과는 다르게 조합하는 이독(異讀)을 보여 준다.

그러나 보다 긴 읽기가 매우 다양하게 나타나고 서로 일치하지 않기 때문에 본문의 짧은 읽기가 이러한 다양한 이독을 조화시키기 위한 후대의 수정이라고 보기는 어렵다. 특히 τὸ αὐτὸ φρονεῖν 은 2장 2절의 τὸ ἓν φρονοῦντες 를 반영한 것으로 여길 수 있으므로 보다 짧은 읽기이며, 동시에 어려운 읽기인 τῷ αὐτῷ στοιχεῖν 이 가장 이른 형태의 본문 읽기이다.

8. 본문 사역

12 내가 이미 얻었다거나 이미 온전하게 되었다는 것이 아닙니다. 오히려 나는 또한 얻기 위해 달려갑니다. **왜냐하면** 나는 또한 그리스도 [예수]에 의해 붙잡혔기 **때문입니다**. 13 형제 여러분! 내 자신은 이미 얻었다고 여기지 않습니다. 오히려 (**나는**) 한 가지(**를 행하고 있습니다**), 즉 뒤에 있는 것들은 잊어버리고 앞에 있는 것들을 향하여 나아가면서 14 푯대를 향하여 그리스도 예수 안에서 하나님께서 위로 부르신 상(賞)을 향해 달려갑니다. 15 그러므로 우리가 얼마나 온전하게 되었던지 간에, 우리는 이를 생각합시다. 그리고 만일 여러분이 어떤 것을 다르게 생각한다면, 하나님께서 여러분에게 이것도 보여 주실 것입니다. 16 어찌하였든 우리는 거기에 이르렀으므로, 그대로 행합시다.

9. 본문 주해

이신칭의의 목표점을 그리스도의 십자가와 부활 사건에 참여함으로써 의롭다 여김 받은 삶의 목표점인 하나님 곁에 도달하는 것이라고 서술한 후에 바울은 그 목표점인 '푯대를 향하여 달려가는 삶'을 다루는 이 단락에서 '내가 이미 얻었고(ἤδη ἔλαβον), 이미 온전히 이루었다(ἤδη τετελείωμαι)'고 주장하는 율법주의적 거짓 교훈에 대하여 예수 그리스도로 말미암아 의로 여김 받은 '이신칭의'의 의미를 해명

한다. 앞 단락에서 자신이 가진 의가 오직 믿음으로 말미암아 하나님께로부터 난 의임을 밝히면서 그가 얻으려 하는 것은 그리스도이며, 오직 그 분 안에서만 발견되기를 원한다고 했던 바울은 이제 여기서 율법주의 거짓 교사가 주장하는 '얻음'과, 믿음으로 의롭다 여김 받은 자가 잡힌 바 된 것을 '잡으려함' 사이의 차이를 묘사한다.

바울은 먼저 '이미 얻었고 온전히 이루었다'는 거짓 교훈의 주장에 반박한다(12절상). 곧 바울은 자신이 '이미 얻었다는 것도 아니요 온전히 이루었다 함도 아니다'라는 논증을 통해 신앙을 '자기완성'이나 '자기 의(義)'로 이해하는 완전주의자의 주장(고전 2:6; 4:8 참조)에 반박하면서, 자신이 그리스도 예수께 잡힌 바 된 그것을 잡으려고 좇아간다(12절하)고 주장한다. '인간의 의'와 '하나님의 의'의 대조는 바울이 세심하게 선택한 '얻다'(λαμβάνειν)와 '(붙)잡다'(καταλαμβάνειν)의 동사에서 나타난다. 바울은 자신의 목표점을 분명하게 진술한다. 그것은 그리스도 예수를 붙잡는 것이다.

바울은 예수 그리스도를 믿음으로 말미암아 하나님께로부터 난 의, 곧 '기독론적 이신칭의'와 신자의 목표인 하나님 곁에 있음 사이에 사는 삶을 '푯대를 향해 달려가는 삶'으로 묘사한다. 바울은 아직 잡은 줄로 여기지 않는다. 오직 한 가지 일, 즉 뒤에 있는 것은 잊어버리고 앞에 있는 것을 잡으려고 푯대를 향해 달려간다(14절). 여기서 '푯대'(σκοπός)는 시선을 고정시키는 곳, 즉 목표를 의미한다.

13-14절에서 바울은 신앙의 삶을 '달리기 경주'에 비유하며 '경주의 결승점'이라는 은유적인 표현을 사용한다. 바울은 고린도전서에서도 그리스도인의 삶을 경기장에서 달리는 운동선수에 빗대어 묘사한 적이 있다(고전 9:24-27). 구원은 신자에게 안전을 보장하며 신자가 의지할 수 있는 어떤 고정된 소유물이 아니다. 오히려 그것은 그리스도 예수 안에서 하나님이 위에서 부르신 부름의 상을 위하여 좇아가야 할 미리 제

시된 목표이다.

그러므로 '온전히 이룬 자들'은 이렇게 생각해야 한다(15절). 여기서 '온전히 이룬 자들'(τέλειοι)이란 자기의 의를 온전하게 이룬 완전주의자라는 의미가 아니라, 그와는 대조적으로 '성숙한 자'(새 번역), '믿음이 성숙한 자'(공동번역 개정)를 의미한다. 바울은 자신과 그와 함께 한 믿는 자들을 이러한 부류의 사람으로 여긴다.

오직 빌립보 성도들은 빌립보 교회에 유대적인 율법주의로써 자기완성, 인간의 의를 조장하는 거짓 교사의 거짓 교훈을 물리치고, 바울이 전한 복음대로 각자가 어디까지 이르렀든지 간에 그대로 행해야 한다(16절). 그리스도인이 달려가야 할 결승점은 이미 그리스도께서 도달하신 목표점이며, 성도가 잡으려고 하는 것은 그리스도께 잡힌 바 된 것을 받아들이는 것이다. 이 도상(途上)에서 달려가는 그리스도인은 하나님께서 위에서 부르신 부름의 상을 위해 좇아가는 것이지, 결코 자기 의(義)를 완성하기 위해 달려가는 것이 아니다.

III. 거짓 교사가 아니라 바울을 본받는 삶(17-21절)

1. 본문의 짜임새

가. 권면: "너희는 함께 나를 본받으라"(17절)

나. 그리스도 십자가의 원수인 거짓 교사의 종말(18-19절)
　: 그들의 신(神)은 배, 영광은 자신들의 부끄러움, 결국은 멸망

다. 빌립보 성도들이 본받아야 할 그리스도인 바울의 종말(20-21절)
　: 하늘의 시민권을 가진 자는 부활의 영광에 참여

2. 헬라어 본문

17 Συμμιμηταί μου γίνεσθε, ἀδελφοί, καὶ σκοπεῖτε τοὺς οὕτω
περιπατοῦντας καθὼς ἔχετε τύπον ἡμᾶς. 18 πολλοὶ γὰρ περιπατοῦσιν
οὓς πολλάκις ἔλεγον ὑμῖν, νῦν δὲ καὶ κλαίων λέγω, τοὺς ἐχθροὺς τοῦ
σταυροῦ τοῦ Χριστοῦ, 19 ὧν τὸ τέλος ἀπώλεια, ὧν ὁ θεὸς ἡ κοιλία καὶ
ἡ δόξα ἐν τῇ αἰσχύνῃ αὐτῶν, οἱ τὰ ἐπίγεια φρονοῦντες. 20 ἡμῶν γὰρ
τὸ πολίτευμα ἐν οὐρανοῖς ὑπάρχει, ἐξ οὗ καὶ σωτῆρα ἀπεκδεχόμεθα
κύριον Ἰησοῦν Χριστόν, 21 ὃς μετασχηματίσει τὸ σῶμα τῆς ταπεινώσεως
ἡμῶν σύμμορφον τῷ σώματι τῆς δόξης αὐτοῦ κατὰ τὴν ἐνέργειαν τοῦ
δύνασθαι αὐτὸν καὶ ὑποτάξαι αὐτῷ τὰ πάντα.

3. 한글 번역 본문 대조

가. 개역 개정

17 형제들아 너희는 함께 나를 본받으라 그리고 너희가 우리를 본받
은 것처럼 그와 같이 행하는 자들을 눈여겨보라 18 내가 여러 번 너희
에게 말하였거니와 이제도 눈물을 흘리며 말하노니 여러 사람들이 그
리스도의 십자가의 원수로 행하느니라 19 그들의 마침은 멸망이요 그
들의 신은 배요 그 영광은 그들의 부끄러움에 있고 땅의 일을 생각하
는 자라 20 그러나 우리의 시민권은 하늘에 있는지라 거기로부터 구
원하는 자 곧 주 예수 그리스도를 기다리노니 21 그는 만물을 자기에
게 복종하게 하실 수 있는 자의 역사로 우리의 낮은 몸을 자기 영광의
몸의 형체와 같이 변하게 하시리라

나. 새 번역

[17] 형제자매 여러분, 다 함께 나를 본받으십시오. 여러분이 우리를 본보기로 삼은 것과 같이, 우리를 본받아서 사는 사람들을 눈여겨보십시오. [18] 내가 여러분에게 여러 번 말하였고, 지금도 눈물을 흘리면서 말하지만, 그리스도의 십자가의 원수로 살아가는 사람이 많이 있습니다. [19] 그들의 마지막은 멸망입니다. 그들은 배를 자기네의 하나님으로 삼고, 자기네의 수치를 영광으로 삼고, 땅의 것만을 생각합니다. [20] 그러나 우리의 시민권은 하늘에 있습니다. 그곳으로부터 우리는 구주로 오실 주 예수 그리스도를 기다리고 있습니다. [21] 그분은 만물을 복종시킬 수 있는 권능으로, 우리의 비천한 몸을 변화시키셔서, 자기의 영광스러운 몸과 같은 모습이 되게 하실 것입니다.

다. 공동번역 개정

[17] 형제 여러분, 나를 본받으십시오. 그리고 여러분과 같이 우리를 모범으로 삼고 따르는 사람들을 눈여겨보십시오. [18] 내가 벌써 여러 번 여러분에게 일러준 것을 지금 또 눈물을 흘리며 말하는 바이지만 많은 사람들이 그리스도의 십자가의 원수가 되어 살고 있습니다. [19] 그들의 최후는 멸망뿐입니다. 그들은 자기네 뱃속을 하느님으로 삼고 자기네 수치를 오히려 자랑으로 생각하며 세상 일에만 마음을 쓰는 자들입니다. [20] 그러나 우리는 하늘의 시민입니다. 우리는 거기에서 오실 구세주 되시는 주 예수 그리스도를 고대하고 있습니다. [21] 그리스도께서는 만물을 당신께 복종시킬 수 있는 능력을 가지고 오셔서 우리의 비천한 몸을 당신의 영광스러운 몸과 같은 형상으로 변화시켜 주실 것입니다.

4. 동사 분해

가. 17절

γίνεσθε (γίνομαι [to bacome, to be])의 현재, 중간태, 명령법, 2인칭, 복수, '여러분은 …이 되라'

σκοπεῖτε (σκοπέω [to pay attention to, to keep one's attention on, to be concerned about, to be careful])의 현재, 능동태, 명령법, 2인칭, 복수, '여러분은 주목하여 관찰하라'

περιπατοῦντας (περιπατέω [to walk, to live, to conduct oneself])의 현재, 능동태, 분사, 남성, 복수, 대격, '행하고 있는', '살아가는'

ἔχετε (ἔχω [to have, to hold])의 현재, 능동태, 직설법, 2인칭, 복수, '여러분이 가지고 있다'. 두 개의 대격을 지배하여, 앞의 대격을 뒤의 대격으로 '삼다/여기다'를 의미한다.

나. 18절

περιπατοῦσιν (περιπατέω)의 현재, 능동태, 직설법, 3인칭, 복수, '그들이 행하고 있다', '그들이 살아가고 있다'

ἔλεγον (λέγω [to speak, to tell])의 미완료, 능동태, 직설법, 1인칭, 단수, '나는 말하였다'

λέγω (λέγω)의 현재, 능동태, 직설법, 1인칭, 단수, '나는 말한다'

κλαίων (κλαίω [to weep, to cry])의 현재, 능동태, 분사, 남성, 단수, 주격, '내가 울면서'

다. 19절

φρονοῦντες (φρονέω [to think, to have in mind])의 현재, 능동

태, 분사, 남성, 복수, 주격, '생각하고 있는'

라. 20절

ὑπάρχει (ὑπάρχω [to be, to exist, to be at one's disposal])의 현재, 능동태, 직설법, 3인칭, 단수, '그(녀)가 존재하고 있다

ἀπεκδεχόμεθα (ἀπεκδέχομαι [to wait expectantly, to await eagerly])의 현재, 중간태, 직설법, 1인칭, 복수, '우리가 간절히 기다린다'

마. 21절

μετασχηματίσει (μετασχηματίζω [to transform, to change, to disguise])의 미래, 능동태, 직설법, 3인칭, 단수, '그가 변화시킬 것이다'

δύνασθαι (δύναμαι [to be able to, to be powerful, can])의 현재, 중간태, 부정사, '할 수 있는 것'(제3강 IV-6-나 항의 문법 설명 '부정사 용법' 참조)

ὑποτάξαι (ὑποτάσσω [to subject, to put in subjection])의 단순과거, 능동태, 부정사, '복종시키는 것'

5. 용어 해설

가. **συμμιμητής** (17절, σύν + μιμητής)

'함께 본받는/본받은 자'. 바울에게 예수는 그 자신의 '본'(τύπος)이 되시며, 그는 예수 그리스도를 '본받은 자'(μιμητής)가 되었고, 그처럼 바울이 '본'(τύπος)이 되고, 빌립보 성도들에게 예수 그리스도를 본받은 자신을 '본받은 자'(μιμητής)가 되라고 권면한다(살전 1:6-7 참조).

나. **πολλάκις** (< πολύς, 18절)

'여러 번'(many times), '자주'(often).

다. **αἰσχύνη** (< αἰσχός, 18절)

'부끄러움'(shame), '망신'(disgrace). 동사는 αἰσχύνω로, '부끄러워하다'(be shamed)는 뜻이다.

라. **κοιλία** (18절)

'배', '위장'(stomach). 이 용어는 본문에서 단지 '배'만이 아니라 신체에 가장 본질적인 부분을 모두 포괄하는, 보다 일반적인 의미로 사용되어 인간의 육적인 생명, 즉 필연적으로 사멸할 수밖에 없는 부분을 지칭하기도 한다. 이는 당시 로마인들의 사치한 식사를 표현하는 말이었다.

마. **πολίτευμα** (20절)

'시민권'(citizenship). 이 말은 시민에 속해 있는 법적인 지위와 시민으로서 수행하는 기능, 양자 모두를 의미한다.

바. **ἀπεκδέχομαι** (20절)

'열렬히 고대하다'(to expect eagerly). 전치사 περί와 합성하여 열정적인, 동시에 꾸준한 기다림을 의미한다(갈 5:5 참조). 로마 제국 안에서 '종족'은 공동의 조상을 가지고 있음을 의미하는 것이 아니라, '거주지역'을 의미한다. 주전 242년 로마 제국 내 종족의 숫자는 모두 35개로 확정되었으나, 그 후 제국이 확장됨에 따라 종족의 수도 계속해서 함께 증가하였다. 제국 내에서 투표는 종종 '종족'에 의거해서 치러졌기 때문에 '종족'은 로마 시민권의 본질적인 요소 중 하나였다. 그러나 그리스도인의 '시민권'은 볼티니아 지역에 거주하는 로마인(Roman Voltinia) 처럼 이 땅의 각 지역에 따른 '종족'에 기초한 것이 아니라, 그 진정한 뿌리를 '하늘'에 두고 있다.

사. **μετασχηματίζω** (21절)

'새롭게 하다', '외모나 외양을 변화시키다'. 이 단어는 '독일식 정원을 이탈리아식 정원으로 변모시키다'라는 식의 표면적인 변화만을 의미하는 것이 아니라, '정원을 도시로 바꾸다'는 식의 '전면적이고 총체적인 변화'를 의미한다.

아. **ταπείνωσις** (< ταπεινόω, 21절)

'비천'(humility), '창피'. 형용사는 ταπεινός 로 '천한', '겸손한'의 뜻이며, 동사는 ταπεινόω로 '낮추다', '겸손하게 하다'를 의미한다.

자. **ἐνέργεια** (< ἐνέργής, 21절)

'활동'(working, operation, action). 동사는 ἐνεργέω로, '활동하다', '역사하다'는 의미로 사용된다.

6. 문법 설명

가. 강조 용법으로 사용되는 소유대명사 속격(possessive pronoun genitives)의 위치 (20절, *BDF*, § 284.2 참조)

소유대명사의 속격 중에서 강조형, 즉 ἐμαυτοῦ, σεαυτοῦ, ἑαυτοῦ, τουτοῦ, ἐκείνου는 고전적인 용례에서와 같이 관형적 위치에 놓이게 된다. 신약성경에서는 바울서신의 경우 복수 2인칭 대명사의 속격인 ὑμῶν도 강조될 때 대개 관형적 위치에 놓였다. 예를 들어, 고린도전서 16장 18절의

τὸ ἐμὸν πνεῦμα καὶ τὸ ὑμῶν (나의 마음뿐 아니라 **너희들의 마음도**)의 경우가 그러하다. 그러나 보다 더 심도 있는 강조를 원할 때는 이러한 위치를 지키지 않은 경우도 있다. 본문 20절의 ἡμῶν γὰρ τὸ πολίτευμα가 이와 같은 경우인데, 1인칭 대명사의 위치가 앞으로 이동함으로써 본래의 관형적 위치에 놓일 때보다 훨씬 강한 강조의 의미를 가지게 된다. 본문 번역에서는 이러한 점을 감안하여 ('그들과 달리')라는 설명을 추가하였다.

7. 사본의 다른 읽기 본문 대조

가. τοὺς ἐχθροὺς 앞의 또 다른 명령형 동사 βλέπετε (18절)

𝔓[46] 사본은 τοὺς ἐχθρούς 앞에 또 다른 명령형 동사 βλέπετε를 추가하였다. 이는 아마도 대격 τοὺς ἐχθρούς를 설명하기 위한 것이거나 3장 2절의 βλέπετε τοὺς κύνας라는 표현에 영향을 받은 것으로 보인다. 그러나 이러한 추가적인 설명은 구문상 불필요한 요소이다.

나. σύμμορφον 앞의 εἰς τὸ γένεσθαι αὐτό (21절)

D^2, Ψ 등의 사본은 σύμμορφον 앞에 εἰς τὸ γένεσθαι αὐτό가 추가된 본문을 보여 주지만, ℵ, A, B, D 등의 사본에는 이러한 표현이 빠져있다. 이러한 첨가는 확실히 구문을 좀 더 자연스럽게 하고 의미를 분명하게 하기 위한 이차적 작업에서 나온 것으로 추정된다.

다. αὐτῷ 대신 ἑαυτω (21절)

$ℵ^2$, L, Ψ 등의 사본에서는 본문의 읽기인 αὐτῷ 대신 ἑαυτῷ (to himself)로 읽는다. 이는 모호함을 보여 주는 αὐτῷ의 의미를 분명하게 하기 위한 이차적 수정으로 보인다.

8. 본문 사역

17 형제자매 여러분! 여러분은 함께 나를 본받는 자가 되십시오. 그리
고 여러분이 우리를 본으로 삼고 있는 것처럼 그렇게 행하고 있는 자
들을 주목해서 살펴보십시오. 18 왜냐하면 많은 자들이, 내가 여러분
에게 여러 번 그들에 대해 말씀드렸고, 지금도 눈물을 흘리며 말씀드
리지만, 그리스도의 십자가의 원수로 행하고 있기 때문입니다. 19 그
들의 결국은 멸망이며, 그들의 신은 배요, 그리고 그들의 영광은 자신
들의 부끄러움에 있고, 땅의 것들을 생각하는 자들입니다. 20 우리의
시민권은 하늘에 있으며, 거기로부터 우리는 또한 구원자, 곧 주 예수
그리스도를 간절히 기다리고 있기 때문입니다. 21 그분은 역사하심,
즉 그분이 또한 만물을 자기에게 복종케 할 수 있는 역사하심을 따라
우리의 비천한 몸을 그의 영광의 몸과 같은 형체로 변화시켜 주실 것
입니다.

9. 본문 주해

그러므로 푯대를 향해 달려가는 성도의 삶은 거짓 교사의 가르침을 따라 자기의 의로 구원을 완성하려고 노력하는 삶이 아니라 이미 이루신 그리스도의 부활의 권능과 그의 고난에 참여하도록 그리스도를 본받은 바울(10절)을 본받고, 또 다른 사람으로 하여금 그리스도를 본받는 삶을 살게 하는 것이다(17–21절).

17절은 바울이 하나님께서 위에서 부르신 부름의 상을 위해 좇아가야 할 빌립보 성도들에게 주는 '너희는 함께 나를 본받으라'는 권면이다. 바울은 자신을 본받으라고 당당하게 말한다. 그는 자신이 다른 사람들보다 어떤 업적이나 공로를 많이 쌓았기 때문에 본받으라고 하는 것이

아니라 자신의 삶을 본으로 제시하여 빌립보 교회 성도들에게 권면한다. 바울의 삶은 다름 아닌 그리스도의 십자가를 좇는 삶이었다. 거기에는 그리스도를 위해 버려야 할 것, 고난 받음, 겸손함 등 그리스도를 좇아가는 삶을 위한 모든 것들이 포함되어 있다. 이제 빌립보 교회의 성도들도 바울을 본받아 십자가의 삶을 따라가야 하며, 다른 사람들이 그 길을 갈 수 있도록 자신도 본을 보여야 한다.

바울서신에서 그리스도인의 삶은 다름 아니라 '그리스도를 본받는 삶'이다. 그러므로 바울에게 있어서 그리스도인의 윤리는 '그리스도를 본받음의 윤리'이다. 그리스도는 신자들의 '본'(τύπος)이 되시고, 그리스도를 본받는 신자는 그분을 '본받는 자'(μιμητής)이다. 바울이 그리스도를 본받은 것처럼 바울의 권면을 듣는 성도들 역시 바울을 본받아야 한다(고전 11:1 참조). 빌립보 성도들에게 요구된 '함께 본받는 자들(συμμιμηταί γίνεσθε)이 되라'는 권면에서 공동체적 신앙이 강조된다.

18-19절에서 앞서 2절에서처럼 다시 거짓 교사가 언급된다. 이들은 구원을 위해 율법의 행위와 할례 행함을 요구함으로써 그리스도의 십자가를 무효화하려는 '그리스도 십자가의 원수'(갈 2:21; 5:11; 6:12; 고전 1:21 참조)이다.

다른 바울서신에서 복음이 '십자가의 도'(고전 1:18)로 묘사된 것처럼, '그리스도의 십자가'는 바울의 그리스도에 대한 가르침의 주요 주제이다. 그들의 마지막은 멸망이며, 그들의 신(神)은 배이고, 그 영광은 그들의 부끄러움(수치)에 있으며, 그들은 땅의 일을 생각하는 자이다(19절). '배'를 나타내는 κοιλία는 문자적으로는 '위장'을 의미하는데, 여기서는 '위장'뿐 아니라 신체에서 가장 본질적인 모든 부분을 포함하는 보다 일반적인 용어로 인간의 육체적인 생명, 즉 필연적으로 사멸할 수밖에 없는 부분을 지칭하는 말이다.

바울은 신자의 목표점인 '죽은 자 가운데서 부활함'과 관련하여 개인적인 종말론을 피력한다(20-21절). 이는 바울의 개인적인 소망일 뿐 아니라 빌립보 성도의 소망이기도 하다. 그리스도인의 '시민권'(πολίτευμα)은 하늘에 있다. 곧 그리스도인의 '시민권'은 볼티니아(Voltinia) 지역에 거주하는 로마인(Roman Voltinia)처럼 세상의 각 지역에 따른 '종족'에 기초를 두고 있는 것이 아니라, '하늘'에 뿌리를 두고 있다.

이 하늘의 시민을 위해 주님께서 곧 강림하실 것이다. 그리스도께서 다시 오실 때 하늘의 시민권을 가진 성도는 만물을 복종하게 하실 수 있는 자의 역사로 인하여 우리의 낮은 몸이 그리스도의 영광의 몸의 형체와 같이 변하게 될 것이다. 하늘에서 부활의 기쁨을 경험하게 될, 하늘의 시민권을 가진 빌립보 성도들은 바울 자신처럼 모든 믿는 자들과 함께 만물을 변하게 하실 주 예수 그리스도를 기다려야 한다.

08_

1974년 건축가 크리스토스 바트시스(Christos Batsis)에 의해
고대 빌립보 유적지 서쪽
지각티스(Zygaktis) 강변에 세워진
'성 루디아 교회 세례당'(St. Lydias Church Baptisery) 전경

사진 장흥길

제9강

그러므로 이와 같이 주 안에 굳게 서라(4:1-9)

- 주 안에서 하나 될 것과 기뻐함의 권면

I. 본문 단락(4 : 1-9)의 개요

제4부 권면과 감사(4:1-23)

I. 권면: 주 안에 굳게 서라(4 : 1-9)
- **1. 주 안에 굳게 서라(1절)**
- **2. 주 안에서 같은 마음을 품으라 (2-3절)**
- **3. 주 안에서 항상 기뻐하라(4-7절)**
- **4. 내게 배우고 받고 듣고 본 바를 행하라(8-9절)**

II. 빌립보 성도들의 선물에 대한 감사(4 : 10-20)

III. 빌립보 교회 성도들에 대한 끝 인사(4 : 21-23)

II. 주 안에 굳게 서라(1절)

1. 본문의 짜임새

가. 권면 대상

: 빌립보 교회(1절), 사랑하고 사모하는 형제들, 기쁨, 면류관

나. 권면의 내용: "이와 같이 주 안에 굳게 서라"(1절)

2. 헬라어 본문

1 Ὥστε, ἀδελφοί μου ἀγαπητοὶ καὶ ἐπιπόθητοι, χαρὰ καὶ στέφανός μου, οὕτως στήκετε ἐν κυρίῳ, ἀγαπητοί.

3. 한글 번역 본문 대조

가. 개역 개정

1 그러므로 나의 사랑하고 사모하는 형제들, 나의 기쁨이요 면류관인 사랑하는 자들아 이와 같이 주 안에 서라

나. 새 번역

1 그러므로 사랑하고 사모하는 나의 형제자매 여러분, 나의 기쁨이요 나의 면류관인 사랑하는 여러분, 이와 같이 주님 안에 굳건히 서 계십시오.

다. 공동번역 개정

1 그러므로 내가 사랑하고 그리워하는 형제 여러분, 나의 기쁨이요 면

류관인 사랑하는 교우 여러분, 주님을 믿으며 굳세게 살아가십시오.

4. 동사 분해

στήκετε (στήκω [to stand, to stand firm])의 현재, 능동태, 명령법, 2인칭, 복수, '여러분은 굳게 서십시오'

5. 용어 해설

가. ὥστε

'그러므로'(wherefore, therefore). 이는 3장 17-21절에 언급된 권면들에 대한 결론을 이끌어 권면을 요약하면서, 그 모든 것을 '주 안에 굳게 서는 것'으로 제시한다.

나. ἐπιπόθητοι

'간절히 사모하는'(longed for, desired). 이는 앞서 1장 8절에 등장했던 어떤 대상을 얻으려는 노력의 일환으로 거기에 '열중하는' 모습을 나타내는 동사 ἐπιποθέω의 형용사 형태이다. 바울은 이 단어를 사용하여 자신이 빌립보 교회 성도들의 사정과 상황에 '열중하면서' 그들로부터 자신의 권면과 명령에 순종하는 모습을 '얻으려고' 갈망하는 모습을 드러내려 하였다.

6. 본문 사역

1 그러므로 나의 사랑하고 사모하는 형제자매 여러분, 나의 기쁨이요 면류관인 여러분! 이와 같이 주님 안에서 굳게 서십시오. 사랑하는 여러분!

7. 본문 주해

이 절은 이전의 논의에 대하여 결론을 짓는 접속사 '그러므로'(ὥστε)로 시작된다. 이로써 종말론적 소망과 권면은 인과(因果) 관계 안에 놓인다. 이 연결사를 사용하여 바울은 3장 17–21절에 언급된 권면들을 요약하고, 그 모든 권면을 '주 안에 굳게 서는 것'으로 요약한다. 바울은 4장을 시작하면서 여러 가지 호칭을 사용하여 재차 빌립보 교회 그리스도인들에 대한 애정을 나타낸다. 빌립보 교회 성도들이란 바울에게는 '사랑하는 자들'이요 '사모하는 자들'이며, '기쁨'이요 '면류관'이다.

'사모하는 자들아'(ἐπιπόθητοι)는 바울이 옥중에 갇혀 있어서 만나기 어려운 상황에 처해 있지만 빌립보 성도들을 간절히 보고 싶어하는 마음을 담은 '향수병'을 표현한 호칭이다. 이는 바울이 빌립보 교회의 성도들을 얼마나 그리워하는지를 잘 나타낸 표현이다. 또 '기쁨'(χαρά)은 빌립보서 전체에 걸쳐 반복적으로 강조되는 주제(1:4, 25; 2:2, 17, 18, 28; 3:7; 4:4, 10 등)로서 그리스도인이 가져야 할 기본적인 감정 상태 내지는 신앙 자세를 보여 준다.

그러나 여기서 주목해야 할 것은 빌립보 교회의 성도들 자체가 바울의 기쁨이라는 점이다. 이는 바울이 그들을 '면류관'으로 여긴다는 점에서 다시 확인된다. 본문에서 이 단어를 종말론적으로 이해할 필요는 없다. 오히려 바울은 이 용어를 면류관과도 같은 자신의 자랑과 명예의 근거가 바로 빌립보 교회 성도라는 의미로 사용하였다.

이제 바울은 빌립보 성도들에게 '이와 같이 주 안에 굳게 서라'라고 권면한다. 여기서 2인칭 복수 명령형으로 사용된 '서라'(στήκετε)의 기본형인 '서다'(στήκειν)는 단순하게 '서다'(στῆναι)와 구별되게 마치 군인이 부동자세를 취하여 꼿꼿하게 서 있는 것처럼 '굳게 서다'(stand firm)를 의미한다. 새 번역 성경에서는 '서라'를 이 단어의 뜻에 부합되게 '굳건히 서 계십시오'로 옮겼다. 신약성경을 통 털어서 '서다'(στήκειν)는 총 8회 등장하는데, 한 번(막 11:25)을 제외하고는 모두 바울서신에서 등장하고, 그 중 여섯 번은 '굳게 서다'는 의미로 사용되었다. 게다가 이 용어가 '굳게 서다'의 의미로 사용되는 경우는 모두 바울서신에서만 나타나고, 오직 권면 말씀에서 명령형으로만 사용되었다(고전 16:13; 갈 5:1; 빌 1:27; 4:1; 살전 3:8; 살후 2:15). 따라서 이 용어는 바울이 성도들을 권면할 때 사용했던 바울 특유의 전문술어이다. 바울은 빌립보 성도들에게 자신의 권면과 가르침을 기억하며 복음에 합당한 삶을 살아감으로써 주 안에서 굳게 서라고 권면한다(1:27 참조).

III. 주 안에서 같은 마음을 품으라(2-3절)

1. 본문의 짜임새

가. 유오디아와 순두게에게 주는 권면(2절): "주 안에서 같은 마음을 품으라"

나. 자신과 멍에를 같이 한 빌립보 교회에게 주는 권고(3절): "복음을 위해서 함께 힘쓰던 자들을 도우라"

2. 헬라어 본문

[2] Εὐοδίαν παρακαλῶ καὶ Συντύχην παρακαλῶ τὸ αὐτὸ φρονεῖν ἐν κυρίῳ. [3] ναὶ ἐρωτῶ καὶ σέ, γνήσιε σύζυγε, συλλαμβάνου αὐταῖς, αἵτινες ἐν τῷ εὐαγγελίῳ συνήθλησάν μοι μετὰ καὶ Κλήμεντος καὶ τῶν λοιπῶν συνεργῶν μου, ὧν τὰ ὀνόματα ἐν βίβλῳ ζωῆς.

3. 한글 번역 본문 대조

가. 개역 개정

2 내가 유오디아를 권하고 순두게를 권하노니 주 안에서 같은 마음을
품으라 3 또 참으로 나와 멍에를 같이한 네게 구하노니 복음에 나와
함께 힘쓰던 저 여인들을 돕고 또한 글레멘드와 그 외에 나의 동역자
들을 도우라 그 이름들이 생명책에 있느니라

나. 새 번역

2 나는 유오디아에게 권면하고, 순두게에게도 권면합니다. 주님 안에
서 같은 마음을 품으십시오. 3 그렇습니다. 나의 진정한 동지여, 그대
에게도 부탁합니다. 이 여인들을 도와주십시오. 이 여인들은 글레멘
드와 그 밖의 나의 동역자들과 더불어, 복음을 전하는 일에 나와 함께
애쓴 사람들입니다. 그들의 이름은 생명책에 기록되어 있습니다.

다. 공동번역 개정

2 유오디아와 신디케 두 분에게 나는 간청합니다. 주님을 믿는 사람으
로서 한마음이 되십시오. 3 나와 한 멍에를 멘 내 진실한 협력자에게
부탁합니다. 이 여자들을 도와주십시오. 이 여자들은 클레멘스를 비
롯하여 다른 협력자들과 더불어 복음을 전하느라고 나와 함께 애쓴
사람들입니다. 그들의 이름은 생명의 책에 올라 있습니다.

4. 동사 분해

가. 2절

παρακαλῶ (παρακαλέω [to beseech, to urge, to extort, to comfort])의 현재, 능동태, 직설법, 1인칭, 단수, '나는 권면한다'

나. 3절

ἐρωτῶ (ἐρωτάω [to ask, to request urgently, to entreat])의 현재, 능동태, 직설법, 1인칭, 단수, '나는 간청한다'

συλλαμβάνου (συλλαμβάνω, 중간태의 경우 '돕다'나 '붙잡다'의 의미, 능동태의 경우 '붙잡다', '체포하다', '임신하다'의 의미)의 현재, 중간태, 명령법, 2인칭, 단수, '당신은 도와주십시오'

συνήθλησάν (συναθλέω [to fight together with, to contend along with])의 단순과거, 능동태, 직설법, 3인칭, 복수, '그(녀)들은 함께 애를 썼다'

5. 사본의 다른 읽기 본문 대조

가. **ναί** (3절)

수용 본문은 462 소문자 사본과 함께 ναί 를 καί 로 잘못 읽었으나, 그 외 모든 다른 사본들은 ναί 로 읽는다.

나. **σύζυγε** (3절)

현대의 몇몇 주석가들은 본문의 σύζυγε (yoke-fellow)를 고유 명사, 즉 인명으로 보아 Σύζυγε (Syzygus)로 읽기도 한다. 그러나 이는 3절에서 갑작스럽게 2인칭 호격이 나타나는 것을 설명하기 위한 한 방편으로서, 3절의 2인칭을 빌립보 교회 그리스도인 전체로 볼 때 바울이 그들을 '함께 멍에를 멘 자'로 불렀다는 것은 아무런 무리가 없다(*WBC*, 179-180 해당 구절 설명 참조).

다. **τῶν λοιπῶν συνεργῶν μου** (3절)

초기 사본인 𝔓[16vid]와 ℵ*은 본문의 τῶν λοιπῶν συνεργῶν μου(클레멘트와 '나의 나머지 동역자들')를 τῶν συνεργῶν μου καὶ τῶν λοιπῶν (클레멘트와 '나의 동역자들 그리고 나머지 사람들')으로 읽는다. 그러나 이는 필사자의 사소한 실수로 보인다.

6. 본문 사역

2 나는 유오디아를 권면합니다. 또한 나는 순두게도 권면합니다. 주님 안에서 같은 것을 생각하라고 말입니다. 3 그렇습니다! 나는 참된 동료인 당신에게도 간청합니다. 그녀들을 도와주십시오. 그녀들은 클레멘트뿐 아니라 그 외 나의 동역자들과 더불어 복음 안에서 나와 함께 애쓴 자들이며, 그들의 이름이 생명책에 (있습니다).

7. 본문 주해

1절에 이어서 2-3절에서 바울은 빌립보 교회에서 영향력 있던 두 여인에게 '주 안에서 같은 마음을 품을 것'을 당부한다. 여기서 주목할 것은 바울이 여인의 이름을 각각 거명하면서 '권(면)하다'(παρακαλεῖν)라는 동사를 동등하게 두 번 반복하였다는 점인데, 이는 권고의 수위를 높이면서 동시에 이들의 관계를 섬세하게 고려했기 때문이다. 바울의 권고 내용은 '주 안에서 같은 마음을 품으라'는 것이다.

'마음을 품다'(φρονεῖν)라는 동사는 '마음을 쓰다', '느끼다', '생각하다'라는 복합적인 뜻을 가진 동사로서 감정과 생각, 느낌과 의도 모두를 포함하는 전형적인 바울의 용어이다. 이 단어는 신약성경에 총 26회 등장하는데, 이 중에서 23회가 바울서신에 나타나며 특히 빌립보서에서

10회(1:7; 2:2[2회], 5; 3:15[2회], 19; 4:2, 10[2회])나 등장한다. 이는 단순히 '서로 동의하라'는 정도가 아니라 동일한 감정, 동일한 느낌, 동일한 태도 등을 포괄하는 온전한 화합의 삶을 강조하는 단어이다.

2절에 소개되어 있는 두 여인이 누구인지는 자세하게 알 수 없다. '유오디아'와 '순두게'는 비문에 매우 자주 등장하는 이름으로 모두 여성이며, 바울 역시 3절에서 이들을 여성 인칭대명사로 표현한다. 한 가지 가능한 추론은 다음과 같다. 빌립보 교회 설립에 대해 보도하는 사도행전 16장에 '루디아'라는 여인이 소개되는데, 아마도 '루디아'는 사람 이름이라기보다 '소아시아의 루디아 출신'이라는 의미(루디아 댁)의 형용사로 이 여인이 유오디아나 순두게 둘 중 한 명으로 여길 수 있을 것이다. 루디아가 빌립보 교회 설립에 중대한 역할을 담당했다는 점을 고려한다면 이러한 추론은 어느 정도 개연성이 있다.

계속해서 3절에서 바울은 빌립보 교회를 집합적으로 '자신과 멍에를 같이한 자'(2인칭 단수)라고 부르면서 2절에서 언급한 두 여인을 '복음을 위해서 자신과 함께 힘쓰던 자들'이라고 칭한다. 이 두 가지 명칭은 모두 두 여인과 빌립보 교회가 공히 바울 자신의 복음 전파를 위해서 함께 애쓰고 고난을 받았으며 투쟁했다는 것을 의미한다. 아울러 바울은 클레멘트와 다른 동역자들을 도울 것을 권하는데, 이들의 이름이 생명책에 기록되어 있다는 것, 즉 이들이 모두 빌립보 교회의 성도들이라는 점을 제외하고는 이들에 대해 아는 바가 없다. 일부 학자들이 주장하듯이 '생명책에 이름이 기록된 것'을 근거로 이들이 이미 사망했을 것이라고 단정 지을 필요는 없을 것이다.

IV. 주 안에서 항상 기뻐하라 (4-7절)

1. 본문의 짜임새

가. 권면: "주 안에서 항상 기뻐하라"(4절)

나. 항상 기뻐하는 비결(5-6절)

  1) 믿는 자의 관용을 모든 사람에게 알게 해야 함(5절)

  2) 염려하지 말고 감사함으로 기도해야 함(6절)

다. 항상 기뻐하며 하나님을 신뢰하는 자가 받는 복(7절): 모든 지각에 뛰어난 하나님의 평강이 마음과 생각을 지키실 것

2. 헬라어 본문

4 Χαίρετε ἐν κυρίῳ πάντοτε· πάλιν ἐρῶ, χαίρετε. 5 τὸ ἐπιεικὲς
ὑμῶν γνωσθήτω πᾶσιν ἀνθρώποις. ὁ κύριος ἐγγύς. 6 μηδὲν μεριμνᾶτε,
ἀλλ' ἐν παντὶ τῇ προσευχῇ καὶ τῇ δεήσει μετὰ εὐχαριστίας τὰ
αἰτήματα ὑμῶν γνωριζέσθω πρὸς τὸν θεόν. 7 καὶ ἡ εἰρήνη τοῦ θεοῦ ἡ
ὑπερέχουσα πάντα νοῦν φρουρήσει τὰς καρδίας ὑμῶν καὶ τὰ νοήματα
ὑμῶν ἐν Χριστῷ Ἰησοῦ.

2. 한글 번역 본문 대조

가. 개역 개정

4 주 안에서 항상 기뻐하라 내가 다시 말하노니 기뻐하라 5 너희 관용
을 모든 사람에게 알게 하라 주께서 가까우시니라 6 아무 것도 염려하

지 말고 다만 모든 일에 기도와 간구로, 너희 구할 것을 감사함으로 하나님께 아뢰라 [7] 그리하면 모든 지각에 뛰어난 하나님의 평강이 그리스도 예수 안에서 너희 마음과 생각을 지키시리라

나. 새 번역

[4] 주님 안에서 항상 기뻐하십시오. 다시 말합니다. 기뻐하십시오. [5] 여러분의 관용을 모든 사람에게 알리십시오. 주님께서 가까이 오셨습니다. [6] 아무것도 염려하지 말고, 모든 일을 오직 기도와 간구로 하고, 여러분이 바라는 것을 감사하는 마음으로 하나님께 아뢰십시오. [7] 그리하면 사람의 헤아림을 뛰어 넘는 하나님의 평화가 여러분의 마음과 생각을 그리스도 예수 안에서 지켜 줄 것입니다.

다. 공동번역 개정

[4] 주님과 함께 항상 기뻐하십시오. 거듭 말합니다. 기뻐하십시오. [5] 여러분의 너그러운 마음을 모든 사람에게 보이십시오. 주님께서 오실 날이 얼마 남지 않았습니다. [6] 아무 걱정도 하지 마십시오. 언제나 감사하는 마음으로 기도하고 간구하며 여러분의 소원을 하느님께 아뢰십시오. [7] 그러면 사람으로서는 감히 생각할 수도 없는 하느님의 평화가 그리스도 예수를 믿는 여러분의 마음과 생각을 지켜주실 것입니다

4. 동사 분해

가. 4절

χαίρετε (χαίρω [to rejoice])의 현재, 능동태, 명령법, 2인칭, 복수, '여러분은 기뻐하라'

ἐρῶ (λέγω [to speak])의 미래, 능동태, 직설법, 1인칭, 단수, '나

는 말할 것이다'

나. 5절

γνωσθήτω (γινώσκω [to know])의 단순과거, 수동태, 명령법, 3인칭, 단수, '…가 알려지게 하라'

다. 6절

μεριμνᾶτε (μεριμνάω [to be anxious, to be troubled, to care for something])의 현재, 능동태, 명령법, 2인칭, 복수, μηδὲν과 함께 쓰여서 '아무 것도 염려하지 말라'

γνωριζέσθω (γινώσκω)의 현재, 수동태, 명령법, 3인칭, 단수, '…가 알려지게 하라'

라. 7절

φρουρήσει (φρουρέω [to guard])의 미래, 능동태, 직설법, 3인칭, 단수, '그(녀)가 지킬 것이다'

ὑπερέχουσα (ὑπερέχω [to surpass, to excel, to be better than])의 현재, 능동태, 분사, 여성, 단수, 주격, '우월함'

5. 용어 해설

가. **τὸ ἐπιεικές** (5절)

형용사 '그럴듯한', '알맞은', '적절한', '공정한'. 이는 본문에서는 '(상황을) 판단하는 데 있어서의 정당함이나 분별력'이라는 뜻의 중성명사로 사용되었다. 이 말은 어떠한 경우에도 하나님을 신뢰하는 가운데, 어떤 적대감이나 악의 없이 불의, 무정, 차별 등을 감내할 수 있는 겸손하고 인내하는 견고함을 의미한다.

나. **ἐγγύς** (5절)

'가까운'(near). 이 단어는 아마도 시간과 공간의 가까움을 함께 의미하는데, 본문에서는 당시 그리스도인들이 공유하고 있던 임박한 재림에 대한 기대를 표현한다.

다. **φρουρήσει** (7절)

'지킬 것이다'. 이는 경계 근무에 임하고 있는 군인을 모습을 묘사하는 용어로서, 접속사 καί 와 함께 미래 시제로 쓰여서 앞서 나온 명령에 대한 **결과**를 표현한다.

라. **καρδίας** (7절)

'마음', '심장'(heart). 당시 마음은 생각과 감정이 발원하는 개인의 '중심'으로 인식되었다.

마. **νοήματα** (7절)

νόημα 의 복수, '생각'(thought). 이는 마음으로부터 나온 의지를 말한다.

6. 문법 설명

가. 추상명사로 사용되는 중성 분사와 중성 단수 형용사의 용법 (5절, Burton, § 425과 *BDF*, § 263 참조)

관사와 함께 쓰이는 중성 분사는 종종 추상명사에 상응하는 의미를 가진다. 이러한 방식으로 쓰인 중성 분사는 일반적으로 다른 추상 명사들처럼 속격에 의해 한정된다. 특히 추상명사처럼 사용되는 **중성 단수**

형용사의 용법은 바울서신과 히브리서에서 특유하게 나타나며, 추상명사로 사용되는 중성분사처럼 대부분 속격의 수식을 받는다. 본문 5절의 τὸ ἐπιεικές 도 추상명사와 같이 사용된 중성 단수 분사로서 속격 ὑμῶν의 수식을 받고 있다(제7강 IV-6-가 항의 문법 설명, '관사와 함께 추상명사로 사용되는 중성 분사'를 참조).

7. 사본의 다른 읽기 본문 대조

가. τὰ νοήματα (7절)

F, G 등 몇몇 서방 사본들은 본문 읽기인 τὰς καρδίας καὶ τὰ νοήματα (마음들과 생각들)가 보여 주는 범위를 좀 더 다양하게 하기 위해서 '생각들'(τὰ νοήματα) 대신에 '**몸들**'(τὰ σώματα)라고 읽는다. 이러한 다른 읽기는 본문의 읽기가 인간의 심정적인 범주만을 언급하는 것으로 이해한 필사자의 견해차를 반영하는 것으로 보인다. 또 𝔓[16] 사본은 τὰς καρδίας καὶ τὰ νοήματα 다음에 τὰ σώματα 를 추가하였다. 이러한 읽기가 순교와 관련된 상황을 잘 반영하고 있는 것처럼 보이기는 하지만, 대부분의 사본은 본문의 읽기를 지지한다.

8. 본문 사역

4 주님 안에서 항상 기뻐하십시오. 내가 다시 말씀드립니다. 기뻐하십시오. 5 여러분의 관용이 모든 사람들에게 알려지게 하십시오. 주님께서 가까이 계십니다. 6 어떤 것도 염려하지 말고, 오히려 모든 일에 기도와 간구로, 그리고 감사함으로 여러분이 구하는 것들이 하나님께 알려지게 하십시오. 7 그리하면 모든 생각을 뛰어 넘는 하나님의 평화가 그리스도 예수 안에서 여러분의 마음과 여러분의 생각을 지켜주실

것입니다.

9. 본문 주해

이 단락(4-7절)에서 바울은 '주 안에서 항상 기뻐하라'고 권면한다. 4절에서 다시 한 번 빌립보서 전체에 흐르고 있는 '기쁨'의 주제가 반복해서 강조된다. 성도가 항상 기뻐하는 비결은 두 가지이다. 우선, 항상 기뻐하려면 믿는 자의 관용을 모든 사람들에게 알게 해야 한다(5절). '너희 관용을 모든 사람에게 알게 하라'는 권면은 '주께서 가까우시다'라는 고백과 연결되어 있다. '관용'(ἐπιεικής)이란 '그럴듯한', '적절한' 등의 뜻을 지닌 형용사로, 모든 것이 일어날 만하다고 생각하는 '넓은 마음'이나 '아량'을 의미한다. 또 이 단어는 '분별력이 있는'이라는 뜻의 형용사(εἰκός)와 관련되어 있는데, 아리스토텔레스(Aristoteles)는 '엄격한 판결'을 뜻하는 ἀκριβοδίκαιος와 이 단어를 대조하면서 법률의 문자적인 의미에 집착하지 않고 너그러이 판결한다는 의미로 사용하였다. 본문에서 이는 '(상황을) 판단하는 분별력'이라는 뜻의 중성명사로 사용되었는데, 어떤 경우에도 하나님을 신뢰하는 가운데, 적대감이나 악의 없이 불의, 무정, 차별 등을 인내할 수 있는 겸손하고 인내하는 견고함을 포괄적으로 의미한다.

첫 번째 비결을 근거로 바울은 두 번째 '전천후 기쁨'의 비결로서 '염려하지 말고 감사함으로 기도하라'(6절)고 권한다. 염려는 '기도하는 이유'가 되지만 '기도하는 방법'이나 '자세'는 될 수 없다. 그러므로 염려함이 아니라 감사하는 자세로 기도하면 늘 기뻐할 수 있다.

바울은 5절에서 '주께서 가까우시다'는 종말론적인 고백을 하는데, 이러한 고백에 근거하여 빌립보 성도들은 고난과 불의, 억압과 대적에도 불구하고 염려하지 않고 하나님을 신뢰함으로써 기도할 수 있다.

그리스도인의 관용을 모든 사람들에게 알게 하고 염려함이 아닌 감사함으로 기도하면, 모든 지각에 뛰어난 하나님의 평강이 생각과 감정이 발원하는 개인의 중심인 마음(καρδία)과 그 마음에서 나오는 의지(νόημα)를 파수꾼처럼 지켜주실 것이다.

V. 내게 배우고 받고 듣고 본 바를 행하라(8-9절)

1. 본문의 짜임새

가. 빌립보 성도들이 추구하고 실천해야 할 덕목(8절)

: 참됨, 경건함, 옳음, 정결함, 사랑 받을 만함, 칭찬 받을 만한 것

나. 배우고, 전해 받고, 듣고, 본 것을 행하라는 실천의 명령(9절상)

다. 하나님의 약속

: 이를 행하는 자에게 평강의 하나님께서 함께하심(9절하)

2. 헬라어 본문

8 Τὸ λοιπόν, ἀδελφοί, ὅσα ἐστὶν ἀληθῆ, ὅσα σεμνά, ὅσα δίκαια, ὅσα
ἁγνά, ὅσα προσφιλῆ, ὅσα εὔφημα, εἴ τις ἀρετὴ καὶ εἴ τις ἔπαινος,
ταῦτα λογίζεσθε· 9 ἃ καὶ ἐμάθετε καὶ παρελάβετε καὶ ἠκούσατε καὶ
εἴδετε ἐν ἐμοί, ταῦτα πράσσετε· καὶ ὁ θεὸς τῆς εἰρήνης ἔσται μεθ'
ὑμῶν.

3. 한글 번역 본문 대조

가. 개역 개정

8 끝으로 형제들아 무엇에든지 참되며 무엇에든지 경건하며 무엇에든
지 옳으며 무엇에든지 정결하며 무엇에든지 사랑 받을 만하며 무엇에
든지 칭찬 받을 만하며 무슨 덕이 있든지 무슨 기림이 있든지 이것들
을 생각하라 9 너희는 내게 배우고 받고 듣고 본 바를 행하라 그리하
면 평강의 하나님이 너희와 함께 계시리라

나. 새 번역

8 마지막으로, 형제자매 여러분, 무엇이든지 참된 것과, 무엇이든지
경건한 것과, 무엇이든지 옳은 것과, 무엇이든 순결한 것과, 무엇이든
사랑스러운 것과, 무엇이든지 명예로운 것과, 또 덕이 되고 칭찬할 만
한 것이면, 이 모든 것을 생각하십시오. 9 그리고 여러분은 나에게서
배운 것과 받은 것과 듣고 본 것들을 실천하십시오. 그리하면 평화의
하나님께서 여러분과 함께 하실 것입니다

다. 공동번역 개정

8 형제 여러분, 끝으로 여러분에게 당부합니다. 여러분은 무엇이든지
참된 것과 고상한 것과 옳은 것과 순결한 것과 사랑스러운 것과 영예
로운 것과 덕스럽고 칭찬할 만한 것들을 마음속에 품으십시오. 9 그리
고 나에게서 배운 것과 받은 것과 들은 것과 본 것을 실행하십시오.
그러면 평화의 하느님께서 여러분과 함께 계실 것입니다.

4. 동사 분해

가. 8절

ἐστὶν (εἰμί [to be])의 현재, 능동태, 직설법, 3인칭, 단수, '그(녀)는 …이다'

λογίζεσθε (λογίζομαι [to consider, to reckon, to take into account, to think on])의 현재, 중간태, 명령법, 2인칭, 복수, '여러분은 고려하라, 생각하라, 마음에 품으라'

나. 9절

ἐμάθετε (μανθάνω [to learn])의 단순과거, 능동태, 직설법, 2인칭, 복수, '여러분은 배웠다'

παρελάβετε (παραλαμβάνω [to receive tradition or that is passed on])의 단순과거, 능동태, 직설법, 2인칭, 복수, '여러분은 전해 받았다'

ἠκούσατε (ἀκούω [to hear])의 단순과거, 능동태, 직설법, 2인칭, 복수, '여러분은 들었다'

εἴδετε (ὁράω [to see])의 단순과거, 능동태, 직설법, 2인칭, 복수, '여러분은 보았다'

πράσσετε (πράσσω [to practice, to do])의 현재, 능동태, 명령법, 2인칭, 복수, '여러분은 실천하라'

ἔσται (εἰμί)의 미래, 직설법, 3인칭, 단수, '그(녀)가 있을 것이다'

5. 용어 해설

가. **σεμνά** (8절)

σεμνός (noble)의 중성 복수 대격. '존중할 만한 가치가 있는', '위엄 있는', '숭상하는' 등을 기본 뜻으로 가진 용어로, 장엄하고(majestic) 경외감을 주는(awe-inspiring) 어떤 것을 의미한다.

나. **ἁγνά** (8절)

ἁγνός(morally pure, undefiled)의 중성 복수 대격. 이는 도덕적으로 순전하며 훼손되지 않은 상태를 의미하며, 칠십인 역본에서는 제의적으로 정결하고 순결한 것을 묘사하기 위해 사용되었던 단어이다.

다. **προσφιλῆ** (8절)

προσφιλής 의 중성 복수 대격. '사랑받을 만한', '수용할 만한', '기쁜', '사랑스러운'의 뜻을 지니며, 무엇인가 호의가 매력적인 경우를 가리키는 용어이다.

라. **εὔφημα** (8절)

εὔφημος의 중성 복수 대격. '건전한', '칭찬받을 만한', '매력적인', '호소력이 있는'을 의미한다.

마. **ἀρετή** (8절)

'덕'(virtue), '미덕'(moral excellence). 도덕적 탁월함을 묘사하는 전형적인 헬라 용어로서 헬라 윤리의 중심적인 주제가 되는 개념이다.

바. **ἔπαινος** (8절)

'칭찬'(praise), '승인'(approval), '인정'(recognition).

사. **λογίζομαι** (8절)

'숙고하다', '여기다/생각하다', '기억해 내다'. 현재 명령은 지속적이고 반복적인 행위를 요구하며, '역량을 무엇에 집중하라'(use your facilities upon them)는 의미이다.

아. **πράσσω** (9절)

'행하다'(to do, to practice). 동사 자체로는 지속적, 반복적 동작의 개념을 가지고 있으며, 현재 명령 역시 반복적인 실천을 요구한다.

6. 문법 설명

εἰ +사실을 묘사하는 직설법 (8절, Burton, § 301과 *BDF*, § 372.1 참조)

'Eἰ + 사실을 묘사하는 직설법'은 **현재의 조건**을 나타내는데, '사실이 그러하다면'(if … really, 즉 as you say, as is believed, as you see 등과 같은 의미) 또는 '그렇다면 … 따라서 …하다'(if … therefore, 즉 전술한 사실의 결과로)를 의미하며, 종종 원인이나 이유를 나타내는 'since'와 그 의미가 매우 유사하게 사용된다. 이는 현재(행 5:38 이하 참조), 과거(막 3:26 참조), 미래(마 26:33 참조) 등 다양한 시제의 직설법과 함께 사용된다. 본문 8절에 등장하는 εἴ τις ἀρετὴ καὶ εἴ τις ἔπαινος라는 표현 역시 문자적으로는 '어떤 것이 탁월하거나 칭찬이 된다면'이라는 뜻이지만, 그 내포적 의미는 '탁월함과 칭찬이라고 불릴 만한 어떤 것들이 **실제로 존재하고 있기** 때문에'(since there *is* excellence and there *are* things worthy of praise)다. 바울은 이러한 현재적인 사실에 기초하여 빌립보 교회의 그리스도인들도 '탁월함과 칭찬'을 위해서 바울 자신이 편지에서 언급하고 있는 것들을 '생각하고(λογίζεσθε) 행할 것(πράσσετε)'을 권면한다.

7. 사본의 다른 읽기 본문 대조

가. εἴ τις ἔπαινος (8절)

대부분의 사본들은 단지 εἴ τις ἔπαινος로 읽지만, D*, F, G 등 몇몇 서방 사본들은 ἔπαινος 뒤에 이것의 목적어 역할을 하는 ἐπιστήμης (understanding, knowledge)를 추가하였다.

8. 본문 사역

8 끝으로 형제자매 여러분! 만약 어떤 것이 덕이 있거나 기림이 있다면, 무엇이든지 참된 것, 무엇이든지 고귀한 것, 무엇이든지 의로운 것, 무엇이든지 정결한 것, 무엇이든지 사랑받을 만한 것, 무엇이든지 칭찬받을 만한 것, 이것들을 생각하십시오. 9 그것들은 여러분들이 나에게서 배우고 전해 받고 듣고 본 것들입니다. 이것들을 행하십시오. 그리하면 평화의 하나님이 여러분과 함께 하실 것입니다.

9. 본문 주해

'끝으로(τὸ λοιπόν)'로 시작되는 8-9절 단락은 빌립보 교회 성도들이 무엇을 생각해야 하며 무엇을 행해야 하는지를 자세하게 열거하면서 평강의 하나님께서 그들과 함께 하리라는 약속으로 마무리된다. 8절에서는 성도들이 무엇을 생각해야 하는지가 여섯 가지로 제시되고, 9절에서는 무엇을 행해야 하는지가 네 가지로 제시된다.

'끝으로'는 '종말의 때에 즈음하여'라는 의미나 빌립보서를 끝맺겠다는 의미가 아니라, 1절에서 요약한 '이와 같이 주 안에 굳게 서라' 권면의 구체적인 내용 중에서 마지막의 것을 서술하겠다는 표현이다. 바울은 마지막 권면의 내용을 서술하기 전에 중요한 전제를 제시하는데, 그것은 비현실적인 사실을 가정하는 것이 아니라 현재적인 사실을 진술하는 'ϵἰ(if)-직설법'으로 서술되어 있다.

바울은 빌립보 교회 성도들에게 그들이 추구하고 실천해야 할 '덕'(탁월함)이 실제로 있고 '기림'(칭찬받을 만한 것)이 실제로 존재하고 있다는 것을 전제로 여기고 있기 때문에, 8절에서 제시하는 여러 가지 덕목(德目)에 집중하여 이것들을 '생각하라'(λογίζϵσθϵ)고 권면한다. 또 9절 상반절에서는 자신에게 받고 배우고 듣고 본 바를 '행하라'(πράσσϵτϵ)고 권면한다.

8절에서 바울은 빌립보 교회 성도들이 생각해야 할 덕목들을 여섯 가지로 나열하는데, 이는 마땅히 추구해야 할 현실적인 덕목이다. 그것은 '참됨'(ἀληθής), '경건함'(σϵμνός), '옳음'(δίκαια), '정결함'(ἁγνά), '사랑받을 만함'(προσφιλής), '칭찬받을 만함'(ϵὔφημος)이다.

'참됨'이란 '존중할 만한 가치가 있는', '위엄 있는', '숭상하는' 등의 뜻을 가진 말로서, 장엄하고 경외감을 주는 어떤 것을 의미한다. '경건함'이란 '도덕적으로 순결한'이라는 뜻으로 도덕적으로 순전하며 훼손되지 않은 상태를 말하며, 칠십인 역본에서는 제의적으로 정결하고 순결한 것을 묘사하기 위해서 사용된 단어이다. '옳음'은 정의로운 판단을 의미한다. '정결함'은 도덕적으로 순전하며 훼손되지 않은 상태를 말하며, 칠십인 역본에서 제의적으로 정결하고 순결한 것을 묘사하기 위해 사용되었던 단어이다. '사랑받을 만함'이란 '수용할 만한', '기쁜', '사랑스러운'이라는 의미로 어떤 것의 호의가 매력적인 경우를 지칭하는 말이다. 또한 '칭찬받을 만함'이란 '건전한', '매력적인', '호소력이 있는'이라는 의미를 지닌다.

바울은 이런 것들이 실제로 가능하다는 것을 전제로 '이것들을 생각하라'는 명령으로 8절을 마무리한다. '생각하라'는 권면은 현재 명령으로서 지속적이고 반복적인 행위를 요구하는 것이며, '네 역량을 이것들에 집중하라'라는 의미이다.

바울은 이어지는 9절에서 실천해야 할 것을 제시한다. 이는 빌립보 교회 성도들이 바울에게서 배우고, 전해 받고, 듣고, 실제로 본 것들이다. '행하다'(πράσσειν)라는 동사는 이 용어 그 자체가 지속적이고 반복적인 동작의 개념을 가지고 있으며, 현재 명령 역시 '이것들을 생각하라'는 것과 마찬가지로 지속적이고 반복적인 실천을 요구한다.

그러므로 빌립보 교회는 지속적으로 탁월하고 칭찬들을 만한 것에 역량을 집중하여 친히 바울에게서 전해 받고 배운 복음의 진리들을 실천해야 한다. 주목할 만한 점은 이렇게 실천해야 할 덕목들이 특별히 기독교적인 것이 아니라, 시민으로서 행해야 할 일반적인 덕목이기도 하다는 점이다. 성도는 교회에서뿐 아니라 사회에서도 이 덕목을 생각하고 실천해야 한다.

그리하면 평화의 하나님이 함께 하신다. '평화의 하나님'(ὁ θεὸς τῆς εἰρήνης)은 하나님께서 평화의 기원(起源)이 되신다는 의미로 이해할 수 있고, 하나님 자신이 평화가 되신다는 의미로도 이해할 수 있지만, 이를 굳이 양자택일적으로 구별하여 어느 하나를 선택할 필요는 없다. 그것은 하나님이 고난과 역경과 반대에 직면해 있는 빌립보 교회의 평화가 되실 뿐 아니라, 친히 평화를 내려주시는 분이시기 때문이다(고후 11:23-33 참조).

09_

'성 루디아 교회 세례당' 앞

지각티스(Zygaktis) 강가의

야외 세례터

▼
▼

사진 장흥길

제10강

잘 하였도다, 빌립보 사람들아(4:10-20)

- 빌립보 성도들의 선물에 대한 감사

I. 본문 단락(4:10-20)의 개요

제4부 권면과 감사(4:1-23)

I. 권면: 주 안에 굳게 서라(4:1-9)

II. 빌립보 성도들의 선물에 대한 감사(4:10-20)

1. 바울이 기뻐하는 이유(10-13절)

2. 선교 후원에 참여한 빌립보 교회에 대한 감사(14-20절)

III. 빌립보 교회 성도들에 대한 끝 인사(4:21-23)

II. 바울이 기뻐하는 이유(10-13절)

1. 본문의 짜임새

가. 바울이 기뻐하는 첫째 이유(10절)

: 빌립보 교회가 바울에 대한 사랑을 움틔워 꽃이 피게 하였기에

나. 둘째 이유(11-12절)

: 어떠한 형편에 처해 있든지 자족하는 법을 배웠기에

다. 셋째 이유(13절)

: 능력 주시는 자 안에서 모든 것을 할 수 있기에

2. 헬라어 본문

10 Ἐχάρην δὲ ἐν κυρίῳ μεγάλως ὅτι ἤδη ποτὲ ἀνεθάλετε τὸ ὑπὲρ
ἐμοῦ φρονεῖν, ἐφ' ᾧ καὶ ἐφρονεῖτε, ἠκαιρεῖσθε δέ. 11 οὐχ ὅτι καθ'
ὑστέρησιν λέγω, ἐγὼ γὰρ ἔμαθον ἐν οἷς εἰμι αὐτάρκης εἶναι. 12 οἶδα
καὶ ταπεινοῦσθαι, οἶδα καὶ περισσεύειν· ἐν παντὶ καὶ ἐν πᾶσιν
μεμύημαι, καὶ χορτάζεσθαι καὶ πεινᾶν καὶ περισσεύειν καὶ ὑστερεῖσθαι·
13 πάντα ἰσχύω ἐν τῷ ἐνδυναμοῦντί με.

3. 한글 번역 본문 대조

가. 개역 개정

10 내가 주 안에서 크게 기뻐함은 너희가 나를 생각하던 것이 이제 다
시 싹이 남이니 너희가 또한 이를 위하여 생각은 하였으나 기회가 없

었느니라 [11] 내가 궁핍하므로 말하는 것이 아니니라 어떠한 형편에든
지 나는 자족하기를 배웠노니 [12] 나는 비천에 처할 줄도 알고 풍부에
처할 줄도 알아 모든 일 곧 배부름과 배고픔과 풍부와 궁핍에도 처할
줄 아는 일체의 비결을 배웠노라 [13] 내게 능력 주시는 자 안에서 내가
모든 것을 할 수 있느니라

나. 새 번역

[10] 나를 생각하는 마음이 여러분에게 지금 다시 일어난 것을 보고, 나
는 주님 안에서 크게 기뻐하였습니다. 사실, 여러분은 나를 항상 생각
하고 있었지만, 그것을 나타낼 기회가 없었던 것입니다. [11] 내가 궁핍
해서 이렇게 말하는 것이 아닙니다. 나는 어떤 처지에서도 스스로 만
족하는 법을 배웠습니다. [12] 나는 비천하게 살 줄도 알고, 풍족하게 살
줄도 압니다. 배부르거나, 굶주리거나, 풍족하거나, 궁핍하거나, 그
어떤 경우에도 적응할 수 있는 비결을 배웠습니다. [13] 나에게 능력을
주시는 분 안에서, 나는 모든 것을 할 수 있습니다.

다. 공동번역 개정

[10] 나에 대하여 여러분의 관심을 표시할 기회가 오래간만에 다시 여
러분에게 생긴 것을 보고 나는 주님을 믿는 사람으로서 매우 기뻐합
니다. 사실 여러분은 언제나 나를 생각하고 있었지만 그것을 표시할
기회가 없었던 것입니다. [11] 내 처지가 어려워서 이런 말을 하는 것은
아닙니다. 나는 어떤 처지에서도 자족하는 법을 배웠습니다. [12] 비천
하게 살 줄도 알며 풍족하게 살 줄도 압니다. 배부르거나 배고프거나
넉넉하거나 궁핍하거나 그 어떤 경우에도 적응할 수 있는 비결을 알
고 있습니다. [13] 나에게 능력을 주시는 분에게 힘입어 나는 무슨 일이
든지 할 수 있습니다.

4. 동사 분해

가. 10절

ἐχάρην (χαίρω [to rejoice, to be glad])의 단순과거, 수동태, 직설법, 1인칭, 단수, '나는 기뻐하고 있다'

ἀνεθάλετε (ἀναθάλλω [to sprout again, to shoot up, to blossom again])의 단순과거, 능동태, 직설법, 2인칭, 복수, '너희들이 다시 싹을 틔웠다'

φρονεῖν (φρονέω [to think])의 현재, 능동태, 부정사, '생각하는 것'

ἐφρονεῖτε (φρονέω)의 미완료, 능동태, 직설법, 2인칭, 복수, '너희들이 생각하고 있었다'

ἠκαιρεῖσθε (ἀκαιρέομαι [to have no opportunity, to lack opportunity, to lack a convenient time] < ἄκαιρος, '때에 맞지 않은', '때를 얻지 못한' ↔ εὐκαιρέω)의 미완료, 중간태, 직설법, 2인칭, 복수, '너희가 기회를 얻지 못하고 있었다'

나. 11절

λέγω (λέγω [to speak])의 현재, 능동태, 직설법, 1인칭, 단수, '나는 말한다'

ἔμαθον (μανθάνω [to learn])의 단순과거, 능동태, 직설법, 1인칭, 단수, '나는 배웠다'

εἰμί (εἰμί [to be])의 현재, 능동태, 직설법, 1인칭, 단수, '나는 … 이다'

εἶναι (εἰμί)의 현재, 능동태, 부정사, '있음'

다. 12절

οἶδα (οἶδα [to know])의 현재완료(현재 의미), 능동태, 직설법, 1인칭, 단수, '나는 알고 있다'

ταπεινοῦσθαι (ταπεινόω [to make low])의 현재, 수동태, 부정사, '궁핍해지는 것'

περισσεύειν (περισσεύω [to overflow, to abound])의 현재, 능동태, 부정사, '풍부한 것'

μεμύημαι (μυέω [to initiate into the mysteries, 신비종교의 전문술어로 '비밀을 전하다'], '가르치다'[to instruct]; 수동태의 경우 [to be initiated, to be instructed])의 현재완료, 수동태, 직설법, 1인칭, 단수, '나는 (비결을) 배웠다'

χορτάζεσθαι (χορτάζω [to fill, 수동태의 경우 to be full])의 현재, 수동태, 부정사, '배부른 것'

πεινᾶν (πεινάω [to be hungry])의 현재, 능동태, 부정사, '배고픈 것'

ὑστερεῖσθαι (ὑστερέω '모자라다', '부족하다', [to come short, to fall behind, to lack, to suffer need] < ὕστερος, '둘째', '후자')의 현재, 중간태, 부정사, '궁핍한 것'

라. 13절

ἰσχύω (ἰσχύω [to be strong, to have strength, to be able])의 현재, 능동태, 직설법, 1인칭, 단수, '나는 할 수 있다'

ἐνδυναμοῦντι (ἐνδυναμόω '힘 있게 하다', '강하게 하다', [to empower, to give strength, to infuse strength into someone])의 현재, 능동태, 분사, 남성, 단수, 여격, '강하게 하는'

5. 용어 해설

가. **ἐχάρην** (10절)

χαίρω(to rejoice)의 단순과거 수동태. 여기서 쓰인 단순과거는 '서신체 단순과거'(epistolary aorist)이다. 즉 바울은 편지 쓸 당시에는 기뻐하고 있지만, 서신이 빌립보 교회에 도착할 시점에는 자신의 기쁨이 과거의 사건이 되므로 수신자를 고려하여 과거로 표현하였다.

나. **ἀνεθάλετε** (10절)

ἀναθάλλω 의 단순과거 능동태. '다시 싹이 나다', '다시 꽃을 피우다'는 뜻으로 접두어인 **ἀνά** 는 '원인'(…하게 하다)의 의미를 지니고 있다.

다. **φρονεῖν** (10절)

'생각하다'는 뜻의 동사 φρονέω 의 부정사. 동사 ἀνεθάλετε 의 목적어로 사용되어 '마치 겨울이 지나고 나무가 새로운 싹을 틔우듯이, 여러분은 나를 위한 생각을 다시 움틔워 꽃이 피게 하였습니다'로 옮길 수 있다.

라. **ἐφ' ᾧ** (10절)

문자적으로 '그것에 대하여', '그러한 이유로'. 이는 빌립보 교회 성도들의 생각 내용을 의미하거나, 아니면 3장 12절에서처럼 '원인'을 나타내는 용례로 사용되었을 것이다(제8강 II-6-가 항의 문법 설명, '전치사 ἐπί 의 용법' 참조). 본문에서는 전자의 의미로 옮겼다.

마. **οὐχ ὅτι** (11절)

'…는 아닌'(not that). 바울은 빌립보 교회 성도들이 자신의 말을 오해하지 않도록 하기 위해서 이 어구를 사용한다. 따라서 이는 '내 말의 뜻은 …아니라'(my meaning is not …)로 옮길 수 있다.

바. **αὐτάρκης** (11절)

'만족'(content), '자족'(self-sufficiency). 이는 외적인 환경에 구애받지 않는 독립심을 의미하며, 종종 다른 사람들로부터 도움을 받지 않고 스스로 일을 해나감을 뜻한다.

사. **ταπεινοῦσθαι** (12절)

ταπεινόω의 현재 수동태 부정사. '비천하게 만들다'(to make low), 수동태로는 '비천해지다'(to be brought low)는 뜻으로 도덕적이거나 영적이라기보다는 육체적인 상태를 의미하는 용어이다. 본문에서는 일상적인 필요와 관련해서 경제적, 물질적으로 궁핍해짐을 뜻하는 의미로 사용되었다.

아. **καί** (12절)

본문 12절의 οἶδα **καὶ** ταπεινοῦσθαι, οἶδα **καὶ** περισσεύειν에서 첫 번째 καί는 강조의 의미('even')로 사용되었고, 두 번째 καί는 접속사('and')로 사용되었다. 그러므로 이 절은 '나는 궁핍해지는 것조차 알고 있으며, 풍족함도 알고 있다'라는 뜻이 된다(*BDF*, §444 참조). 강조점이 놓인 위치가 보여 주듯이, 바울은 풍족함보다는 궁핍함을 배우는 것이 더 어렵다는 점을 암시하고 있다.

자. **μεμύημαι** (12절)

μυέω의 현재완료 수동태. 이는 '시작하다'(to initiate), 수동태로는 '시작되다'(to be initiated) 또는 '배우다'(to be instructed)라는 뜻을 가진

고대 신비종교의 전문 용어이다. 완료시제는 과거에 완결되었으나 현재에도 그 결과나 상태가 지속되고 있는 행위를 나타낸다.

차. **χορτάζεσθαι** (12절)

χορτάζω의 현재 수동태 부정사. '채우다'(to fill), 수동태로는 '가득 차다'(to be full)는 뜻으로 이는 본래 가축들을 마구간에 넣어 두고 먹이를 주어서 살찌게 하는 행위를 묘사하는 데 사용되던 용어였다.

카. **πεινᾶν** (12절)

πεινάω 의 현재 능동태 부정사. '배고프다'(to be hungry)라는 뜻의 동사로 이는 아마도 바울이 감옥에서 겪었던 심한 배고픔과 관련된 용어였을 것이다.

6. 문법 설명

가. **부정사와 함께 쓰이는 주격** (11절, *BDF*, § 405 참조)

헬라어에서 부정사의 주어와 주동사의 주어가 같을 경우, 일반적으로 부정사의 주어는 별도로 표기하지 않는다(*BDF*, § 396 참조). 고전 헬라어에서 부정사의 주어를 주격으로 표시하는 단지 소수의 예외적인 경우는 **주어**를 아주 **강조**하거나, 주동사의 주어와 대조되는 별도의 주어로서 반드시 대격으로 표현해야 하는 **다른 주어의 영향**을 받아 나타난다. 신약성경에서 찾아볼 수 있는 이러한 예외적인 경우에도 대부분 이미 명시되어 있거나, 주동사에 내포되어 있는 주어는 부정사를 쓴다고 해서 반복되지 않는다. 만약 부정사가 주격 보어 또는 주어와 일치하는 단어나 구와 함께 쓰일 경우 동일하게 '**부정사 + 대격**'이라는 구문상의 원칙을 따른다. 그러므로 본문 11절의 ἐγὼ γὰρ ἔμαθον ἐν οἷς εἰμι αὐτάρκης <u>εἶναι</u> (나 스스로 만족하는 법을 배웠다)에서 부정사 εἶναι 의 의미상의 주어는 주동사 ἔμαθον 에 포함되어 있는 '나'이다. 동사 ἔμαθον 은 '…하는 법을 배우다'라는 뜻을 가지고 있으며, 부정사는 주동사의 목적어로 사용되었다. 이 경우 '부정사+ 대격' 구조의 사용이 불가능하기 때문에 부정사의 주어인 **ἐγώ** 를 별도로 표시하였다. 따라서 본문에 나타나는 주격 **ἐγώ** 는 주동사 ἔμαθον 에 내포된 '나'를 강조하는 것이 아니라, 오히려 **부정사 εἶναι** 의 **의미상의 주어로 사용되었다**.

나. 완료의 의미를 가진 단순과거 (11절, Burton, § 46, 55)

헬라어에서 단순과거(aorist)는 진행되거나 반복되는 동작의 상태를 규정하지 않으며, 과거의 동작을 단순하게 묘사할 때 사용되는 시제이고, 완료(perfect)는 과거동작의 결과에서 나온 현재의 상태를 표현할 때 사용되는 시제이다(Machen, § 176, 474 참조). 그러나 실제로는 단순과거를 영어의 완료처럼 옮겨야 할 경우가 많다. 이는 시제상로는 단순과거이지만 의미상으로는 현재의 상태를 표현하는 것이다. 예를 들어, 마가복음 1장 11절(마 3:17; 17:5; 눅 3:22; 벧후 1:17)의 단순과거 εὐδόκησα 는 '기뻐하였다'라는 의미가 아니라 과거 일정한 시점에 시작된 기쁨이 현재에도 지속된다는 의미에서 '현재 기뻐하고 있다'로 이해함이 더욱 자연스럽다. 마태복음 23장 2절의 ἐκάθισαν (they sat)과 본문 11절의 ἔμαθον (I learned) 역시 완료 대신 사용된 단순과거가 아니며, 그렇다고 해서 과거의 명시적인 시간을 언급하는 것도 아니다. 오히려 이 두 가지의 경우 저자가 표현하려한 실제적인 사실은 과거의 동작이 아니라 **현재**의 상태('앉아 있다', '배워서 알고 있다')로 보는 것이 더욱 자연스럽다. 그러므로 ἔμαθον 은 과거 어떤 시점에 무엇인가를 '배웠다'(I learned)라는 것에 강조점이 놓여 있는 것이 아니라, 과거의 일정한 시점에 '자족하기를 배워서 (**현재 그것을**) **알고 있다**'(I have learned, so now I know …)는 데 실제적인 의도가 담겨 있다.

7. 사본의 다른 읽기 본문 대조

가. τὸ ὑπὲρ ἐμοῦ φρονεῖν 대신 τοῦ ὑπὲρ ἐμοῦ φρονεῖν (10절)

F, G 등의 몇몇 서방 사본들은 본문의 읽기인 τὸ ὑπὲρ ἐμοῦ φρονεῖν 대신 속격 관사를 사용하여 τοῦ ὑπὲρ ἐμοῦ φρονεῖν 으로 읽는다. 이 경우 부정사는 '… 관한 한, …을 위하여'라는 의미를 가지게 되며, 그 결과 주동사 ἀνεθάλετε 는 '새롭게 하다, 새로 움을 싹트게 하다'는 타동사가 아니라, 자동사로서 '새로워지다'의 의미를 나타낸다. 즉 ἀνεθάλετε τὸ ὑπὲρ ἐμοῦ φρονεῖν 의 경우 부정사 τὸ ὑπὲρ ἐμοῦ φρονεῖν 는 동사 ἀνεθάλετε 의 목적어로서 '나를 생각하는 것을 새롭게 하였다'(you have revived your care for me)는 뜻이며, ἀνεθάλετε τοῦ ὑπὲρ ἐμοῦ φρονεῖν 의 경우 부정사 τοῦ ὑπὲρ ἐμοῦ φρονεῖν 는 동사 ἀνεθάλετε 를 수식하는 부사적 부정사로서 동작의 목적을 나타냄으로써 '나를 생각하는 문제에 관한 한 여러분은 새로워졌다'(you have revived as far as your care for me is concerned)는 뜻이 된다(*BDF*, § 101 참조). 그러나 앞에서 언급한 사본 외에 대부분의 사본은 본문의 읽기를 지지한다.

나. με 다음의 Χριστῷ (13절)

א*, D[2] 등 몇몇 후대의 대문자 사본과 여러 소문자 사본을 따라 수용본문은 με 다음에 Χριστῷ 를 삽입하였다. 이러한 삽입은 바울로 하여금 모든 것을 가능하게 하시는 이가 누구인지를 분명히 밝히기 위함이겠지만, Χριστῷ 가 추가된 본문이 원문에 더 가깝다면 다른 대다수의 사본이 이 말을 생략한 이유를 찾기 어렵다.

8. 본문 사역

[10] 하지만 나는 주 안에서 크게 기뻐합니다. 그것은 여러분이 마침내
이제 나를 위하여 생각하는 것이 다시 싹을 틔웠기 때문입니다. 사실
그것에 관하여는/이를 위하여는 여러분이 또한 생각은 하였지만, 기
회가 없었습니다. [11] 내가 궁핍해서 말하는 것이 아니라, 어떤 것들 안
에서도/어떤 형편에서도 자족하는 법을 배웠기 때문입니다. [12] 나는
궁핍해지는 것을 알고 있을 뿐 아니라 풍족한 것도 알고 있습니다. 나
는 일체의 상황에서(모든 것[관점]과 모든 것들 안에서) 배부름과 배
고픔과 부유함과 궁핍함의 비결을 배웠습니다. [13] 나는 내게 능력 주
시는 분 안에서 모든 것을 능히 할 수 있습니다.

9. 본문 주해

이 단락(10-13절)에서 바울이 크게 기뻐하는 이유가 제시된다. 10절은 '내가 주 안에서 크게 기뻐함은'(ἐχάρην δὲ ἐν κυρίῳ μεγάλως)이라는 선언으로 시작되는데, 이로써 빌립보서의 중심 권면 주제인 '기쁨'이 언급된다. 여기서 바울은 자신의 개인적인 경험과 관련하여 기쁨을 언급하며, 그 기쁨의 이유를 세 가지로 제시한다.

바울은 먼저 자신이 기뻐하는 이유를 빌립보 성도들이 '자신을 위한 생각'이 다시 싹을 틔웠기 때문이라고 밝힌다. 그는 여기서 서신에서 의미 있게 사용된 중심 동사 중 하나인 '생각하다'(φρονεῖν)를 다시 사용함으로써 자신이 가진 기쁨의 원천적 이유가 빌립보 교회의 그에 대한 단순한 일시적인 애정 때문이 아니라 그들의 '사려 깊은 사랑' 때문이라고 서술한다. 빌립보 교회는 마치 나무가 새로운 싹을 틔우듯이, 바울을 위한 생각과 애정을 다시 움틔워 꽃이 피게 하였고, 이러한 사랑은 바울

이 누리는 풍성한 기쁨의 근거가 되었다. 바울은 빌립보 교회의 선교 후원에 감사한다. 그러나 그는 현재 궁핍(필요)하기 때문에 자신을 향하여 새로운 애정을 싹틔운 빌립보 교회에 추가적인 후원이나 원조를 바라는 것이 아니라는 점을 분명히 한다. 11절을 시작하는 '…아니라'(not that)'는 관용구는 '내 말의 뜻은 (그것이) 아니라'라는 의미이다. 바울은 빌립보 성도들이 자신의 말을 오해하지 않도록 이 어구를 사용하였다.

그러고 나서 12-13절에서 바울은 어떠한 형편에 있든지 자신이 자족(自足)하는 법을 배웠다고 고백하여 자신이 크게 기뻐하는 두 번째 이유를 밝힌다.

여기서 '자족'(αὐτάρκης)은 '만족함', '자기 충족'이라는 뜻으로, 외적인 환경에 구애받지 않는 독립심을 의미하는데, 종종 다른 사람의 도움을 받지 않고 스스로 일을 해나가는 마음의 상태를 뜻하기도 한다. 스토아학파의 윤리 덕목의 핵심이었던 자족은 그들에게는 세상의 모든 환경과 상황을 운명론적으로 받아들이며, 그것을 초월하고 독립하려는 것을 뜻하였다. 그러므로 스토아학파의 자족은 자기에게 근원을 둔 것으로 세상을 멸시하거나 비관하는 것이다. 그러나 바울의 자족은 무엇보다도 '내게 능력 주시는 자 안에서' 모든 것을 할 수 있는 하나님 의존적인 것이며, 삶에 대한 모든 소망을 하나님께 둠으로써 누리는 것이고, '비천에 처할 줄도 알고, 풍부에 처할 줄도 아는' 곧 모든 상황을 극복하게 하는 그리스도의 능력에 대한 확신에서 얻어지는 것이다.

'비천에 처하다'(ταπεινοῦσθαι)란 '낮게 하다', '비천해지다'는 뜻을 가진 동사 ταπεινοῦν의 현재 수동태 부정사로서, 도덕적이거나 영적인 상태보다는 육체적인 상태를 가리키는 용어이다. 본문에서 이 용어는 '일상적인 필요함과 관련하여 경제적, 물질적으로 궁핍하다'는 의미로 사용되었다. 바울은 이와 같이 풍부함에서부터 궁핍함에 이르기까지 어떤 형편과 처지에서도 독립적으로 일하는 법을 배웠다.

이는 13절의 '내게 능력 주시는 자 안에서 내가 모든 것을 할 수 있느니라'는 세 번째 기쁨의 이유를 밝히는 결론적인 진술에서 더욱 분명하게 드러난다. 바울의 능력은 언제나 복음을 위한 것이며, 그 능력의 원천 역시 오직 그리스도 예수께 있다. 이와 같이 바울은 그리스도께 대한 신뢰로 모든 상황을 극복할 수 있는 능력을 얻었다. 또한 이 진술이 바울에게 동역자의 조력이나 도움이 필요 없음을 의미하지는 않는다. 오히려 바울은 디모데, 에바브로디도, 유오디아와 순두게, 클레멘트와 익명의 여러 동역자들, 나아가 빌립보 교회 자체(4:3)를 자신과 함께 멍에를 맨 동역자로 인정하고 또한 이들과 함께 일하며 도움을 얻게 되는 것에 대하여 감사한다.

III. 선교 후원에 참여한 빌립보 교회에 대한 감사(14-20절)

1. 본문의 짜임새

가. 빌립보 교회의 후원에 대한 칭찬(14-16절)

: 바울의 괴로움에 함께 참여하여 복음 전파를 시작할 때부터 후원하였고 데살로니가에 있을 때에도 두 번 후원

나. 빌립보 교회에 대한 바울의 바람(17-18절)

1) 복음 전파에 참여함이 빌립보 성도들에게 풍성한 열매로 맺혀지기 바람

2) 다시 한 번 스스로 풍족함을 고백: 자족의 은혜

3) 빌립보 교회의 후원은 하나님이 받으실 만한 제물이며 하나님을 기쁘시게 한 것

다. 바울의 기도(19-20절)

1) 빌립보 교회의 쓸 것이 영광 가운데 풍성해지기를

2) 찬양 송영: 오직 하나님 아버지께 영광

2. 헬라어 본문

14 πλὴν καλῶς ἐποιήσατε συγκοινωνήσαντές μου τῇ θλίψει. 15 οἴδατε
δὲ καὶ ὑμεῖς, Φιλιππήσιοι, ὅτι ἐν ἀρχῇ τοῦ εὐαγγελίου, ὅτε ἐξῆλθον
ἀπὸ Μακεδονίας, οὐδεμία μοι ἐκκλησία ἐκοινώνησεν εἰς λόγον δόσεως
καὶ λήμψεως εἰ μὴ ὑμεῖς μόνοι, 16 ὅτι καὶ ἐν Θεσσαλονίκῃ καὶ ἅπαξ
καὶ δὶς εἰς τὴν χρείαν μοι ἐπέμψατε. 17 οὐχ ὅτι ἐπιζητῶ τὸ δόμα,
ἀλλὰ ἐπιζητῶ τὸν καρπὸν τὸν πλεονάζοντα εἰς λόγον ὑμῶν. 18 ἀπέχω
δὲ πάντα καὶ περισσεύω· πεπλήρωμαι δεξάμενος παρὰ Ἐπαφροδίτου τὰ
παρ' ὑμῶν, ὀσμὴν εὐωδίας, θυσίαν δεκτήν, εὐάρεστον τῷ θεῷ. 19 ὁ δὲ
θεός μου πληρώσει πᾶσαν χρείαν ὑμῶν κατὰ τὸ πλοῦτος αὐτοῦ ἐν δόξῃ
ἐν Χριστῷ Ἰησοῦ. 20 τῷ δὲ θεῷ καὶ πατρὶ ἡμῶν ἡ δόξα εἰς τοὺς
αἰῶνας τῶν αἰώνων, ἀμήν.

3. 한글 번역 본문 대조

가. 개역 개정

14 그러나 너희가 내 괴로움에 함께 참여하였으니 잘하였도다 15 빌립
보 사람들아 너희도 알거니와 복음의 시초에 내가 마게도냐를 떠날
때에 주고받는 내 일에 참여한 교회가 너희 외에 아무도 없었느니라
16 데살로니가에 있을 때에도 너희가 한 번뿐 아니라 두 번이나 나의
쓸 것을 보내었도다 17 내가 선물을 구함이 아니요 오직 너희에게 유

익하도록 풍성한 열매를 구함이라 [18] 내게는 모든 것이 있고 또 풍부
한지라 에바브로디도 편에 너희가 준 것을 받으므로 내가 풍족하니
이는 받으실 만한 향기로운 제물이요 하나님을 기쁘시게 한 것이라
[19] 나의 하나님이 그리스도 예수 안에서 영광 가운데 그 풍성한 대로
너희 모든 쓸 것을 채우시리라 [20] 하나님 곧 우리 아버지께 세세 무궁
하도록 영광을 돌릴지어다 아멘

나. 새 번역

[14] 그러나 여러분이 나의 고난에 동참한 것은 잘 한 일입니다. [15] 빌립
보의 교우 여러분, 여러분도 아는 바와 같이, 내가 복음을 전파하던
초기에 마케도니아를 떠날 때에, 주고받는 일로 나에게 협력한 교회
는 여러분밖에 없습니다. [16] 내가 데살로니가에 있을 때에도, 여러분
은 내가 쓸 것을 몇 번 보내어 주었습니다. [17] 나는 선물을 바라지 않
습니다. 나는 여러분의 장부에 유익한 열매가 늘어나기를 바랍니다.
[18] 나는 모든 것을 받아서, 풍족하게 지내고 있습니다. 나는 여러분이
보내 준 것을 에바브로디도로부터 받아서 풍족합니다. 그것은 아름다
운 향기이며, 하나님께서 기쁘게 받으시는 제물입니다. [19] 나의 하나
님께서 자기의 풍성하심을 따라 그리스도 예수 안에 있는 영광으로
여러분에게 필요한 것을 모두 채워 주실 것입니다. [20] 하나님 우리 아
버지께 영광이 영원히 있기를 빕니다. 아멘.

다. 공동번역 개정

[14] 그러나 고맙게도 여러분은 나와 고생을 같이 해주었습니다. [15] 필
립비의 교우 여러분, 아시다시피 내가 복음을 전하기 시작하던 무렵
내가 마케도니아 지방을 떠날 때에 나와 주고받는 관계를 맺은 교회
는 여러분밖에 없었습니다. [16] 내가 데살로니카에 있을 때에도 나에게

필요한 것을 한두 번 보내주었습니다. [17] 내가 선물을 받고 싶어서 그러는 것은 아닙니다. 내가 바라는 것은 여러분에게 더 많은 이익이 돌아가게 하는 일뿐입니다. [18] 나는 여러분에게서 받을 것을 다 받았고 또 넘치도록 받았습니다. 나는 여러분이 에바프로디도를 시켜 보낸 것을 받아서 넉넉하게 살고 있습니다. 여러분이 보낸 선물은 좋은 냄새를 풍기는 향기이며 하느님께서 기꺼이 받아주실 제물입니다. [19] 한량없이 풍요하신 나의 하느님께서는 그리스도 예수를 믿는 여러분에게 필요한 모든 것을 풍성하게 채워주실 것입니다. [20] 하느님 우리 아버지께서 영원무궁토록 영광을 받으시기를 빕니다. 아멘.

4. 동사 분해

가. 14절

ἐποιήσατε (ποιέω [to do])의 단순과거, 능동태, 직설법, 2인칭, 복수, '너희가 행하였다'

συγκοινωνήσαντες (συγκοινωνέω [to participate in something with someone, to share together with someone])의 단순과거, 능동태, 분사, 남성, 복수, 주격, '동참한'

나. 15절

οἴδατε (οἶδα [to know])의 현재완료(현재의 의미), 능동태, 직설법, 2인칭, 복수, '여러분이 알고 있다'

ἐξῆλθον (ἐξέρχομαι [to go out, come out])의 단순과거, 중간태, 직설법, 1인칭, 단수, '나는 떠났다'

ἐκοινώνησεν (κοινωνέω [to have a share of])의 단순과거, 능동태, 직설법, 3인칭, 단수 '그(녀)가 동참했다'

다. 16절

ἐπέμψατε (πέμπω [to send])의 단순과거, 능동태, 직설법, 2인칭, 복수, '여러분이 보냈다'

라. 17절

ἐπίζητῶ (ἐπιζητέω [to seek])의 현재, 능동태, 직설법, 1인칭, 단수, '나는 구한다'

πλεονάζοντα (πλεονάζω [to increase, to multiply])의 현재, 능동태, 분사, 남성, 단수, 대격 '풍성한'

마. 18절

ἀπέχω (ἀπέχω [to have received, to be distant])의 현재, 능동태, 직설법, 1인칭, 단수, '나는 받은 상태이다'

περισσεύω (περισσεύω [to abound, to be rich])의 현재, 능동태, 직설법, 1인칭, 단수, '나는 풍부하다'

πεπλήρωμαι (πληρόω [to fill, to fulfill])의 현재완료, 수동태, 직설법, 1인칭, 단수, '나는 풍족하다'

δεξάμενος (δέχομαι [to receive])의 단순과거, 중간태, 분사, 남성, 단수, 주격, '받는'

바. 19절

πληρώσει (πληρόω)의 미래, 능동태, 직설법, 3인칭, 단수, '그(녀)가 채울 것이다'

5. 용어 해설

가. **εἰς λόγον** (15절, 17절)

'거래와 관련하여', '거래를 정산함에 있어서'. 이 말은 상거래 시에 사용되던 상업적인 전문용어로(BAGD, 478 참조), 바울은 15절에서 이 용어를 차용하여 마치 빌립보 교회 성도들이 자신의 복음 전파 사역에 참여함으로써 '자신과 거래를 개설한 것처럼' 표현하였다. 17절에도 이와 동일한 개념이 전제되어 있는데, **εἰς λόγον ὑμῶν**은 문자적으로는 '너희의 일을 위해서', '너희의 일에 이익이 되는'이라는 의미이다.

나. **δόσεως** (15절)

δόσις의 단수 속격. '수여', '제공'(giving)의 뜻을 가진 용어로 무엇인가를 지불하거나 불입하는 등의 금전적 거래에서 널리 사용되던 상업적 전문용어이다.

다. **λήμψεως** (15절)

λῆμψις의 단수 속격. 이는 δόσις와 관련된 용어로 지불된 금전 등을 받는 것을 의미하는 상업적 전문용어이다(BAGD, 478 참조).

라. **ἅπαξ καὶ δίς** (16절)

한두 번. 이 말은 '몇 번 정도'라는 뜻이 아니라, 함께 쓰여서 '단지 한 번만이 아니라, 두 번'이라는 뜻으로 사용되었다.

마. **πλεονάζοντα** (17절)

'증가하다'(to increase), '많아지다'(to multiply). 동사 πλεονάζω의 분사로 투자한 자산이 증가함을 의미한다. 앞에 언급된 용어들처럼 이 단어에도 당시 성행하던 상업 거래에 기초한 은유가 표현되어 있는데, 마치 투자한 자산이 늘어나듯이 이 땅에서 복음 전파에 동참하는 것이 하늘의 이익 배당을 증가시킨다는 어감(語感)을 지니고 있다.

바. ἀπέχω (18절)

'모두 받다', '가득 가지고 있다'. 이 단어 역시 당시 통용되던 상업적 전문용어로 '받을 금액을 모두 정산해서 받고 영수증을 써 주다'는 의미를 가지고 있다(BAGD, 84-85).

사. ἐν δόξῃ (19절)

본문에서는 부사로 사용되어 바울 자신이 기도하는 내용이 하나님의 영광이 드러나는 방식으로 성취되기를 바란다는 의미이다.

6. 문법 설명

가. 전형적 유형에 적절한 생략법 (17절, *BDF*, § 480 참조)

문법적인 구조로 볼 때 명시되어야 할 용어가 나타나지 않을 경우는 엄밀한 의미에서 생략법으로 이해될 수 있는데, 다음과 같은 경우 생략법이 사용될 수 있다. 첫째, 연결사(copula)와 같이 문장의 구조에서 분명하게 추론할 수 있을 때, 둘째, 일반적인 주어(thing, men 등)일 경우, 셋째, 형용사나 분사 등 수식하는 말에 의해 의미를 분명히 파악할 수 있는 명사일 경우, 넷째, 특히 한정적 용법의 속격과 함께 쓰이는 관사에 의해 의미를 분명히 파악할 수 있는 명사일 경우, 마지막으로 그 외에 누군가의 대화를 인용하는 경우 '누군가가 말했다'라는 식의 표현이 생략될 수 있다. 특히 간결한 잠언이나 공식구를 표현할 때 동사가 생략되는 경우가 많이 있다. 동사 **λέγω**는 요한복음 6장 46절의 οὐχ ὅτι τὸν πατέρα ἑώρακέν τις(누군가 아버지를 보았다고 [**말하는**] 것이 아니라) 처럼 **οὐχ ὅτι**(= **οὐ λέγω ὅτι**)라는 공식구가 사용될 경우 종종 생략되었다(요 7:22; 고후 1:24; 3:5; 빌 4:17; 살후 3:9). 본문 17절의 οὐχ ὅτι 역시 **οὐ λέγω ὅτι 의 생략**으로서 '**나는 ~하고 있다는 말을 하는 것이 아니다**'라는 뜻으로 사용되었다.

나. 전치사 **παρά**의 용법 (18절, Moule, 52-53 참조)

전치사 παρά는 다음과 같이 대격, 속격, 여격을 지배한다.

1) **대격을 지배할 경우**: 대격을 지배할 경우, 전치사 παρά의 기본적인 개념은 '…와 나란히' 혹은 '평행하게 어디를 향해 움직이는 것'이다. 이러한 개념이 잘 반영되어 있는 단어로 παραβολή('비유'), παραθαλάσσιος('바다 곁'), παρ᾽ ἄλληλα('병행', 문자적으로는 '서로 나란히') 등이 있다. 마태복음 15장 29절의 ὁ Ἰησοῦς ἦλθεν <u>παρὰ</u> τὴν θάλασσαν τῆς Γαλιλαίας(예수는 갈릴리 호수 **곁으로** 나갔다) 등이 좋은 예이다. 그러나 '일정한 장소를 향한 움직임'라는 개념을 가지고 있지 않을 경우도 종종 나타난다. 예를 들어, 마가복음 4장 1절의 ἤρξατο διδάσκειν <u>παρὰ</u> τὴν θάλασσαν(그는 바닷가**에서** 가르치기 시작했다).

2) **대격을 지배하면서 다른 의미로 사용될 경우**: 위에서 언급된 기본적인 개념 외에 παρά는 '**바로 그러한 이유로**', '**그 외에**'(other than) 등의 의미로 사용되기도 한다. 고린도전서 12장 15절과 16절의 οὐ <u>παρὰ</u> τοῦτο οὐκ ἔστιν ἐκ τοῦ σώματος(**바로 그러한 이유로** 몸에 속하지 않은 것은 아니다)에서 <u>παρὰ</u> τοῦτο는 on that score, for that reason 이라는 뜻이고, 갈라디아서 1장 8절의 εὐαγγελίζηται ὑμῖν <u>παρ᾽</u> ὃ εὐηγγελισάμεθα ὑμῖν(우리가 너희에게 전한 것 **외에** 다른 것을 너희에게 전한다면)에서 <u>παρά</u>는 'other than'의 의미이다.

3) **속격을 지배할 경우**: 이 경우 παρά는 기본적으로 '…**의 곁으로부터 움직이는 것**'이나 '…**로부터 발산하는 것**'을 의미한다. 예를 들어, 누가복음 1장 45절의 τοῖς λελαλημένοις … παρὰ κυρίου는 '주님께로부터 말해진 것들, 즉 주님께서 말씀하신 것들'을 뜻한다. 이러한 기본 개념으로부터 유추할 수 있는 표현이 바로 마가복음 3장 21절의 οἱ παρ' αὐτοῦ (**그로부터 온** 자들, 즉 **그의 친척들**)이다. 본문의 παρὰ Ἐπαφροδίτου τὰ παρ' ὑμῶν이라는 표현 역시 '에바브로디도**로부터** 여러분**으로부터 온 것들**, 즉 **여러분이 보내 준 것들**'이라는 뜻이다.

7. 사본의 다른 읽기 본문 대조

가. εἰς의 생략 (16절)

𝔓[46], A, D[gr*], 81, 330, 451, 1241, 2492 등의 사본들은 본문의 εἰς τὴν χρείαν μοι (to me for my need)라는 표현에서 전치사 εἰς를 생략하였다. 이는 아마도 εἰς 가 δίς 라는 어구 뒤에 위치하여 실수로 누락되었거나, τὴν χρείαν 이 동사 ἐπέμψατε 의 목적어(τὴν χρείαν μοι, what I needed)라는 점을 분명히 하기 위해서 필사자가 생략한 것으로 보인다. 그러나 ℵ, B, F, G, Ψ를 포함한 대다수의 사본은 본문의 읽기를 지지한다.

나. 미래 직설법(**πληρώσει**) 대신 단순과거 희구법(**πληρώσαι**) (19절)

D*, F, G, 6, 33, 81, 104, 326, 365 등 몇몇 서방 사본들은 본문에서 사용된 πληρώσει([My God] will take care of) 대신 πληρώσαι(May[God] take care of)을 제시한다. 본문에서 바울 자신이 하나님은 자신의 동료들을 위해서 일하시는 분이라고 단언적으로 언명하기보다는 기도하는 마음으로 동료들의 필요를 채워달라고 요청하는 점을 고려할 때, 희구법

이 바울이 표현하고자 했던 본래의 의도와 잘 부합한다. 그러나 $\mathfrak{P}^{46}$, ℵ, A, B, D^2, K, L, P, 다수의 소문자 사본 등 대부분의 사본은 본문의 읽기를 지지한다.

8. 본문 사역

14 그러나 여러분이 나의 고난에 동참하였으므로 정말 잘 하였습니다.
15 빌립보 교우 여러분, 여러분도 알고 있는바, 복음(복음 전파)의 시
초에, 곧 내가 마게도냐를 떠날 때에 오직 여러분 외에 그 어떤 교회
도 주고받는 일에 동참하지 않았으며, 16 데살로니가에서도 여러분이
한 번뿐 아니라 두 번이나 내가 필요한 것을 보내주었습니다. 17 내가
선물을 구하는(구한다는 말을 하는) 것이 아닙니다. 오히려 여러분의
유익을 위해서 풍성한 열매를 구하는 것입니다. 18 나는 모든 것을 받
았습니다. 그래서 풍족합니다. 나는 에바브로디도로부터 여러분이 보
내준 것을 받아서 이미 풍족합니다. 그것은 아름다운 향기이며, 받음
직한 제물이요, 하나님을 기쁘시게 하는 것입니다. 19 나의 하나님께
서 그분의 풍성하심을 따라 그리스도 예수 안에서 영광스럽게 여러분
의 모든 필요를 채워 주실 것입니다. 20 우리의 아버지이신 하나님께
영광이 영원무궁토록 (있기를 바랍니다). 아멘.

9. 본문 주해

바울은 서신을 끝내면서 자신이 크게 기뻐하는 이유에 대하여 서술한 후에 이제 무엇보다 자신을 위해 선물을 보내준 빌립보 교회에 감사한다. 먼저 바울은 자신이 복음을 전파하기 시작할 때부터 자신의 괴로움에 함께 참여함으로써 후원하고, 데살로니가에 있을 때에도 두

번이나 후원한 빌립보 교회에 대하여 이를 잘한 것으로 크게 칭찬하며 감사한다.

14-16절 단락에서 먼저 바울은 빌립보 교회의 후원에 대해 칭찬한다. 14절에서 바울은 수감되어 있는 자신을 위한 빌립보 성도들의 후원을 자신의 '괴로움'(θλῖψις)에 '함께 참여한'(συγκοινωνοῦν) 것으로 여기며, 이를 '잘한 것'으로 칭찬한다. 이어지는 15-16절은 한 문장으로, 두 가지를 진술한다. 그 하나는 바울이 '복음 전파'를 시작한 초기에 바울을 도와준 교회가 빌립보 교회밖에 다른 교회가 없었다는 점이며, 다른 하나는 심지어 바울이 데살로니가에 있을 때조차도 빌립보 교회가 바울을 두 번씩이나 후원한 점이다.

누가의 저술인 사도행전에 따르면, 바울은 디모데를 통해서 빌립보가 속해 있는 로마의 속주 마게도냐의 여러 교회들과 지속적으로 교제하였으며(행 19:21-23; 빌 2:19, 20), 바울 자신도 빌립보 교회를 떠난 후에도 최소한 두 번 이상 마게도냐 교회를 방문하였다(행 20:1-3). 또한 바울은 여행 중에 빌립보를 방문하려고 많은 애를 썼으며(행 20:6), 빌립보 교회 역시 바울과 매우 깊은 교제를 나누면서 바울이 필요한 여러 가지 것들을 채워주었다(빌 4:15-16). 무엇보다도 바울이 데살로니가에 머물러 있을 동안에도 빌립보 성도들이 바울을 후원했다는 것은 그에 대한 빌립보 교회의 애정과 헌신이 남달랐다는 것을 보여 준다. 15절에 등장하는 '주고받다'나 '일'(λόγος, 결산)은 상업적인 거래에서 사용하던 전문 용어인데, 이로써 바울은 빌립보 교회의 후원을 묘사한다. 그 의도는 이어지는 17절 이하의 내용에서 분명하게 드러난다.

바울을 후원하는 것과 관련하여 아마도 여인들이 빌립보 교회에서 중요한 역할을 했을 것이다. 이들은 선교하는 바울이 필요한 물자를 채워주었을 뿐 아니라 바울 일행과 함께 복음을 전하는 일에도 참여하였을 것이다(4:3, '복음을 위해 나와 함께 애썼던 여인들'), 그 외에 빌립보서에 묘사된 바울의 여러 동역자들을 고려할 때 바울에 대한 빌립보 교회의 후원과 애정은 단지 물질적인 것에 그치지 않았으며, 복음을 위한 고난과 시련에 기꺼이 참여하는 동역에까지 미쳤다. 사도 요한의 제자요 서머나 교회의 감독이었던 폴리캅(Polycarp)이 빌립보 교회에 보낸 서신들[16]에 의하면, 빌립보 교회 성도들의 신앙은 바울의 사후(死後)에도 계속되었으며, 그들은 바울이 선포한 믿음에 여전히 굳건하게 서 있었다.

빌립보 교회에 대한 바울의 바램을 다루는 단락(17-20절)에서 바울은 당시 널리 사용되던 상업적 전문용어들과 구약의 제의(祭儀)적인 용어들을 적절하게 활용하여 빌립보 교회의 후원과 관련하여 그들에 대한 바울의 진정한 기대를 밝힌다.

곧 빌립보 교회의 후원은 하나님이 받으실 만한 제물이며 하나님을 기쁘시게 한 것이다. 바울은 자신이 그리스도 안에서 자족(自足)하며 빌립보 교회의 후원으로 말미암아 풍성함을 누리는 것과 마찬가지로 빌립보 교회도 동일한 풍성함 가운데 거하기를 기도하며 하나님께 영광을 돌린다.

17절에서 바울은 15절에서 이미 사용했던 '주고받는 일'(εἰς λόγον)이란 상업 용어를 다시 사용한다. 개역 성경에서는 이를 '유익하도록'이라는 비유적인 표현으로 옮겼으나, 자구적으로는 '거래 계좌를 개설하도록'의 의미이다. 바울은 빌립보 교회 성도들이 자신의 복음 전파 사역에 참여한 것을 마치 자신과 '거래 계좌'(λόγος)를 개설한 것처럼 표현한다.

---

16) 헬라어 원문과 독일어 번역문에 대하여는 Joseph A. Fischer(Ed.), Die beiden Polycarp-Briefe, in *Die apostolischen Väter* (Darmstadt: Wissenschaftliche Buchgesellschaft, 1986^9), 227-265를 참조하라. 헬라어 원문과 우리말 번역문에 대하여는 하성수 역주, 『폴리카르푸스 편지와 순교록』 교부문헌총서 12 (왜관: 분도출판사, 2000)를 참조하라.

바울은 빌립보 교회의 성도들에게 자신이 선물을 구한 것이 아니라는 점을 밝힌다. 또 그들이 자신에게 '투자'한 것으로 여기기를 바라며, 그러한 복음 전파에 참여함이 그들에게 '풍성한 열매(이윤)'로 맺혀지기를 바란다. 특히 '풍성해진'(πλεονάζοντα)라는 현재분사는 '증가하다'는 뜻으로 투자한 자산이 불어나는 것을 의미한다. 바울은 이절에서 당시 그리스-로마 세계에서 널리 사용되던 상업 용어들을 사용하여 마치 투자한 자산이 늘어나듯이 이 땅에서 복음 전파에 동참함으로써 빌립보 교회가 받을 하늘에서 받을 이익 배당이 늘어남을 묘사한다.

이어지는 18절에서 바울은 스스로 풍족함을 밝히면서, 빌립보 교회가 에바브로디도 편으로 보내준 빌립보 교회의 물질적 후원이 하나님께서 받으실 만한 향기로운 '제물'이며 하나님을 기쁘시게 한 것으로 묘사한다. 17절까지 상업 전문용어들을 차용하여 복음 전파에 공동으로 투자한 빌립보 교회를 칭찬하던 바울은 이제 구약의 제의(祭儀)적인 용어로써 그들을 칭찬한다. '향기로운 제물'이란 하나님의 백성이 바친 제물의 향기를 흠향함으로써 기쁨을 누리시는 하나님을 묘사하는 구약적인 용어이며(창 8:21 참조), 상징적으로는 하나님께서 받으시는 제물이 어떠해야 하는지를 보여 주는 용어이다(출 29:18, 25 등 참조)

바울은 이제 빌립보 교회의 쓸 것이 영광 가운데 풍성해지기를 기도하며 오직 하나님 아버지께 영광을 돌린다. 19절은 바울 자신이 풍족한 것처럼 빌립보 교회도 풍성해지기를 바라는 바울의 간구 내용이다. 바울은 빌립보 교회의 '쓸 것'(χρεία), 곧 필요한 것이 '영광 가운데' 풍성해지기를 바란다. 이로써 바울은 자신이 간구하는 내용이 하나님의 영광이 드러나는 방식으로 성취되기를 소망한다. 이런 기도는 20절에서 "하나님 곧 우리 아버지께 세세 무궁토록 영광을 돌릴지어다 아멘"이라는 송영으로 이어지며 마감된다.

10_

'성 루디아 교회 세례당'(St. Lydias Church Baptisery) 내

사도 바울을 그린

채색 유리화(stained glass)

사진 장흥길

제11강

주 예수 그리스도의 은혜가 너희 심령에 있을지어다 (4:21-23)

- 서신 종결 문안 인사와 축복

I. 본문 단락(4:21-23)의 개요

제4부 권면과 감사(4:1-23)

I. 권면: 주 안에 굳게 서라(4:1-9)

II. 빌립보 성도들의 선물에 대한 감사(4:10-20)

III. 빌립보 교회 성도들에 대한 끝 인사(4:21-23)

1. 서신 종결 문안 인사(21-22절)

2. 축복(23절)

II. 빌립보 교회 성도들에 대한 끝 인사(4:21-23)

1. 본문의 짜임새

가. 서신 종결 문안 인사(21-22절)

1) 문안 명령: "성도들에게 문안하십시오"

2) 형제의 문안 인사 전달

나. 축복(23절): "주 예수 그리스도의 은혜가 여러분의 심령에 함께 있기를 바랍니다."

2. 헬라어 본문

21 Ἀσπάσασθε πάντα ἅγιον ἐν Χριστῷ Ἰησοῦ. ἀσπάζονται ὑμᾶς οἱ
σὺν ἐμοὶ ἀδελφοί. 22 ἀσπάζονται ὑμᾶς πάντες οἱ ἅγιοι, μάλιστα δὲ οἱ
ἐκ τῆς Καίσαρος οἰκίας. 23 Ἡ χάρις τοῦ κυρίου Ἰησοῦ Χριστοῦ μετὰ
τοῦ πνεύματος ὑμῶν.

3. 한글 번역 본문 대조

가. 개역 개정

21 그리스도 예수 안에 있는 성도에게 각각 문안하라 나와 함께 있는
형제들이 너희에게 문안하고 22 모든 성도들이 너희에게 문안하되 특
히 가이사의 집 사람들 중 몇이니라 23 주 예수 그리스도의 은혜가 너
희 심령에 있을지어다

나. 새 번역

[21] 그리스도 예수 안에 있는 모든 성도에게 문안하십시오. 나와 함께 있는 교우들이 여러분에게 문안합니다. [22] 모든 성도가 여러분에게 문안합니다. 특히 황제의 집안에 속한 사람들이 여러분에게 문안합니다. [23] 주 예수 그리스도의 은혜가 여러분의 심령과 함께 있기를 빕니다.

다. 공동번역 개정

[21] 그리스도 예수를 믿는 모든 성도들에게 문안해 주십시오. 나와 함께 있는 형제들이 여러분에게 문안합니다. [22] 모든 성도들이 여러분에게 문안합니다. 특히 카이사르의 집안 사람들이 문안합니다. [23] 주 예수 그리스도의 은총이 여러분의 마음에 내리시기를 빕니다.

4. 동사 분해

가. 21절

ἀσπάσασθε (ἀσπάζομαι [to greet, to salute])의 단순과거, 중간태, 명령법, 2인칭, 복수, '여러분이 문안하라'

ἀσπάζονται (ἀσπάζομαι)의 현재, 중간태, 직설법, 3인칭, 복수, '그(녀)들이 문안하다'

나. 22절

ἀσπάζονται (ἀσπάζομαι)의 현재, 중간태, 직설법, 3인칭, 복수, '그(녀)들이 문안하다'

5. 용어 해설

가. **μάλιστα** (22절)

'특히'(especially).

나. **οἱ ἐκ τῆς Καίσαρος οἰκίας** (22절)

'가이사의 집에 속한 사람들'. 이들은 아마도 황제의 궁전이나 관청에 속해 있는 노예들이나 자유민들을 의미할 것이다.

다. **χάρις** (22절)

'은혜'. 원래 이 용어는 '기쁘게 하는 것'이라는 의미를 가졌으며, 기쁨을 수반하거나 기쁨을 유발하는 상태를 나타내기도 하였다. 따라서 이는 '매력', '호의' '동정', '친절'을 뜻하기도 하며, '감사'라는 뜻을 나타내기도 한다. 바울은 인간의 공로 없이 주 예수로부터 오는 구원을 설명하기 위해 이 용어를 사용하여 그리스도의 십자가 안에서 실현되고 복음으로 선포된 은혜를 말한다. 그리스도인은 오직 믿음으로, 하나님의 은혜로 주어진 구원의 선물을 받으며, 또한 하나님의 뜻을 행하여 섬길 수 있는 능력까지도 받게 된다. 그러므로 그 은혜의 선물을 받은 자는 받은 은혜에 합당한 의의 열매를 가득 맺어야 한다.

6. 사본의 다른 읽기 본문 대조

가. **τοῦ πνεύματος** 대신 **πάντων** (23절)

ℵ[c], K, L, Ψ 사본, 대부분의 소문자 사본, 시리아 역본, 수용 본문은 본문의 τοῦ πνεύματος (spirit) 대신 πάντων (all)이라고 읽는다. 이런 다른 읽기는 아마 '그리스도의 은혜'가 오직 '영'에게 돌려질 수 있는가라는

'인간론'에 대한 의견 차이에서 온 것이거나 더 친숙한 축복문의 종결구(고전 16:24; 고후 13:13; 살후 3:18; 딛 3:15)로 대체한 필사로 보인다. 그러나 𝔓[46], א*, A, B, D, F, G 등 대부분의 사본은 본문의 읽기를 지지한다(Metzger, 550–551와 *WBC*, 212 참조).

나. ὑμῶν 다음에 ἀμήν 삽입(23절)

서신 말미의 ἀμήν 이 본문에 귀속되는지에 대해서는 논란이 있다. 𝔓[46], א, A, D, K, L, P 사본과 대부분의 소문자 사본은 ὑμῶν 다음에 ἀμήν 을 추가한 읽기를 지지하여 바울이 말한 것이 사실이라는 것을 확증하려 하였으나, 이는 아마도 예전적인 관습을 반영하는 것으로 보인다. ἀμήν 의 첨가가 원문의 읽기라면 일부 사본(B, F, G 등)에서 ἀμήν이 생략된 이유를 설명하기 어렵다(Metzger, 551 참조).

■ **표제어**(subscription)

NA[27]는 주요 고대 사본들(א, A, B*, [D, F, G] Ψ 등)이 지지하는 것처럼 '빌립보인들에게'(πρὸς Φιλιππησίους)를 표제어로 채택하였다. 한편, B[1]나 소문자 사본 6은 '로마로부터 빌립보인들에게 씁니다'(πρὸς Φιλιππησίους ἐγράφη ἀπὸ 'Ρώμης)로 읽으며 대문자 사본 075와 소문자 사본 1739, 1881과 소문자 다수 사본 등은 여기에 '에바브로디도를 통하여'(δι' Ἐπαφροδίτου)를 추가하여 읽는다. 그러나 𝔓[46]를 비롯한 일부 소문자 사본(365, 629, 630, 1505, 2464 등)에서는 표제어가 나타나지 않는다.

7. 본문 사역

21 그리스도 예수 안에 있는 모든 성도들에게 문안하십시오. 나와 함

께 있는 형제자매들도 여러분에게 문안합니다. [22] 모든 성도들, 특히 가이사의 집에 속한 자들이 여러분에게 문안합니다. [23] 주 예수 그리스도의 은혜가 여러분의 심령에 함께 (하시기를 빕니다)

8. 본문 주해

빌립보에 사는 모든 성도들에게 문안하며 시작되었던 빌립보서는 바울 스스로 친필임을 주장하는 구절('내 손으로') 없이 통상적인 문안 인사와 축도로 마무리된다(고전 16:21; 갈 6:11; 골 4:18; 살후 3:17 참조).

바울은 '그리스도 예수 안에 있는 모든 성도들에게 문안하십시오'(21절)라는 인사 다음에 함께 있는 형제들의 문안을 전한다. 문안을 받는 자들은 그리스도 안에 있는 공동체에 속한 성도들로 그들은 '문안하십시오'(ἀσπάσασθε)라는 바울의 명령을 받는다. 따라서 편지를 받는 빌립보 교회의 성도들은 모든 성도들(πάντα ἅγιον)에게 바울의 사랑이 담긴 안부를 전해야 한다. 또한 인사를 건네는 문안자는 바울 개인만이 아니라 바울과 함께 선교에 동참한 그의 일행이다. 서두 문안 인사에서 볼 수 있는 것처럼 여기서도 초기 기독교의 공동체적 신앙과 협력 선교를 엿볼 수 있다.

문안 받는 자들 중 특별히 언급되는 이들인 '가이사의 집에 속한 사람들'은 로마 제국의 수도 로마와 제국의 도처에서 행정 업무를 수행하던 황제의 종들이나 그로부터 자유를 얻은 사람들이다. 바울은 이들의 문안을 전하면서 빌립보 교회 성도들이 이들을 기억해 주기를 바란다.

결미의 문안 인사도 '은혜와 평강의 기원'(χάρις ὑμῖν καὶ εἰρήνη)으로 시작되었던 서두 문안 인사(1:2)와 비슷한 방식으로 '주 예수 그리스도의 은혜에 대한 기원'(ἡ χάρις τοῦ κυρίου Ἰησοῦ Χριστοῦ ὑμῶν)으로

마감된다. 바울은 주 예수 그리스도로부터 오는 은혜의 선물을 받고 그 선물을 받은 자에게 그에 합당한 삶의 열매를 맺는 일들이 모든 성도들 안에서 이루어지기를 기원한다.

마지막 절에서 '여러분의 심령에'로 옮긴 어구는 헬라어 원문에서는 '너희의 심령에 함께(μετὰ τοῦ πνεύματος ὑμῶν)'이다. 이는 '배분(配分)적 단수'로서 신약성경에서 매우 자주 나타나는 표현 방식이다. 바울은 주 예수 그리스도의 은혜가 빌립보 교회의 모든 그리스도인들 각자의 심령에 함께 하기를 기원한다.

'영'(πνεῦμα)은 '하나님의 영', '그리스도의 영', '거룩한 영'(성령)처럼 삼위일체론적으로 또는 성령론적으로 사용되지만, 여기서는 인간론적으로 사용되어 하나님과 교제하며 하나님의 은혜를 받는 내면적 인간인 '심령'을 나타낸다.

11_

'성 루디아 교회 세례당'(St. Lydias Church Baptisery) 내
루디아를 그린
채색 유리화(stained glass)

사진 장흥길

참고문헌

김연태. 『빌립보서』. 대한기독교서회 창립 100주년 기념 성서주석 42. 서울: 대한기독교서회, 1994.

박창건. 『성서 헬라어 사전』. 서울: 대한기독교서회, 199523.

장흥길. "로마의 복사판 도시 빌립보". 『그말씀』 제211호(2007 · 1): 196-207.

______. "빌립보서 본문 주해". 『생명의 삶 + PLUS』 제12호(2007 · 12): 12-13, 20-21, 30-31, 40-41, 48-49, 106-107, 116-117, 126-127, 134-135, 142-143, 152-153.

Abbott-Smith, G. *A Manual Greek Lexicon of the New Testament.* Edinburgh: T. & T. Clark, 1937.

Anchor Bible Dictionary. 6 vols. Freedman, N. ed. New York: Doubleday, 1992.

Bauer, Walter. *Griechisch-Deutsches Wörterbuch zu den Schriften des Neuen Testaments und der übrigen urichristlichen Literature.* Tr. by W. F. Arndt, F. W. Gingirch & F. W. Danker. A *Greek-English Lexicon of the New Testament and Other Early Christian Literature.* Chicago: The University of Chicago Press, (1957[1]) 1979[2].

Blass, F. & Debrunner, A. *A Grammatik des neutestamentlichen Griechisch*. Tr. & Rv. by Robert Funk. *A Greek Grammar of the New Testament and Other Early Christian Literature*. Chicago: The University of Chicago Press, 1961.

Bormann, Lucas. *Philippi, Stadt und Christengemeinde zur Zeit des Paulus*. Novum Testamentum Supplements 78. Leiden: Brill, 1995.

Burton, Ernest D. W. *Syntax of the Moods and Tenses in New Testament Greek*. Edinburgh: T. & T. Clark, (1898) 1995[3].

Fee, Gordon D. *Paul's Letter to the Philippians*. The New International Commentary on the New Testament. Grand Rapids: Eerdmans Publishing Company, 1995.

Gnilka, Joachim. *Der Philipperbrief*. International Biblical Commentary. Freiburg: Herder, 1980(= 김경희 역. 『필립비서』. 국제성서주석 39. 서울: 한국신학연구소, 1988).

Hawthorne, Gerald F. *Philippians*. Word Biblical Commentary 43. Waco: Word Books Publisher, 1983(= 채천석 역. 『빌립보서』. WBC 성서주석 43. 서울: 도서출판 솔로몬, 1999).

Hengel, M. "Der vorchristliche Paulus". In: *Paulus und das antike Judentum*. Ed. by M. Hengel & U. Heckel. Tübingen: J. C. B. Mohr, 1991.

Fischer, Joseph A.(Ed.) *Die beiden Polycarp-Briefe. In: Die apostolischen Väter*. Darmstadt: Wissenschaftliche Buch- gesellschaft, 1986[9](= 하성수 역주. 『폴리카르푸스 편지와 순교록』. 교부문헌총서 12. 왜관: 분도출판사, 2000).

Kennedy, H. A. A. *Expository's Greek Testament*.

Kümmel, Werner Georg. *Einleitung in das Neue Testament*. Heidelberg: Quelle und Meyer, 1983[21](= 박익수 역. 『신약정경개론』. 서울:

대한기독교출판사, 1988).

Machen, J. Gresham. Rv. McCartney, Dan G. *New Testament Greek for Beginners.* Upper Saddle River: Pearson Education, 2004^{2}.

Metzger, Bruce M. *A Textual Commentary on the Greek New Testament.* New York: United Bible Societies, 1994^{2}(= 장동수 역. 『신약 그리스어 본문 주석』. 서울: 대한성서공회 성경원문연구소, 2005).

Moule, C. F. D. *An Idiom Book of New Testament Greek.* New York: Cambridge University Press, 1994.

Nestle-Aland. *Novum Testamentum Greace.* Stuttgart: Deutsche Bibelgesellschaft, 1993^{27}.

Niebuhr, K. W. *Heidenapostel aus Israel.* WUNT 62. Tübingen: J. C. B. Mohr, 1992.

Pilhofer, P. *Philippi I: Die erste christliche Gemeinde Europas.* WUNT 87. Tübingen: J. C. B. Mohr, 1995.

Schnelle, Udo. *Einleitung in das Neue Testament.* Göttingen: V. & R., 2002^{4}.

Siber, P. *Mit Christus leben.* AThANT 61. Zürich: Züricher Verlag, 1971.

Stuttgarter Erklärungsbibel. Stuttgart: Deutsche Bibelgesellschaft, 1992(=『독일성서공회판 해설·관주 성경전서』. 서울: 대한성서공회, 1997).

Weiss, Johannes. *Earliest Christianity.* New York: Harper, 1959.

헬라어 단어 찾아보기

ἀπολογία, ας, ἡ (< ἀπολογέομαι)	변호, 변명	1:7, 16	58
ἀπόστολος, ου, ὁ (< ἀποστέλλω)	사신, 사자	2:25	
ἀπουσία, ας, ἡ (< ἄπειμι)	부재	2:12	
ἀπρόσκοπος, ον (< προσκόπτω)	흠할 것 없는	1:10	66
ἀπώλεια, ας, ἡ (< ἀπόλλυμι)	파괴, 멸망	1:28, 3:19	114
ἀρετή, ῆς, ἡ	덕, 명성	4:8	269
ἁρπαγμός, οῦ, ὁ (< ἁρπάζω)	강탈, 행운	2:6	133
ἀρχή, ῆς, ἡ	시작, 처음, 기원, 통치	4:15	
ἀσθενέω, -ῶ (< ἀσθενής)	앓다	2:26, 27	183
ἀσπάζομαι	문안하다	4:21, 22	303
ἀσφαλής, ές (<ἀ-부정사, σφάλλω)	안전한	3:1	197
αὐτάρκης, ες (< αὐτός, ἀρκέω)	만족한, 자족하는	4:11	281
αὐτός, ή, ό	3인칭 대명사	1:6, 28, 29, 30; 2:2, 9, 18, 22, 24, 27, 28, 29; 3:1, 9, 10, 16, 19, 21; 4:2, 3, 19	
τὰ αὐτά	동일한 것들	3:1	197
ἀφόβως (< φόβος)	두려움 없이	1:14	
ἀφοράω, ῶ	보다	2:23	173
ἄχρι	…까지, …하기 까지	1:5, 6	
βεβαίωσις, εως, ἡ (< βεβαιόω)	확립, 확인, 확증	1:7	58
Βενιαμ (ε)ίν, ὁ	베냐민	3:5	
βίβλος, ου, ἡ	거룩한 책	4:3	
βλέπω	보다, 조심하다	3:2	196
βούλομαι	기꺼이 …하려고 하다	1:12	74
βραβεῖον, ου, τό (< βραβεύς)	상, 보상	3:14	
γάρ	왜냐하면, 그러나	1:8, 18, 19, 21, 23, 2:13, 20, 21, 27; 3:3, 18, 20; 4:11	

διαστρέφω	타락시키다	2:15	156/8
διαφέρω	…보다 낫다/월등하다	1:10	64/5
δίκαιος, αία, ον (< δίκη)	의로운, 정직한	1:7; 4:8	
δικαιοσύνη, ης, ἡ (< δίκαιος)	의, 정의	1:1; 3:6, 9	
διό	그러므로	2:9	
διότι	왜냐하면, 그러므로	2:26	
δίς	두 번	4:16	
διώκω	달려가다, 추구하다	3:6, 12, 14	205, 228/9
δοκέω, ῶ (< δόκος)	생각하다, 믿다	3:4	
δοκιμάζω (< δόκιμος)	시험/조사하다, 인정하다	1:10	64/5
δοκιμή, ῆς, ἡ (< δόκιμος)	품성, 자격, 신분	2:22	
δόμα, δόματος, τό (< δίδωμι)	선물	4:17	
δόξα, ης, ἡ (< δοκέω)	영광, 위엄	1:11, 2:11; 3:19, 21; 4:19, 20	
δόσις, εως, ἡ (< δίδωμι)	선물, 주는 일	4:15	292
δουλεύω (< δοῦλος)	종이 되다, 섬기다	2:22	173
δοῦλος, ου, ὁ	종, 노예	2:27	
δοῦλος Χριστοῦ Ἰησου	그리스도 예수의 종	1:1	44
δύναμαι	…수 있다	3:21	243
δύναμιν τῆς ἀναστάσεως	부활의 능력	3:10	215
δύναμις, εως, ἡ (< δύναμαι)	권능, 힘, 세력	3:10	
δύο	둘	1:23	
ἑαυτοῦ, ῆς, οῦ	재귀대명사 3인칭 '그 자신의'	2:3, 4, 7, 8, 12, 21	
Ἑβραῖος, ου, ὁ	히브리 사람	3:5	
ἐγγίζω (< ἐγγύς)	가까이 오다	2:30	
ἐγγύς	가까운	4:5	263
ἐγείρω	원인이 되다, 일어나다	1:17	83

ἐλπίζω	희망하다, 바라다	2:19, 23	172/3
ἐλπίς, ίδος, ἡ	희망, 기대	1:20	
ἐμαυτοῦ, ῆς	나 자신, 나 스스로	3:13	
ἐμός, ή, όν	소유대명사, 나의	1:26; 3:9	
ἔμπροσθεν	앞에서, …와 마주	3:13	
ἐν	안에, …에게, 동안	1:1, 4, 6, 7, 8, 9, 13, 14, 18, 20, 22, 24, 26, 27, 28, 30; 2:1, 5, 6, 7, 10, 12, 13, 15, 19, 24, 29; 3:1, 3, 4, 6, 7, 8, 9, 14, 19, 20; 4:1, 2, 3, 6, 9, 4:10, 11, 12, 13, 15, 16, 19, 21	
ἐν δόξῃ	영광스럽게	4:19	293
ἐνάρχομαι	시작하다, 착수하다	1:6	50
ἔνδειξις, εως, ἡ (< ἐνδείκνυμι)	표, 표징, 징조	1:28	114
ἐνδυναμόω, ῶ	힘 있게 하다	4:13	279
ἐνέργεια, ας, ἡ (< ἐνεργής)	활동, 공작	3:21	245
ἐνεργέω, ῶ	활동하다, 역사하다	2:13	150
ἔντιμος, ού (< τιμή)	존경받는, 영예로운	2:29	
ἐξανάστασις, εως, ἡ (< ἐξανίστημι)	부활	3:11	
ἐξαυτῆς	…하자마자, 즉시로	2:23	
ἐξέρχομαι	나오다, 떠나가다	4:15	290
ἐξομολογέω, ῶ	인정하다, 승인하다	2:11	133
ἔπαινος, ου, ὁ	찬양, 인정	1:11, 4:8	270
Ἐπαφρόδιτος, ου, ὁ	에바브로디도	2:25, 4:18	
ἐπειδή	…이상, 때문에	2:26	
ἐπεκτείνομαι	손을 내밀다, 전진하다	3:13	229/30
ἐπέχω	굳게 잡다	2:16	157

ἐπί	…위에, …안에	1:3, 5; 2:17, 27; 3:9	
ἐφ' ᾧ	왜냐하면, 그러한 이유로	3:12, 4:10	230, 280
ἐπίγειος, ον(< ἐπί, γῆ)	세상적, 땅의 것들	2:10, 3:19	
ἐπίγνωσις, εως, ἡ (< ἐπιγινώσκω)	지식, 인식	1:9	65
ἐπιεικής, ές (< εἰκός)	온순한 점잖은		
τὸ ἐπιεικές	그럴듯한, 알맞은	4:5	262
ἐπιζητέω, ῶ	찾다, 탐색하다, 바라다	4:17	291
ἐπιθυμία, ας, ἡ (< ἐπιθυμέω)	욕망, 동경, 사모	1:23	
ἐπιλανθάνομαι	소홀히 하다, 무관심하다	3:13	229
ἐπιμένω	머물다, 계속하다	1:24	95/7
ἐπιποθέω, ῶ	동경하다, 그리워하다	1:8, 2:26	57/9
ἐπιπόθητος	그리운, 간절히 사모하는	4:1	253
ἐπίσκοπος, ου, ὁ (< σκοπός)	감독, 수호자	1:1	44
ἐπιτελέω, ῶ	끝내다, 마치다, 이루다	1:6	50
ἐπιχορηγία, ας, ἡ (< ἐπιχορηγέω)	공급, 지지	1:19	
ἐπουράνιος, ον (< οὐρανός)	하늘에 속한	2:10	
ἐργάτης, ου, ὁ (< ἐργάζομαι)	일꾼, 행하는 사람	3:2	
ἔργον, ου, τό	일, 행위, 직무	1:6, 22, 2:30	
ἐριθεία, ας, ἡ (= < ἐριθία)	다툼, 이기심	1:7, 2:3	84, 123
ἔρις, ιδος, ἡ	다툼, 불화	1:15	
ἔρχομαι	오다, 나타나다	1:12, 27; 2:24	74, 110, 173
ἐρωτάω, ῶ	묻다, 간청하다	4:3	257
ἕτερος, α, ον	다른, 이웃, 남	2:4	
ἑτέρως	다르게	3:15	
ἔτι	아직, 또 다른	1:9	
εὐαγγέλιον, ου, τό	좋은 소식, 복음	1:5, 7, 12, 16, 27; 2:22; 4:3, 15	58
τὸ εὐαγγέλιον του Χριστοῦ	그리스도의 복음	1:27	112
εὐάρεστος, ον	기쁘게 하는	4:18	
εὐδοκία, ας, ἡ (< εὐδοκέω)	선의, 좋은 뜻, 은총	1:15; 2:13	83

Εὐοδία, ας, ἡ	유오디아	4:2	
εὑρίσκω	찾다, 얻다	2:7; 3:9	132, 212
εὔφημος, ον (< εὖ, φήμη)	경사로운, 칭찬할만한	4:8	269
εὐχαριστέω, ῶ	감사하다	1:3	50
εὐχαριστία, ας, ἡ (< εὐχάριστος)	감사	4:6	
εὐψυχέω, ῶ (< εὔψυχος)	기쁘다, 용기를 가지다	2:19	172/3
εὐωδία, ας, ἡ (< εὐώδης, ὄζω)	향기, 향내	4:18	
ἐχθρός, ά, όν	적의 있는, 적개심 있는	3:18	
ἔχω	가지다, 쥐다	1:7, 23, 30; 2:2, 20, 27; 3:4, 9, 17	57
ζάω > ζῶ	산다	1:21, 22	95
ζῆλος, ου, ὁ	열심, 열정	3:6	
ζημία, ας, ἡ	손실	3:7, 8	213
ζημιόω, ῶ (< ζημία)	(수동) 해를 입다, 잃다	3:8	212/4
ζητέω, ῶ	찾다, 추구하다, 애쓰다	2:21	173
ζωή, ῆς, ἡ (< ζάω)	생명	1:20; 2:16; 4:3	
ἤ	그렇지 않으면, 또는	3:12	
ἡγέομαι, οῦμαι	지도하다, 생각하다	2:3, 6, 25; 3:7, 8	121/3
ἤδη	이제는, 마침내	3:12, 4:10	
ἡμέρα, ας, ἡ	날, 날마다	1:5, 6, 10, 2:16	
θάνατος, ου, ὁ (< θνήσκω)	죽음	1:20, 2:8, 27, 30; 3:10	
θέλω	바라다, 원하다	2:13	
θεός, οῦ, ὁ	하나님	1:2, 3, 8, 11, 28, 2:6, 9, 11, 13, 15, 27; 3:3, 9, 14, 15, 19; 4:6, 7, 9, 18, 19, 20	

καλῶς	알맞게, 적절하게	4:14	
κάμπτω	굽히다	2:10	132
καρδία, ας, ἡ	마음	1:7; 4:7	263
καρπός, οῦ, ὁ	열매, 산물	1:11, 22, 4:17	
κατά	…에 대하여	1:12, 20; 2:3; 3:5, 6, 14, 21; 4:11, 19	
καταγγέλλω	(엄숙히) 선포하다	1:17, 18	83, 84
καταλαμβάνω	붙잡다, 얻다	3:12, 13	229
καταντάω, ῶ	이르다, 도달하다, 얻다	3:11	213
κατατομή, ῆς, ἡ	절단, 훼손	3:2	198
καταχθόνιος, ον (χθών)	땅밑의, 땅밑의 세력	2:10	
κατεργάζομαι	성취하다, 완수하다	2:12	149/51
καυχάομαι, ῶμαι	자랑하다, 뽐내다	3:3	196
καύχημα, ατος, τό (< καυχάομαι)	자랑, 자랑할 것	1:26; 2:16	97
κεῖμαι	기대다, 놓여 있다	1:16	83
κενοδοξία, ας, ἡ (< κενόδοξος)	허영, 자만	2:3	123
κενός, ή, όν	빈, 헛된	2:16	
κενόω, ῶ (< κενός)	비우다, 버리다	2:7	132/4
κερδαίνω	얻다, 이익을 얻다	3:8	212
κέρδος, ους, τό	이익	1:21; 3:7	97
κηρύσσω	알리다, 전파하다	1:15	82
κλαίω	울다, 슬퍼하다	3:18	242
Κλήμης, εντος, ὁ	글레멘드	4:3	
κλῆσις, εως, ἡ (< καλέω)	부름, 초대	3:14	
κοιλία, ας, ἡ (< κοῖλος)	복부, 배	3:19	
κοινωνέω, ῶ	참여하다, 같이하다	4:15	290
κοινωνία, ας, ἡ	교제, 참여, 나눔	1:5, 2:1; 3:10	51
κοπιάω, ῶ (< κόπος)	피곤하다, 수고하다	2:16	157
κόσμος, ου, ὁ	세상, 우주, 땅	2:15	

μενοῦνγε (μενοῦν γε)	반대로, 오히려	3:8	213
μένω	남아 있다, 머물다	1:25	96
μεριμνάω, ῶ (< μέριμνα)	염려하다, 걱정하다	2:20; 4:6	172, 262
μέσος, η, ον	중간의, 가운데 있는	2:15	
μετά	함께, 가운데	1:4; 2:12, 29; 4:3, 6, 9, 23	
μετασχηματίζω	변화하다, 꾸미다	3:21	243/5
μέχρι 또는 μέχρις	…까지	2:8, 30	
μή	아니	1:28; 2:4, 12, 27; 3:9; 4:15	
μηδέ	그리고 …아니	2:3	
μηδείς, μηδεμία, μηδέν	어떤 점으로도 …아니	1:28, 2:3; 4:6	
μνεία, ας, ἡ (< μιμνήσκω)	기억, 언급	1:3	50
μόνος, η, ον	유일한, 홀로	1:27, 29; 2:12, 27; 4:15	
μορφή, ῆς, ἡ	모양, 형상	2:6, 7	133
μυέω, ῶ (< μύω)	비밀을 전하다, 가르치다	4:12	279/81
ναί	예, 그렇습니다	4:3	
νεκρός, ά, όν	죽은, 죽은 사람	3:11	
νόημα, ατος, τό (< νοέω)	생각, 목적	4:7	263
νόμος, ου, ὁ(< νέμω)	율법, 법	3:5, 6, 9	
νοῦς, νοός, νοι <, νοῦν, ὁ(< νόος의 단축)	이해력, 마음, 태도, 생각	4:7	
νῦν	지금, 이제	1:5, 20; 2:12; 3:18	
οἶδα	알다	1:16, 19, 25, 4:12, 15	83
οἰκία, ας, ἡ (< οἶκος)	집	4:22	
οἰκτιρμός, ου, ὁ (< οἰκίρω)	자비, 긍휼	2:1	122
οἶομαι, οἴμαι	생각하다, 상상하다	1:17	83

οὐρανός, οῦ, ὁ	하늘	3:20	
οὗτος, αὕτη, τοῦτο; (속격) τούτον, ταύτη, τούτου 이, 이것		1:6, 7, 9, 18, 19, 22, 25, 28; 2:5, 23; 3:7, 15; 4:8, 9	
οὕτως, οὕτω	이렇게, 이와 같이	3:17; 4:1	
πάθημα, ατος, τό (< πάσχω) 고난, 불행, 정욕		3:10	
πάλιν	다시, 도로, 또 한 번	1:26; 2:28; 4:4	
πάντοτε	언제나, 항상	1:4, 20; 2:12; 4:4	
παρά	…에게서, …곁에, 함께	4:18	
παραβολεύομαι	부주의하다, 관심이 없다	2:30	184/5
παρακαλέω, ῶ	권면하다, 위로하다	4:2	256
παράκλησις, εως, ἡ (<παρακαλέω) 권면, 권고		2:1	122
παραλαμβάνω	인정하다, 받아들이다	4:9	268
παραμένω	…와 함께 머물다	1:25	96
παραμύθιον, ου, τό (< παραμυθέομαι) 격려, 위로		2:1	122
παραπλήσιος, ία, ιον	가까이 오는, 닮은	2:27	186
παρουσία, ας, ἡ	오심, 재림, 현존	1:26; 2:12	
παρρησία, ας, ἡ (< πᾶς + ῥῆσις) 용기, 확신		1:20	96
πᾶς, πᾶσα, πᾶν (속격) **παντός, πάσης, παντός** 모든, 큰, 완전한		1:1, 3, 4, 7, 8, 9, 13, 18, 20, 25; 2:9, 10, 11, 14, 17, 21, 26, 29; 3:8, 21; 4:5, 6, 7, 12, 13, 18, 19, 21, 22	
πάσχω	경험하다, 견디다	1:29	111
πατήρ, πατρός, ὁ	아버지, 선조	1:2; 2:11, 22; 4:20	
Παῦλος, ου, ὁ	바울	1:1	

προκοπή, ῆς, ἡ (< προκόπτω)	발전, 진전	1:12, 25	75
πρός	…에게, 곁에, 향하여	1:26; 2:25, 30; 4:6	
προσδέχομαι	집어 올리다, 환영하다	2:29	184
προσευχή, ῆς, ἡ (< προσεύχομαι)	기도	4:6	
προσεύχομαι	기도하다	1:9	64
προσφιλής, ές (< φιλέω)	기쁘게 하는, 사랑스러운	4:8	269
πρόφασις, εως, ἡ	핑계, 구실	1:18	85
πρῶτος, η, ον	처음, 먼저	1:5	
πτύρω	놀라다, 무섭게 하다	1:28	111/3
σάρξ, σαρκός, ἡ	살, 신체, 육신	1:22, 24; 3:3, 4	
σεμνός, ή, όν (< σέβομαι)	고상한, 거룩한	4:8	269
σκολιός, ά, όν	굽은, 불의한	2:15	
σκοπέω, ῶ (< σκοπός)	돌보다, 주목하다	2:4; 3:17	122, 242
σκοπός, οῦ, ὁ	목표, 표적	3:14	231
σκύβαλον, ου, τό	폐물, 쓰레기, 배설물	3:8	214
σπένδω	제주(祭酒)를 바치다	2:17	164/5
σπλάγχνον, ου, τό	심장, 애타는 마음, 애정	1:8; 2:1	59, 122
σπουδαίως	서둘러서, 급히	2:28	185
σταυρός, οῦ, ὁ	십자가	2:8; 3:18	
στέφανος, ου, ὁ	화관, 자랑	4:1	
στήκω	서다, 굳게 서다	1:27; 4:1	111/3, 253
στοιχέω, ῶ (< στοῖχος)	굳게 하다, 따르다,	3:16	230/1
σύ, σοῦ, σοί, σέ (복수) ὑμεῖς, ὑμῶν, ὑμῖν, ὑμᾶς	너, 당신	1:2, 3, 4, 5, 6, 7, 8, 9, 10, 12, 19, 24, 25, 26, 27, 28, 29; 2:5, 13, 17, 18, 19, 20, 25, 26, 30; 3:1, 15, 18; 4:3, 5, 6, 7, 9, 15,	

		17, 18, 19, 21, 22, 23	
συγκοινωνέω, ῶ	…와 함께 참여하다	4:14	290
συγκοινωνός, ου, ὁ	참여자, 관계자	1:7	
συγχαίρω	함께 기뻐하다	2:17, 18	164
σύζυγος, ον	참된 동료, 진실한 짝	4:3	
συλλαμβάνω	붙잡다, 쥐다, 돕다	4:3	257
συμμιμητής, οῦ, ὁ	함께 본받는 사람	3:17	243
συμμορφίζω	같은 모양을 가지다	3:10	213
σύμμορφος, ον (< σύν, μορφή)	같은 모양의	3:21	
σύμψυχος, ον	조화된, 마음으로 하나된	2:2	123
σύν	…와 함께, 더불어	1:1, 23; 2:22; 4:21	
συναθλέω, ῶ	같이 싸워 나가다	1:27, 4:3	111, 257
συνεργός, όν	동역자, 조수	2:25; 4:3	
συνέχω	결합하다, 아프게 하다	1:23	95
Συντύχη, ης, ἡ	순두게	4:2	
συστρατιώτης, ου, ὁ	동료 군인	2:25	
σχῆμα, ατος, τό (< ἔχω)	태도, 모양, 형상	2:7	134
σῶμα, ατος, τό	몸, 신체	1:20; 3:21	
σωτήρ, ῆρος, ὁ	구주, 구원자	3:20	
σωτηρία, ας, ἡ (< σωτήρ)	구원, 보존	1:19, 28; 2:12	150
τὰ κατ' ἐμέ	나에게 따른 것들	1:12	75
ταπεινοφροσύνη, ης, ἡ (< ταπεινόφρων)	겸손	2:3	123
ταπεινόω, ῶ (< ταπεινός)	겸손하게 하다, 낮추다, 비천하게 만들다	2:8; 4:12	132, 279/81
ταπείνωσις, εως, η (< ταπεινόω)	비천, 낮은 자리	3:21	245
ταχέως (ταχύς의 부사)	속히, 당장에	2:19, 24	
τέ	그리고, …와, 또	1:7	
τέκνον, ου, τό (< τίκτω)	아이, 자녀	2:15, 22	

τέλειος, α, ον (< τέλος)	목적을 달성한, 완전한	3:15	
τελειόω, ῶ (< τέλειος)	완성하다, 끝내다	3:12	
τέλος, ους, τό	목표, 끝	3:19	
Τιμόθεος, ου, ὁ	디모데	1:1; 2:19	
τίς, τί	(의문대명사) 누구	1:18, 22	
τις, τι	(부정대명사) 어떤	1:15	
τοιοῦτος, αύτη, οῦτον 또는 οῦτο	이와 같은 종류의	2:29	
τολμάω, ῶ	감히 …하다	1:14	74
τρέχω	달리다,	2:16	157/8
τρόμος, ου, ὁ	떨림, 떠는 것	2:12	
τρόπος, ου, ὁ (< τρέπω)	태도, 양상	1:18	85
τύπος, ου, ὁ (< τύπτω)	모형, 모범	3:17	
ὑπακούω	순종하다, 듣다	2:12	149/50
ὑπάρχω	실재하다, 있다	2:6; 3:20	131/3, 243
ὑπέρ	위하여, 때문에, …위에	1:4, 7, 29; 2:9, 13; 4:10	
ὑπερέχω	…보다 낫다, 능가하다	2:3; 3:8, 4:7	122, 212, 262
ὑπερυψόω, ῶ	높이 올리다	2:9	132/4
ὑπήκοος, ον (< ὑπακούω)	순종하는, 복종하는	2:8	
ὑπό	의하여, 말미암아	1:28; 3:12	
ὑποτάσσω	복종하다	3:21	243
ὑστερέω, ῶ (< ὕστερος)	모자라다, 부족하다	4:12	279
ὑστέρημα, ατος, τό (< ὑστερέω)	결핍, 궁핍	2:30	185
ὑστέρησις, εως, ἡ (> ὑστερέω)	부족, 결핍	4:11	
φαίνω	빛나다, 나타나다	2:15	156
φανερός, ά, όν (< φαίνομαι)	명백한, 확실한	1:13	
Φαρισαῖος, ου, ὁ	바리새인	3:5	
φθάνω	앞에 오다, …에 이르다	3:16	230

ὡς	…같이, 처럼	1:8, 20; 2:7, 12, 15, 22	
ὡς ἄν	…하자마자, 할 때마다	2:23	174
ὥστε	그러므로	1:13; 2:12; 4:1	253

문법 설명 찾아보기

형용사

부사

불변화사

접속사

전치사

격의 특별 용법

생략법

사진 찾아보기